U0368228

向美而行之

桂俊 陈远磊 魏一营◎主编

教育教学研究

上海交通大学出版社
SHANGHAI JIAO TONG UNIVERSITY PRESS

内容提要

本书以"以美育人"为线索，围绕"以美育为纽带，五育并举，变革育人方式"这一主线，探究了优化教育教学策略的路径，分析了提升学生学科素养的方法，探索了基于铸根立魂的育德策略，阐释了科学的教育教学实践与学生、教师以及学校发展之间的关联。全书包括三个部分。绪言部分为"'双新'改革背景下，以美育为纽带实现高中育人方式转变的行动研究"总研究报告，从理论与实践两个方面对研究过程进行了梳理；第一部分为"基于核心素养 发现学科之美"研究报告，从提高学生学科素养出发，论证了教学中培养学生审美能力的教学主张；第二部分为"基于铸根立魂 发现德育之美"研究报告，探究了基于美育的育德路径。

本书可作为广大教师教学和科研的参考书，也可为广大高中生的学习提供一定的借鉴。

图书在版编目(CIP)数据

向美而行之教育教学研究/桂俊，陈远磊，魏一营
主编.—上海：上海交通大学出版社，2024.5
ISBN 978-7-313-30597-8

Ⅰ.①向… Ⅱ.①桂…②陈…③魏… Ⅲ.①美育—
教育研究 Ⅳ.①G40-014

中国国家版本馆 CIP 数据核字(2024)第 078371 号

向美而行之教育教学研究
XIANG MEI ER XING ZHI JIAOYU JIAOXUE YANJIU

主　　编：桂　俊　陈远磊　魏一营			
出版发行：上海交通大学出版社	地　　址：上海市番禺路 951 号		
邮政编码：200030	电　　话：021-64071208		
印　　制：上海万卷印刷股份有限公司	经　　销：全国新华书店		
开　　本：710mm×1000mm　1/16	印　　张：18.75		
字　　数：336 千字			
版　　次：2024 年 5 月第 1 版	印　　次：2024 年 5 月第 1 次印刷		
书　　号：ISBN 978-7-313-30597-8			
定　　价：128.00 元			

前　言

　　"五育并举，立德树人"，是时代进步与教育发展的要求。在新课程新教材改革背景下，促人向善，提升学生的道德水平；教人求知，提升学生的知识水平与能力；使人强健，提升学生的身体素质；助人识美，提升学生的审美能力；养人劳力，提升学生的劳动能力，是当今教育育人的有效路径。五育互相渗透、相互作用，促进着学生的健康全面发展。

　　美育是"立德树人"的重要组成部分。将五育有机结合，以美育人，提高学生的审美素养，是当下学校美育教育顺应新时代的发展、实现育人目标的重要举措。鉴于此，上海市民星中学以课题研究为引领，探究了"双新"改革背景下，以美育为纽带的育人方式的转变。课题围绕"以美育为纽带，五育并举，变革育人方式"这一研究主线，以适应新课程改革、促进学生的发展作为重要抓手，对新课程新教材改革背景下以美育为纽带的学校课程优化、课堂文化的建构、学生全面且富有个性的发展的指导机制三个方面进行了深入研究，学校对课题研究成果进行了整理，并编写了本书。书中的文章，以美育为切入点，探讨了优化教育教学路径的方法；研究了提升学生学科素养的路径；基于铸根立魂，探究了适切的育德策略；对"以美育人，助力学生成长"的学生培养策略，进行了多维阐释。

　　作为课题"'双新'改革背景下，以美育为纽带实现高中育人方式转变的行动研究"之成果，本书立足于对学生"五育"即德育、智育、体育、美育、劳育的培养，以美育为突破口，重点探究了通过学科教学和铸根立魂的德育教育，促进学生全面健康成长、实现立德树人的目标、使学生树立积极向上的人生理想、奠定学生终身发展基础的策略。

　　全书包括三个部分，共十二章。绪言部分为"'双新'改革背景下，以美育为纽带实现高中育人方式转变的行动研究"总研究报告，其对课题的研究进行了概述和总结，提出了"向美而行，以美育人"的教育主张与观点，从理论与实践两个方面对研究过程进行了梳理。第一部分为"基于核心素养　发现学科之美"研究报告，包括六章。第一章"基于传统文化的语文教学之美"，分析了语文教学中的美育，论述了语文教学中的文化之美，阐述了语文教学基于美育与文化的有效教学策略。第二章"基于逻辑推理的数学教学之美"，探究了数学教学中的逻辑关系，分析了数学教学中的理性思维，阐述了数学教学中的逻辑与理性之美。第三章"基于语言文化的英语教学之美",从阅读文化、舞台文化、语言文化、人文素养等几个方面,论述了英语教学中的美育策略,对教学实践进行了总结。第四章"基于文化认同的文科教学之美",从思想之美、合作之美、思辩之美、自然之美、语言之美等角度,阐释了基于文化的文科教学之美。第五章"基于科学素养的理科教学之美",从理科教学中的生命之美、严谨之美、简洁之美、对称之美、情境之美、统一之美、和谐之美、艺术之美、逻辑之美、理性之美等角度,论述了基于学科核心素养的理科教学之美。第六章"基于健康与美育的学科教学之美",从色彩之美、健康之美、体育精神之美等角度,揭示了健康与美的结合方法,阐述了艺术之美的本质。第二部分为"基于铸根立魂 发现德育之美"研究报告,包括六章。第七章"发现理想之美",探究了在德育教育中,通过理想信念教育和各类教育活动,让学生树立崇高理想的方法和策略。第八章"体现价值之美",从发现学生的优点入手,论述了如何帮助学生树立信心,让学生看到自身的价值,实现对学生的培养和教育。第九章"感悟文化之美",以文化为中心,论述了如何通过培养学生对文化的领悟力,实现对学生进行德育教育的途径。第十章"理解文明之美",从培养学生的行为文明、思想文明入手,论述了让学生深入理解文明的内涵、理解文明之美的途径。第十一章"践行健康之美",从身心健康出发,引导学生践行健康之美。第十二章"导师育人之美",阐述了如何通过合力、共情、沟通等途径,实现导师育人之美的教育实践。

本书围绕美育在教育教学中的作用,从语言、文化、思维、逻辑、素养等多个方面,阐述了基于学科素养和育德能力的美育实施路径,探究了"双新"改革背景下以美育为纽带实现高中育人方式转变的行动策略,对于提升教师"向美而行,以美育人"的能力有一定的帮助。希望本书能为广大教师的教育教学和教育科研工作提供一定的参考,为广大高中生的学习提供一定的借鉴。

编 者

2024 年 4 月

目　录

第二部分

"基于铸根立魂　发现德育之美"研究报告

绪　言

总研究报告

第一部分

公共空间景观

"双新"改革背景下,以美育为纽带实现高中育人方式转变的行动研究

桂　俊　陈远磊　魏一营

摘　要　本课题探究了"双新"改革背景下,以美育为纽带的育人方式的转变。课题研究围绕"以美育为纽带,五育并举,变革育人方式"这一研究主线,以适应新课程改革、促进学生的发展作为重要抓手,对新课程新教材改革背景下以美育为纽带的学校课程优化、课堂文化的建构、学生全面且富有个性的发展的指导机制进行了深入研究。研究成果对于课程优化、课堂文化形成、学生发展指导有一定的借鉴意义。

关键词　"双新"改革　美育　育人方式

一、课题研究的背景

(一) 新的时代呼唤基于美育的教育教学

1. 时代进步与教育发展的要求

党的十八届三中全会通过的《中共中央关于全面深化改革若干重大问题的决定》、2015 年国务院办公厅印发的《关于全面加强和改进学校美育工作的意见》明确指出,美育是"立德树人"的重要组成部分,学校教育应进一步拓展美育在学校教育体系中的基础性地位。2019 年国务院办公厅印发了《关于新时代推进普通高中育人方式改革的指导意见》,明确提出高中学校要积极开展舞蹈、戏剧、影视与数字媒体艺术等活动,培养学生的艺术感知、创意表达、审美和文化理解等素养。2020 年中共中央办公厅和国务院办公厅联合印发了《关于全面加强和改进新时代学校美育工作的意见》,强调了美育在学校教育中的基础性地位。习近平总书记在全国教育大会上强调,要全面加强和改进学校美育,坚持以美育人、以文化人,提高学生的审美素养和人文素养。

上述文件和会议均明确了美育在立德树人工作中的重要地位,对当下学校美育工作提出了更高的要求。因此,研究如何以美育为纽带更好地育人,是顺应新时代的发展、实现党和国家育人目标的有效举措。

2. 美育教育与研究有较大的发展空间

当前对美育的理解大致形成了三种观点:即小美育观、大美育观和大成美育观。小美育观通常指审美、感情教育、美学的普及教育,将美育锁定在音乐、美术、文学、戏剧等范围内。大美育观认为美育不仅能陶冶情操,而且有助于开发智力,对于促进学生全面发展具有不可替代的作用,美育兼顾了"审美"和"立美"两个维度。这也是现今大部分教师对美育的普遍认知,高中阶段的美育实践大都基于大美育观进行。大成美育观认为应从教师培养着手,让学生在潜移默化中受到"真、善、美"的启发和教育。

尽管关于美育的理论研究已经较为充实,但在教育实践方面其还有较大的提升空间,高中阶段尤其如此。清华大学艺术教育中心主任赵洪在"重视面向普通学生的美育"中指出,由于美育课程缺乏明确的量化指标和教学要求,在教学实践中往往被学校和教师弱化甚至忽视,导致出现美育在教学实践中无法落实的现象。因此,如何合理架构美育课程,营造美育教育之文化氛围,以及落实教师资源等都是有待解决的问题。

在高中教育中,以美育为纽带实现高中育人方式转变的研究目前还不充分,如何实现让美育教育促进学生的全面成长,相关实践研究还较为匮乏,目前的美育研究和教育教学实践还无法满足学生多样化的发展需求,更无法对育人方式产生本质性影响,因此课题研究成果在一定程度上有一定的借鉴意义。

3. 学校教育高质量特色发展的需求

学校在新一轮五年规划中提出"向美而行,以美育人"的办学理念,这是在全面分析学校目前与未来的环境与条件基础上,提出的引领学校发展的关键理念。学校确定以"美育"为办学突破口,主要基于以下几方面的思考。

(1)学校根据国家对教育的总体要求,即"努力构建德智体美劳全面培养的教育体系,形成更高水平的人才培养体系",确定了"以美育为纽带,贯通五育,协同推进,使美育渗透学校教育的各方面与全过程"的教育方式,以培养全面发展的合格的社会主义事业接班人。对于学校的这一策略,实践证明其具有一定的科学性。

(2)根据教育专家的相关论述,教育的五重境界中最高境界是"美美之教",课题研究及相关实践证明,"向美而行,以美育人"具有很强的引领性。

(3)学校根据近几年生源入学时知识基础薄弱的特点,以艺术教育为特色,为每一个喜欢艺术的学生创设条件,让教育教学实现了"向美而行,以美育人"的核心理念。

（4）在新课程新教材改革背景下,对于以美育为纽带实现高中育人方式的转变,研究实践证明其是较为适切的路径。立德树人、五育并举,是新形势下教育的使命和本质与内涵。本研究是新形势下教育思想与实践的研究,是教书育人研究的必须,是探究育人路径的必然,该研究成果能够为每一位学生的成长融入"尚美"的基因,奠定"赏美"的能力,完善"尚美"的品格。

4. 新课程新教材的实施呼唤以美育人的路径

本课题研究结合了新形势下的教育教学,立足于五育并举,对于学生的全面成长和培养学生的审美素养有十分积极的意义,能够更加积极地促进实现教书育人的目标,提供了很好的育人路径。

（二）研究基础

1. 团队基础

学校美育教育与相关课程建设之间的密切关联得到了师生的认同。学校在多年的办学实践中,形成了"向美而行,以美育人"的办学理念,得到全体师生和家长的普遍认同,初步形成了部分艺术类特色课程框架,正在争取成为区艺术类特色高中。但在美育观念、课程设置、课程实施、教学过程等方面,学校还存在不足。同时,新课程新教材的"双新"改革没有前例可循,学校在基于"双新"并以美育为纽带的高中育人方式转变行动研究方面尚处于探索阶段。这些都是本课题研究需要解决的问题,而本课题研究基本解决了上述问题。

课题组成员有较强的研究能力。课题组成员包括学校领导、中层干部和管理教师,以及在美育教育、课题研究方面有专长的教师。课题组成员的管理与教学工作均与"双新"背景下以美育人的行动研究密切关联,学科涉及语文、数学、英语、物理、化学、生物、历史、体育等,成员的学历结构合理,在教育教学上均取得了较为丰富的积累,成员中的区学科带头人、区骨干教师、区后备骨干教师、区教学新秀等对教育教学的研究积累充实,为课题研究提供了保障。

2. 研究积累

课题研究以往的积累,为课题研究提供了条件。学校曾经立项教育部规划课题"构建学校信息化管理体系的实践与研究",该课题的结题为学校课题研究提供了一些参照,课题组成员中有5人领衔过区级课题,学校在区第十二届、第十三届教育科研成果评选中各有6项科研成果获得等第奖。

3. 教学实践

部分教师的教学研究论文围绕美育与教育教学展开,诸多教师平时和公开的教学等活动也都围绕"以美育人"进行，学校的校本研修主题、教学研讨会主题也多次围绕"向美而行"进行。这些教育教学活动对本课题的研究起到了较为积极的促进作用，使得本课题的研究更加高效和科学。

学校每届学生中都有 30 人左右申请报考美术类专业，这部分学生的学习特质与成长发展为学校课题研究提供了参考和对比。

二、课题研究的依据和概念界定

（一）课题研究的理论依据

新课程新教材改革背景下，以美育为纽带实现高中育人方式转变的行动研究旨在通过研究以美育为纽带、五育并举的育人方式，优化以美育为纽带的学校课程，建构以美育为纽带的课堂文化，形成以美育为纽带的关于学生全面和个性化发展的指导机制。该机制重点强调在"五育并举，立德树人"基础上美育对学生成长的作用，以及据此进行的课程建设对学生成长的促进作用。基于此，课题研究遵循了如下理论。

1. 建构主义学习理论

建构主义学习理论认为，学习是学习者在现有知识经验的基础上，在一定的社会文化环境中，主动对新信息进行加工处理、建构知识的意义（或知识表征）的过程。学习者不是被动地接受外来信息，而是主动地进行选择加工；学习者不是从同一背景出发，而是从不同背景、不同角度出发，建构新的知识与技能，生成自己对知识、对世界的认知。建构主义学习理论关于教学的基本观点是，应注重以学生为中心进行教学。学生是信息加工的主体，是意义的主动建构者，而不是受外界刺激的被动接受者和被灌输的对象。教师是学生进行意义建构时的帮助者、促进者，而不是知识的传授者与灌输者。教师应善于引导学生，尽量创设与知识学习、技能提高有关的真实世界情境，尽可能将学生引入和现实相关的情境中。在一定的情境中，借助教师和同伴的帮助，包括人与人之间的协作、交流以及必要的学习文本等，在具体问题中需要针对具体情境进行再创造，实现对知识的建构。

这里的学习环境，除人与人之间的协作、交流等之外，最为关键的，还有学习方法、学习文本和所积累的知识。我们认为，在"双新"改革背景下，以美育为纽带实现高中育人方式转变的行动研究中，新课程、新教材的改革背景，是学习环境，美育教育，也是建构主义所强调的学习环境。

根据建构主义学习理论，"'双新'改革背景下，以美育为纽带实现高中育人方式转变的行动研究"所建构的包括事物的性质即"育人方式转变"、教育的条件即"改革背景下"以及事物之间的内在联系即"美育纽带与学科教学及学生成长"。本课题研究通过探究育人方式的转变,归结了美育与学生成长的关联,优化了新课程新教材改革背景下以美育为纽带的学校课程,建构了以美育为纽带的课堂文化,形成了以美育为纽带的关于学生全面和个性化发展的指导机制。这里课程的优化,应该是在原有课程基础上的"建构",在学生学习基础上的"建构"。以美育为纽带,事实上也是围绕美育学习与学生成长所进行的知识、能力、世界观、人生观、价值观、审美等方面的"建构"。学生发展指导机制,更是以学生为主体进行的成长"建构"。

2. 人本主义发展理论

人本主义发展理论强调人的价值、创造力和自我实现,把人的自我实现归结为潜能的发挥。马斯洛认为,人的需求是分层次的。以人为本的教育理念在学习与管理上主张以人为基础,重视研究人的需求、动机、行为和发展等。根据这一理论,学生需要有个性化的再发展。优化新课程新教材改革背景下以美育为纽带的学校课程,建构以美育为纽带的课堂文化,形成以美育为纽带的关于学生全面和个性化发展的指导机制,目的都是促进学生的发展,使学生的发展更加全面,让学生更加健康地成长。

(二) 课题研究的实践依据

1. 落实立德树人的时代发展要求,促进学生全面健康成长

依据中共中央办公厅、国务院办公厅、教育部关于教育改革的相关文件,教育呼唤育人方式的变革。要全面贯彻党的教育方针,应落实立德树人的根本任务,不断提升育人水平,努力使学生全面发展、多维进步。要想实现上述目标,则需要优化课程设置,选择适合本校学生的教育方法和策略。美育作为学校教育的纽带,成为学校课程建设的有力支撑,是学校课堂文化的重点。

2. 落实新课程新教材理念,提升学生的综合能力和创新思维能力

教育教学改革须落实新课程新教材理念和"课程标准"的教学要求,提升学生的学科素养,进而提升学生的综合能力和创新思维能力。落实以美育为纽带的课程建设,能够促进学生特长的发展,带动学生全面发展,提升学生的审美能力,实现学生综合能力的提升。

(三) 概念界定

1. "双新"改革

"双新"改革,即新课程、新教材的改革,指为贯彻《国务院办公厅关于新时代

推进普通高中育人方式改革的指导意见》《普通高中课程方案和课程标准（2017年版 2020 年修订）》等文件的精神，普通高中实施的教育改革工作。上海市杨浦区作为教育部指定的示范区率先全面推进了"双新"改革，落实了高中育人方式的转变。区域内教育改革的总目标为：德智体美劳全面培养体系进一步完善，立德树人落实机制进一步健全。本课题研究正是响应国家教育政策所进行的探索。

2. 美育

本课题提到的美育是指，借助课程资源来培养学生的兴趣、判断力和审美、鉴赏、创造能力的教育行为，其作用是使学生感受审美愉悦、提升学科素养、养成高尚的道德情操、形成崇高的精神境界。

3. 育人方式

育人方式，即培养教育学生的方式。本课题强调的育人方式含有激励教育与情感教育的特征。通过美育教育，可提升学生的审美能力并使学生产生审美愉悦，从而激发学生的内在情感。该育人方式关注学生的情感需求和情感体验，在师生以美育为纽带的互动和交流中，可建立良好的师生关系，促进学生的成长。

三、课题研究概况

（一）研究目标

课题研究目标为形成"以美育为纽带，五育并举"的育人方式，即在新课程新教材改革背景下，围绕课程建设、教学改革、学生发展对学校课程优化、课堂文化建构、学生发展指导机制进行研究，在研究中具体实现如下目标：①通过研究，优化新课程新教材改革背景下以美育为纽带的学校课程。②通过研究，建构新课程新教材改革背景下以美育为纽带的课堂文化。③通过研究，形成新课程新教材改革背景下以美育为纽带的关于学生全面和个性化发展的指导机制。

（二）研究对象和内容

1. 研究对象

以新课程新教材改革为背景，研究育人方式。围绕育人方式，对学校课程优化、课堂文化建构、学生全面和个性化发展的指导机制三个方面进行深入研究。

2. 研究内容

本课题研究围绕"以美育为纽带，五育并举，变革育人方式"这一研究主线，以适应新课程改革和培养学生全面且富有个性的发展作为重要抓手，重点关注课程、教学、学生发展三个领域，对"新课程新教材改革背景下以美育为纽带的学校课程优化""新课程新教材改革背景下以美育为纽带的课堂文化建构""新课程新教材改革背景下以美育为纽带的关于学生全面和个性化发展的指导机制"三个方面进行了深入研究，具体如下。

（1）优化了新课程新教材改革背景下以美育为纽带的学校课程。根据"新课程新教材"推进工作的要求和学校办学理念及特色创建思路，课题组研究、构建了基于学生美育素养培养、带动"五育"共同发展的学校课程框架，包括必修课中的美育渗透、选修课艺术特色课程的建设、跨学科学习中与美育相关的学生课题指导等，部分研究形成了教学论文。

（2）完善了新课程新教材改革背景下以美育为纽带的课堂文化建构。课题组研究并实践了新课程新教材改革背景下的"尚美课堂"，在一定程度上更好地落实了学科核心素养培养，培养了学生的综合素质；对新课程新教材改革背景下的学校课堂文化建构与教学管理进行了创新；提升了学校特色创建过程中基于"向美而行，以美育人"办学理念的课堂教学的有效性。

（3）形成了新课程新教材改革背景下以美育为纽带的关于学生全面与个性化发展的指导机制。在新课程新教材实施的过程中，学校进一步健全了学生发展的指导机制，加强了德育研究，以课题"'向美而行，以美育人'理念下学生发展指导'课程图谱'建构"为引领，开发了"发现'立德'之美"德育校本课程框架，通过各类模拟体验与实践，帮助学生进行了高中三年发展规划，积极引导学生树立了正确的世界观、人生观和价值观，培养了学生自信自立自强的品格，有效提升了学生的综合素质。

3. 研究重点

研究重点为如何实现"新课程新教材改革背景下以美育为纽带的学校课程优化，建立'向美而行，以美育人'理念支撑下的学校特色选修课程"。

4. 研究难点

研究难点是如何实现"新课程新教材改革背景下以美育为纽带的学校课堂文化建构"，以及如何"构建'尚美课堂'理论框架与课堂评价标准"。

（三）研究思路与方法

1. 研究思路

研究思路如图 1 所示。

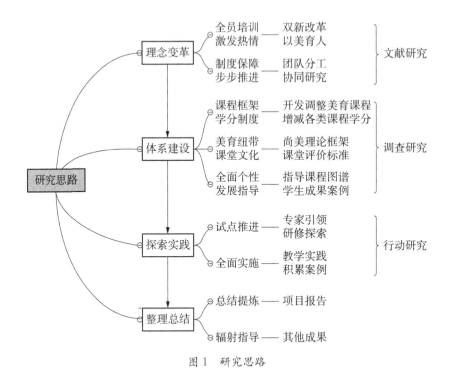

图 1　研究思路

2. 研究方法

本课题研究以行动研究为主要研究方法,辅以调查研究、比较研究。研究中不断验证与完善了"尚美课堂"课程框架,召开了"尚美课堂"教学研讨会,在反思中不断深化推进了课堂教学改革;积累了各学科"尚美课堂"教学论文;通过"尚美课堂"公开教学展示等活动,激励教师参与课堂教学研究与实践。

(1) 行动研究。通过行动研究,研究了"以美育为纽带,五育并举"的育人方式之育人策略与方法,以及学校课程优化、课堂文化建构、学生发展指导机制的实施路径。通过研究,在优化新课程新教材改革背景下以美育为纽带的学校课程方面,取得了进步;在建构新课程新教材改革背景下以美育为纽带的课堂文化方面,有了进展;在形成新课程新教材改革背景下以美育为纽带的学生全面和个性化发展指导机制方面,有了效果。

(2) 调查研究。通过调查研究,调研了解了学生在育人方式变革后的发展状况,学生学科素养的提升情况,以及学生认知水平的提高情况等。

(3) 比较研究。通过比较研究,比较了学生在课程优化前后的不同成长状况,学生学科素养的提升情况,以及学生领悟能力的提升情况等。

(4) 文献研究。文献研究主要涉及以美育人的理念和教师教学培训等方面。

(四) 研究过程

1. 第一阶段:实现了新课程新教材改革背景下以美育为纽带的学校课程优化

课题研究工作如下:①进行了新教材中美育元素的提炼挖掘;②组织了教学研讨,研究了如何在教学中进行美育渗透,在此期间各学科形成了相关教学论文;③开发了美术课程资源,满足了学生的个性化需求,通过购买服务和自主研发相结合的方式,建立了以艺术类课程为主和自然科学、社会科学、文化艺术、体能竞技等为辅的选修课程,基本满足了学生多样化发展与多维进步的需求;④设立了跨学科研究教研组,广泛吸收青年教师作为成员,建立了相对稳定的跨学科学习指导教师团队,注重研究学生在学习中获得的成果与体验,培养学生的观察、思考、研究能力;⑤把课外艺术活动作为学校艺术教育的重要组成部分,强化了学生的实践操作能力,诸多学生创作了具有时代特色并具有一定水平的艺术作品,引导学生积极参加各类艺术活动、竞赛、才艺展示,让学生通过艺术实践,肯定自我,把兴趣转换成对美的创造和人生追求,此外还帮助学生制定了进一步的学习规划;⑥开设了特色班级,以美术专业高考为考试方向,实施了以美术类高考为目标的美术专业课教学,并形成了学科课程评价体系。特色班级设置了有别于普通班级的课程安排、班级管理以及文化课阶段性评价机制,形成了美术特色班学生的进出机制,对特色班级学生的加三选课进行了适切指导,为有条件考取艺术类本科院校的学生创建了良好的内部与外部环境。

2. 第二阶段:建构了新课程新教材改革背景下以美育为纽带的课堂文化

课题研究工作如下:①通过专家引领、同伴研讨,初步形成了"尚美课堂"的理论框架、实践框架与课堂教学评价体系,重点指向课堂文化建构和学科核心素养培养。同时课题研究还总结了学校现有的"小组合作学习"等方式下的课堂教学成果,并以美育为纽带,按照教学计划循序渐进地开展了教学,提高了课堂教学效率,培养了学生适应终身发展和社会发展所需要的正确价值观念、必备品格和关键能力。②通过行动研究,不断验证与完善了"尚美课堂"的理论框架、实践框架与课堂教学评价体系,在此过程中积累了各学段、各学科的"尚美课堂"课例、教学案例和教学论文;结合新课程新教材的理念,积极探索了基于情境、问题导向的互动式、启发式、探究式、体验式课堂教学,提炼了适合学校"尚美课堂"的教学策略,实现了顺应育人方式改革的课堂教学转型。③通过"尚美课堂"公开教学、教学竞赛等活动,激励教师投入课堂教学研究与实践。同时在学校、教研组、备课组层面进行了广泛研讨,形成了可供教师学习的范例,并积极推广应用了优秀教学成果,推进了美育与教学的深度融合,加强了教学研究和指导。④通过加强美育课堂教学工作,积极开展了美术、编导、播音、音乐、舞蹈等艺术活动,培养了学生的艺术感知能力、创意表达能力、审美能力和文化理解素养。⑤通过召开"尚美课堂"教学研讨会,发挥学科带头人、骨干教师、教学新秀的辐射和引领作用,总结提炼了学科育人经验,在反思中不断深化推进了课堂教学改革。

3. 第三阶段:初步形成了新课程新教材改革背景下以美育为纽带的学生发展指导机制

课题研究首先对基于学生发展指导的课程现状进行了梳理和研究,同时以问卷调查、访谈的形式调查了区域内和本校实施学生发展指导课程的情况及存在的问题,并对问题的成因进行了分析,总结了相关经验,提出了解决办法。其次挖掘了理想、学习、生活、生涯规划、心理等方面的学生发展指导要素,并建立了相关课程要素之间的关联,构建了学生发展指导课程图谱,在此基础上,选择其中部分模块,应用在学生发展指导实践中。再次厘清了学生发展指导课程的组成要素,并开展了实践研究,在实践中修正了课程图谱,形成了操作性较强的学生发展指导课程。最后建立了针对学生发展的指导机构和专兼结合的指导教师队伍,开展了针对学生发展指导的教师培训。在此基础上,选编了相关的课程资源,在实践、反思和研究中修正完善了课程图谱,形成了系统化的学生发展指导课程体系,建立了健全的学生发展指导制度。

四、课题研究的主要成效

(一) 优化了学校的课程结构,提升了学生的学科素养

学校根据新课程新教材改革的要求,结合民星中学办学理念和办学特色,在完善整体课程的基础上,积极探索了基于学生美育素养培养、能带动"五育"共同发展的课程框架。该课程框架包含必修课的美育渗透,选修课中艺术特色课程群的建设,以及跨学科学习中与美育相关的学生课程指导等。具体而言,课题研究有如下成效。

(1) 推进了校本课程建设,完善了学校课程设置。学校开足开齐了必修课程、选择性必修课程、选修课程、体育专项化课程及学校特色课程等,注重国家课程的校本化实施。同时以本课题研究为引领,完善了课程设置,使课程设置更加优化,制订了《"向美而行,以美育人"——上海市民星中学课程规划》和《民星中学年度课程计划》。课程计划注重学生发展,关注学生学科素养的培养和个性化发展,为学生创新能力的生成奠定了基础。

（2）构建了《"向美而行"——上海市民星中学德育校本课程规划》。德育校本课程的目标是教育和引导学生爱党爱国爱人民，树立"四个自信"，增强公民意识、社会责任意识和民主法治观念，形成正确的世界观，并以美育为纽带培养学生"三自"（自信、自主、自律）精神，促进学生德智体美劳全面发展，使学生成为有理想、有本领、有担当的时代新人。课程结构包括五个模块和三个中心。五个模块分别为"发现理想之美""体现价值之美""感悟文化之美""理解文明之美"和"践行健康之美"。其中，"发现理想之美"即理想信念教育；"体现价值之美"即社会主义核心价值观教育；"感悟文化之美"即中华优秀传统文化教育；"理解文明之美"即生态文明教育；"践行健康之美"即心理健康教育。

（3）建立了课程审议制度，加强了课程资源的开发。围绕"向美而行，以美育人"的办学理念和"以美育人，助力学生成长"的办学特色，学校从艺术人文、数理科技、身心健康三个方面创设了选修课程，并成立了以校长为组长的课程审议委员会，制定了《民星中学选修课程审议制度》，满足了学生个性化发展需求，确保了课程的规范设计、系统推进和差异化实施，整合了社会教育资源，初步构建了适合学生发展的美术特色课程，完成了《民星中学美育校本课程规划》，形成了以美术课程为主，集播音、主持、音乐、空手道等课程于一体的特色选修课程，开发了《哲学思想与古诗文教学》《民星中学校园电视台课程》等校本特色课程，其中《新闻写作与视频制作》被列为区域共享课程。

（4）重视思政课教学、劳动教育等，做到了在教学实践中立德树人。学校加强了对语文、思想政治、历史三个学科统编教材的教学研究，关注学科教学对学生世界观、人生观、价值观的引领作用，尤其关注思想政治学科的一体化建设。在学校和思政课教师的努力下，学校完成了《初高中思政课一体化教学研究》等。同时学校注重对学生劳动观念的培养，通过升旗仪式、主题教育课、校园电视台、研究性学习等，有意识地对学生进行了系统的劳动观念教育，并在实践探索中完成了《民星中学劳动教育实施方案》。基于该方案，学校在校内外劳动实践活动的开展过程中，增强了学生的劳动意识，提升了学生的劳动技能，培养了学生的优秀品质。

（5）举办了师生学习活动，促进了核心素养的培养。每年3～5月，学校都会组织开展"学习节"活动。"学习节"活动分为学生活动和教师活动两部分，大都围绕美育与学科学习之间的关联展开。"学习节"活动具体包括学生学科竞赛、学生科技活动、教师公开教学研讨、教师教学技能比赛、教师各类论文撰写评比等。活动注重让学生体验学科美育内容，以项目化解决问题的方式促进学生的学习方式从知识本位向素养本位转变，以此体验学习方式的变革。

（6）以教研组为单位，以新教材的使用为契机，开展了对新教材中美育元素的挖掘研讨，取得了研讨成果。学校组织教师研究了如何在教学中进行美育渗透，同时要求各学科撰写研究论文、相关课例，为优化新课程新教材改革背景下以美育为纽带的学校课程框架奠定了教学基础和研究基础。在此过程中，教师的个体研究和备课组、教研组的研究均取得了较大进展，教师们大都撰写了基于美育的教学论文，并形成了论文集《基于核心素养，发现学科之美》。该论文集涉及十三个学科，从发现学科的美育元素角度出发，阐释了在教育教学中如何通过美育教育与学科教育的结合，最大限度地提升学生的学科素养和审美能力。

（7）积极开发了美术课程资源，满足了学生的个性化需求。通过购买服务和自主研发相结合的方式，建立了以艺术类课程为主而自然科学、社会科学、文化艺术、体育竞技等课程为辅的选修课程，以满足学生多样化发展需求。对于课程资源的开发和课程框架的设计，首先调研了学生的需求，了解了学生在成长过程中的需要；其次关注了学校的教育资源，以及如何发挥在校教师的专业特长；最后对比分析了学校教育资源，归结了不足之处，然后通过购买服务的方式，满足学生的需求。

（8）设立了跨学科研究教研组，建立了相对稳定的跨学科学习指导教师团队。通过该团队的研究与教学，提高了学生的思维能力、创新能力，拓展了学生思维的广度和深度，培养了具有多方面能力尤其是创新能力的学生。此外学校还关注跨学科研究教研组成员的学习与进步，鼓励教师参加区域进修，并为教师创造条件参加各级各类学习，以充分发挥教师的主导作用。跨学科研究教研组在教学与辅导中注重学生在学习中的获得感与体验感，通过多种路径帮助学生培养观察、思考和创新思维能力。

（9）把课外艺术活动作为学校艺术教育的重要组成部分，提升学生的综合能力。学校加强了对学生实践操作的引导，鼓励学生创作具有时代特色和较高水平的艺术作品，引导学生积极参加各类艺术活动、竞赛、展示，通过艺术实践肯定自我，把兴趣转换成对美的创造和人生及学习规划。学校通过艺术节、科技节、学习节等活动，为学生搭建展示平台，组织学生参加各类比赛活动、展示活动。学生在艺术节、科技节、学习节上展出的艺术类作品，以及闭幕式上的歌舞类、朗诵类等表演，获得了专业人员、教师、家长和其他学生的好评。这些活动极大地增强了学生的自信，激发了学生的学习兴趣，拓展了学生的视野，提升了学生的学科素养和多维能力。

（10）开设了以美术高考为方向的特色班级，为学生专业素养的提升创造了条件。学校明确将艺术类高考作为美术教育的主要方向，实施以美术高考为目标的美术专业教学；设置了有别于普通班级的课程、班级管理以及文化课阶段性评价机制；设立了美术特色班学生的进出机制；引导学生进行加三选课等，为立志考取艺术类本科院校的学生创建了良好的内部与外部环境，并提供了相应保障。

作为研究成果，课题研究目前已经形成了部分新课程新教材学科美育教育课例、相关案例、学生跨学科学习成果和《基于核心素养，发现学科之美》教学论文集等，初步形成了民星中学"向美而行　以美育人"理念支撑下的特色选修课课程群。

（二）重构了学校课堂文化，实现了学生的全面成长进步

课题研究关注学校课堂文化的建设，根据新课程新教材改革的要求，学校通过导学案教学、形成学习社群、树立学生学习自信心等措施，形成了学生为主体、教师为主导的课堂文化，并且形成了自主、开放、科学、互助、有机的课堂文化模式。

（1）研究与实践了"尚美课堂"，形成了基于合作学习的课堂"美"的文化。"尚美课堂"的美是多元多维的，涵盖了合作学习之美、学习成果展示之美、语言表达之美等多个元素。新课程新教材改革背景下，所构建的学校课堂文化与文化建构首先关注的是如何提升课堂教学的有效性，且关注学科核心素养的培养。基于多维元素之美的课堂教学，在"美"的感召下，激发了学生的学习热情与表达积极性，较大程度上实现了学生综合素质的提升。而课堂文化的建构其重点是建构学生的自信心和合作学习，体现学生的自信之美和合作之效。以学生为主体且在教师主导下的合作学习，包括预习展示、合作解疑、课堂评价等多个环节，在展示、解疑分析、互相评价的过程中，学生的语言表达能力、思维能力、学习成果等都得到了展示，学生的各项能力均得到了锻炼和提升。

（2）总结实践了已有的"以学定教""导学案"教学等策略，形成了自主学习之美。"以学定教""导学案"教学等教学模式是学校已有的教学模式，课题研究对上述教学模式进行了整合，构建了具有本校学生特点的"自主学习之美"这一课堂文化。高中生的思维已经得到了一定的发展，思考社会、现实、人生等问题的深度和广度也得到了拓展。学生逐渐认识到，"自己的"事、"自己的"行为要自己负责，这对于学生学习自主性的生成具有十分积极的意义。在此基础上，学校进一步加强了对学生学习方法和学习策略的指导，在掌握基本学习方法（预习、上课、做作业、复习、测验）的基础上，鼓励学生制定适合自己的学习策略。

（三）建立了学生发展指导机制，初步实现了学生的个性化发展与全面发展

（1）利用问卷调查，了解了学生在理想信念、自我认识、学习规划、生涯规划

等方面的情况。课题组设计了学生生涯发展调查问卷,通过问卷调查,分析学生的思想动态,研究学生入学时在理想信念、自我认识、学习规划、生涯规划等方面的情况。然后根据调查结果,并结合学生入学后的实际情况,为学生发展做指导。

(2)利用校本课程《生涯导航》,开展了职业心理辅导和职业模拟体验实践。高中生入学时尚未完全形成正确的世界观、人生观和价值观,自我认知也有可能不十分准确。因此,需要积极引导学生适应高中阶段的学习生活。为此,学校结合新课程新教材的实施,进一步健全了学生发展指导机制,加强了德育研究,以校本课程《生涯导航》为基础,通过各类职业心理辅导和职业模拟体验实践,帮助学生做好高中发展规划、学习生涯规划,积极引导学生确定符合个人兴趣志向的职业发展方向,培育学生的职业理想和自信自立品格,有效提升高中生的学业规划和生涯规划能力。

(3)结合思政课程和德育课程,铸根立魂指导学生成长。学校通过思政课程、德育课程等,引导学生树立正确的世界观、人生观、价值观,并通过劳动教育等德育课程,实现“五育并举,立德树人”的教育目标。学校在注重培养学生劳动观念的同时,通过升旗仪式、主题教育课、校园电视台、研究性学习等,有意识地对学生进行了系统的理想信念教育,培养了学生的优秀品质,实现了学生健康成长和全面发展。

(4)基于“双新”改革,形成了“1+1+N”育人模式。结合新课程新教材的推进工作,学校丰富了“1+2”育人模式的内涵,形成了“1+1+N”育人模式。其中,两个“1”分别是指班主任和辅导员,“N”是指导师。“1+1+N”育人模式立足于学生学业,实施于学生成长过程,融合了学生学业指导、生涯教育、综合素质评价等多个方面,对于学生的成长有积极意义。

学校在建立适应学生全面而个性成长的学生发展指导机制方面,有较为丰硕的成果。包括完善了“生涯导航”校本课程,形成了能有效提升学生人生发展规划和学习规划能力的系统性校本资料,形成了困难学生指导案例和相关研究,基本实现了学生的个性发展与全面发展的有机性。

(四)通过专家引领与教师研讨,形成了“尚美课堂”理论框架与评价标准

课题组以行动研究方式,开展了“尚美课堂”教学竞赛等活动,激励教师投入课堂教学研究与实践中,不断验证与完善“尚美课堂”理论框架与评价标准,积累各学科的“尚美课堂”课例与教学案例,重点指向课堂文化建构和学科核心素养培养。学校每学年召开“尚美课堂”教学研讨会,在反思中不断深入推进课堂文化的构建。

学校每年度的教学研讨会，围绕"以美育人之教学手段与教学策略探究"这一主题展开研讨。教师从"美育在语文教学中的实践"出发，归结"以美育人，促进学生健康成长"的策略；从"探索教学内容与教学形式结合的美育生长点"入手，思考如何"通过教学实践，成就课堂之美"；基于"新课程新教材背景下以美育人之教学思考"，研究如何"面对高中数学教学中的美育渗透"；"基于英语学科核心素养，以美育人，提升育人价值"，讨论"英语学科教学中美育的渗透"；基于"'尚美课堂'的教学环节设计初探"，考虑"自然科学中的理性美"；基于"我所喜欢的以美育人教学设计思考"，认识"教育的美，是培养一个完整的人"。这些研讨为形成"尚美课堂"理论框架与评价标准做了较为充分的教学实践与研究准备。

五、对课题研究的进一步思考

(一) 关于课程建设的进一步思考

1. 进一步深化以美育为纽带的课程建设

课题研究完成后，还应对已经形成的课程框架进行更加切合学生实际情况的完善，使课程能够更加充实和序列化。

围绕美育，可以建立基于学科教学的短课程，作为学生的选修课程。将学科素养、学科知识与美育相结合，实现"五育并举"，激发学习兴趣，提升学科素养，使学科素养与美育有机结合。

2. 进一步探究学科单元教学与美育育人的关联

美育教育可以序列化、立体化。按照单元教学设计，将美育教育与学科教学相结合，建立序列化、立体化的多维课程，为学生的成长服务。

(二) 关于育人方式与学生成长的进一步思考

持续进行学生成长跟踪。美育教育的影响有一定的持续性，鉴于此，课题组可以对已经毕业的学生进行跟踪调研与了解，分析美育教育对学生学业和职业的影响。

第一部分

"基于核心素养　发现学科之美"
研究报告

第一章 基于传统文化的语文教学之美

审美鉴赏与创造能力提升策略探究

魏一营

摘　要　美是人类共同的追求,基于美的教育,是温暖的教育。引导学生发现美、欣赏美,培养学生认识美、感知美的能力,让学生在阅读中发现美,以体验的形式鉴赏美,对于提升学生鉴别感悟美的能力有积极的意义。而感受传统文化之美,传承传统文化,沉淀内化学生的情操,则是审美教育中最重要的部分。

关键词　审美鉴赏　创造能力　文化传承

求真、趋善、向美是人类的美好本性。进入文明社会以来,人类一直没有停止对美的追求。追求美让人类的生活变得五彩缤纷,在追求美的过程中,人类的思想变得更充实,道德不断进步。语文是重要的承载美育教育的学科,语言、文字、文学、文化中无不渗透着美的元素,在语文教学中培养学生的审美鉴赏与创造能力,是学科教育教学的重要任务。

一、当前语文教学中提升审美鉴赏与创造能力的必要性

(一)语文教学中审美教育的不足

1. 审美教育没有得到应有的重视

目前的语文教学重视知识、关注能力,重视学科素养的提升,这有利于学生的成长。但总体上看,学生的体验性学习还需要得到加强。审美教育中学生对美的认识不能仅仅停留在概念上,而应将其作为重要的教学内容让学生进行体

验式学习，以此为基础培养学生发现美、鉴赏美、创造美的能力。

在当前的美育教育下，学生的思想是教师思想的延续，审美教育只是语文学习中的"副产品"。这对于学生审美能力的生成、情感的内化和道德水平的提升，都有一定的不利影响。

2. 审美教育的育人功能没有得到应有的关注

审美教育对学生道德的培养有很大影响，良好的审美教育对学生的成长有积极的促进作用。课堂教学改革以来，审美教育的育人功能有了很大改善，但受到各种因素的影响，其还存在一些不足。①应试教育导致审美教育主要关注解题答题，忽略了对学生的教育；②教学中教师主要引领学生欣赏美、鉴赏美，学生通过体验美实现自己成长的机会较少，学生审美能力的生成受到了一定影响，通过美育培养学生道德的目标没有得到很好的实现。

3. 学生的审美意识和审美能力需要加强

个别学生的审美存在偏差，存在缺乏文化自信、盲目学习外来文化等问题，这些问题影响了学生的健康成长。

(二) 语文教学实施审美教育的意义

1. 育人的需要

语文是一门综合性、实践性课程，具有人文和工具特征，在语文学习中培养学生的审美鉴赏能力和审美意识，进而培养学生正确的世界观、人生观和价值观，是语文教学的重要任务。教学中充分挖掘文本中的美育元素，发现美、认识美、鉴赏美，并在此基础上感悟美，能够激发学生积极向上的情感，陶冶其情操，让学生拥有高尚的精神世界，培养学生高尚的道德。

2. 提升审美能力的需要

审美是人的情感体验，是高层次的精神活动。鉴于审美能力对人的精神世界和道德的影响，作为人文学科的语文其教学应重视审美教育，以及学生审美能力的提升。提升审美能力，能够让学生不断发现美、全面感受美、正确鉴赏美，树立正确的审美观，科学地分辨美，准确认识从自然到社会的各种现象。此外，审美鉴赏能力的提升，还能够帮助学生深入认识世界，理解世界的本源和本质，为创新能力的生成打下基础。

3. 文化传承的需要

民族文化的传承需要有审美鉴赏能力。审美能够促进人对事物的内涵的理解，让人发现事物的本真。理解事物的本质需要有一定的审美能力。博大深奥的中华传统文化具有深厚的内蕴，涉及自然、社会、思想、政治、哲学等诸多方面，审美能够使我们更加深入地了解和传承传统文化,在审美体验中对传统文化产生认同感、归属感,把传统文化给予我们的启迪和智慧运用于学习生活中。

二、审美鉴赏与创造能力提升的目标与内容

(一)审美鉴赏与创造能力提升的目标

审美鉴赏与创造是指学生在语文学习中,通过审美体验、评价等活动形成正确的审美意识、健康向上的审美情趣与鉴赏品位,并在此过程中逐步掌握表现美、创造美的方法。

(二)审美鉴赏与创造能力提升的内容

以教材内容为主,引导学生发现欣赏文本中的语言美、结构美、景物美、人物美、思想美、情感美;在学习中表达体验作品中的各种美;生成创造美的能力,在美的发现、欣赏、感悟、体验和创造过程中,培养学生的审美能力和对美的创造能力。

三、审美鉴赏与创造能力的提升策略

(一)发现与欣赏,培养认识美和感知美的能力

1. 在阅读过程中发现美、认识美和欣赏美

(1)在阅读过程中品味语言美,培养用语言描述美的能力。语言是美的重要载体,语言描述的美,没有画面呈现的直接,但却给人以想象的空间。教材文本中的篇章,都具有典型的语言美特征。朱自清的《荷塘月色》描写了荷塘的月色,处处呈现出语言的美感。他用叠词描写荷塘"曲曲折折"、叶子"田田""亭亭",用拟人的手法写道白花"羞涩地打着朵儿",用比喻的手法写道白花"正如一粒粒的明珠,又如碧天里的星星",用通感的手法写道荷香"仿佛远处高楼上渺茫的歌声"。文章的语言美不仅仅在于使用了多种手法,其还把美的语言及所描述的环境融为一体,呈现出诗一般朦胧美好的境界。品读上述内容,可以发现语言艺术所承载的各类事物的不同美感,让人在发现美、欣赏美的同时,认识美好事物的特征,生成认识美和感知美的能力。

(2)在阅读过程中联想作品中的画面,培养把抽象美转化为形象美的能力。将语言文字描述的内容想象成一个个形象生动的画面,是一个从语言建构到抽象思维再到审美鉴赏的过程,这种把语言描述通过想象建构成画面的方式,让美在读者心目中更加具体化。《荷塘月色》对月色下荷塘的描写,《故都的秋》对故都"清净悲凉"秋天的描写,《沁园春·长沙》对"万类霜天"的描写,《念奴娇·赤壁怀古》对"乱石穿空,惊涛拍岸,卷起千堆雪"的描写,都能让学生想象出具体画

面,提升学生通过阅读把抽象美转化为形象美的能力。

（3）在阅读过程中感知作品的结构美,欣赏作品形式美的内蕴。

王羲之的《兰亭集序》记叙了兰亭集会的盛况,文章中有对人生短暂的感慨,有对世事无常的遗憾,有对生死问题的探讨,有对人生的态度,故而教学中可以以作者的情感为线。文章第一段写聚会的盛况,写景写情,第二段记叙作者在人与自然和谐氛围中的快乐。第一、二段写"乐",第三段写"死生",感慨人生无常。写"痛",一句"岂不痛哉"道尽了人生世态:生命短暂是痛,美好消逝是痛,时光易逝、往事只能回味是痛,生死难以预料是痛。第四段"悲夫"言尽作者之情,生命短暂可悲、世事无常可悲、死生难料更是可悲。全文结构清晰、主题集中,阅读时顿生文本结构之美感。苏轼的《赤壁赋》也是结构美的典型作品,文章描写了夜游赤壁之乐、饮酒放歌之乐、客人箫声之悲。文章结构富有美感,赏自然之景,解作者之情,让读者产生物我同一之感。徐志摩的《再别康桥》的结构美则与前两者有所不同。这首现代诗的结构美也被称为建筑美。诗歌在句式上为四行一节,每一节的排列错落有致,每句的字数以六个字居多,节奏明快,每节押韵、节节换韵体现出诗歌的结构美。作品读起来朗朗上口,韵律、节奏感增加了诗歌的美感,意象的塑造也显得更加自然。

（二）体验与鉴赏,培养体悟美和鉴别美的能力

1. 进行展示交流,过程中提升鉴别感悟美的能力

建构主义理论认为,知识的获得是学习者自主建构的结果。自主学习对学生学科素养的提升作用明显,具有合作学习特征的讨论、展示、交流等探究性学习方式对于提升学生的审美能力有很积极的作用。

体悟鉴赏美的能力来自语文学习实践。学生在审美鉴赏活动中,通过讨论、展示和交流的方式传递学习信息,分享对美的认识、交流结果和思想碰撞后达成的共识,是鉴赏美、感悟美的重要途径。

在教学铁凝《哦,香雪》一课中,设计了学习展示、分享交流、讨论探究等教学活动。活动设计的目的一是通过阅读感受作品的语言,分组展示学习过程中领悟到的作品语言美。文章的语言清新淡雅,生动别致,在阅读中有沁人心脾的感觉,自然而然生出美感。通过分享交流作品的语言,分享阅读的感受,加深学生对作品语言的理解。二是分享交流阅读中对人物的理解和评价,分享中研究探讨香雪等人的人物美。小说的标题《哦,香雪》新颖别致,抒情性地赞美了香雪;作品的内容赞美了香雪等人的青春律动:爱美、天真、活泼;赞美了她们的情操:朴实、勤劳、热情、对人真诚、心地善良;赞美了她们的精神:坚韧、奋斗。三是研

讨探究作品的艺术美。文章运用了比喻、拟人、对比等多种艺术手法，增强了作品的艺术感染力。"仿佛在同一时刻听到了大山无声的命令""完全静止了，静得那样沉、真切。好像在默默地向大山诉说着自己的虔诚"等处拟人手法的运用，将美丽的景色人格化；"她发现月亮是这样明净，群山被月光笼罩着，像母亲庄严、神圣的胸脯：那秋风吹干的一树树核桃叶，卷起来像一树树金铃铛"等处的比喻手法，让作品生动富有魅力，让读者看到了山村之美，悟到了景色对人的映衬。作品中香雪和凤娇等人的对比，火车进村前后山村变化的对比，香雪心理变化的对比等，都成功塑造了香雪渴望知识、积极进取的形象。作品中的环境描写对人物心理的衬托、细节描写对人物性格的刻画，都成功塑造了人物形象，塑造了人物的美。

学习活动中，学习主体和参与者是学生，教师只起引领和辅导作用，活动中对语言美、人物美、艺术美的鉴赏，在一定程度上提升了学生理解鉴赏美的能力。

2. 设置合理的情境，在情境中培养审美鉴赏能力

学生的经历是有限的，而文学作品产生的社会背景、作者要表现的文化内涵却是深刻的，表现手法也丰富多样，因此要想学生理解掌握作品，需要设置一定的情境。教学中情境的设置，对于学生正确理解掌握作品、提升学生的学科素养和审美鉴赏能力有很大的帮助。

在教学屠呦呦《青蒿素：人类征服疾病的一小步》的过程中，先由学生分组分享交流学习前的预习，交流内容包括疟疾这一疾病的危害、作者屠呦呦的事迹介绍、青蒿素的作用等。学生在分享中了解了屠呦呦的贡献和她的奉献精神，在情境中萌生了对屠呦呦的敬佩之心。在基于情境架构了解了文章的背景和内容之后，学生审美的落脚点就关注在屠呦呦的奉献精神和高尚人格上。学生的审美能力在此过程中获得提升，生成了根据人的行为发现挖掘人物品德精神、对人物进行客观评价的素养，并在分析中产生关于奉献精神和人物美德的情感共鸣和体悟。

相近的作品均可如此设置情境。在教学《喜看稻菽千重浪》一文中，从"吃饭"说起设置情境，然后公布一些资料，让学生了解到中国和世界历史上几次人类因饥饿导致无数人死亡的事件，让同学们懂得世界上至今还有少部分人没有摆脱贫困和饥饿，由此作为学习的入口，赞颂袁隆平院士的人格美、精神美，培养学生体悟鉴赏美的能力。

音乐能够激发人的情感，引领人进入想象的空间，影响人的情感体验，陶冶人的情操，提高人的审美能力。音乐是语文学习很好的情境，在苏轼《念奴娇·赤壁怀古》的教学中，可以播放为明代杨慎的词《临江仙》谱写的曲子，作为学习的情境。该词的内容和由此词谱成的曲，在词的内容和曲的旋律上都与苏轼的词有关联性，能引领读者赏析词的结构美和情感美，体味作者苏轼旷达、豪放的

情怀,生成读者的鉴赏能力。《诗经·蒹葭》的学习也可以用相关影视作品中的歌曲来创设情境,作为学习的辅助。

影视作品是语文学习极佳的情境平台,选择与所学课文内容同题材的影视作品作为情境,能很好地促进文章的学习。声音、画面、情节有机结合的影视作品,大都能直观地将学生带入作品所处的时代,让学生直接地感受作品的主题,感悟人物的塑造和人物的性格特征,通过影像、声音、情节调动观者的视听,直接作用于其思维,最终生成审美鉴赏能力,并由此作用于人的思想、情感。戏剧《雷雨》的学习,小说《阿Q正传》的学习等,均能使用影视作品作为情境,让我们立体性理解感悟鲁侍萍、周朴园、阿Q等人物形象,生成鉴赏人物形象的思维,提升审美鉴赏能力。

3. 传承传统文化,感悟中培养审美鉴赏能力

传统文化崇尚自然,重视亲情,强调真、善、美和人与自然的和谐统一。儒家文化是传统文化的重要呈现,主张"礼""仁""仁政""忠""孝""爱民"等,强调积极进取、真诚守信。

中华传统文化蕴含美,思想美、道德美、哲思美等在传统文化中的体现很充分,分析民族传统文化中的思想美,感悟民族传统文化的内涵,归结对民族传统文化的哲思,是提升学习者审美鉴赏能力的重要途径。

教学中选择蕴含传统文化思想的篇章进行文化、思想、哲思方面的分析即"读""品""悟"是较好的方法。可阅读学习《陈情表》《过秦论》《六国论》《出师表》《谏太宗十思疏》《孔雀东南飞》《项脊轩志》和选自《论语》《孟子》的文章,并围绕上述篇章的内容,通过"读"体会作品中蕴含的文化内涵和思想,让学生认识到民族文化的美,以及上述篇章中反映出的人性美、仁爱美、真诚美、智慧美等,然后在"读"和"品"的基础上"悟"如何传承民族传统文化和掌握民族传统文化的精髓,让学生由衷地认同和热爱民族传统文化,自觉学习并传承民族传统文化,在传统文化中汲取发展创新的精神力量。在此过程中,通过学习、交流、分享、归结,学生会自然而然地产生审美鉴赏能力,并可在以后的学习实践中不断提升这种能力。

4. 编写与表演课本剧,实践中培养审美鉴赏能力

语文是一门综合性、实践性课程,而实践性学习是探究式学习中的一种很好的形式。为使学生深入了解文本内容,发现作品中的美,可组织学生将课本中的内容编写成课本剧并进行表演,这对于掌握作品、发现作品中的美具有极好的促进作用。例如,在学习《雷雨》的过程中,学生将作品改编后表演出来,体验了作品中人物的情感、心理,收到了极好的效果。学生更加深刻地体会到主人公鲁侍

萍身上的人格美,理解了这个在旧中国受侮辱、被迫害的劳动妇女的性格特征,即勤劳、善良、刚毅、倔强和自尊。虽然通过单纯的文本阅读和分析,也能体会到人物性格特征,但理解可能会简单化、概念化。而以戏剧表演的形式表演课本剧,能使学生在体验中深刻理解作者所塑造的人物的性格,全面认识作品的主旨内涵和思想。

(三) 表达与创造,沉淀内化美的情操

1. 阅读后记录美和表达美

应鼓励学生在阅读时做好读书笔记,记录作品中的语言美、内容美、情感美,记录后写出自己对美的感受、感悟。而阅读记录后的感悟,是在认识美、发现美的基础上,表达自己对美的思考。这种对美的表达,本质上是对美的创造。

记录是阅读的延伸,记录文本内容中的美,结合记录进行思考和感悟,是在不同层次上对美的表达,也是基于美的创作。这种创作需要创作者有文学素养和审美能力,围绕美将语言、思维、审美和文化有机结合,在这个过程中,创作者其语文方面的核心素养也就得到了提升。

阅读也可以是"阅读"生活,对生活的"阅读"是"记录"生活之美的基础。记录美之前,首先是认识、发现美,发现美的自然、美的行为、美的事迹、美的人和事,这些都陶冶着学生的品德。记录、分析、写作的过程中,学生思维、情感受到熏染,加深其对美的认识和期盼。

2. 阅读后通过写作表现美

可将阅读与写作结合在一起,在完成阅读学习后,采用随堂课的形式及时让学生表达感受,以及自己对美的观点看法,而写作应注意立足点和出发点,注意巩固学生的审美鉴赏能力。例如,阅读《天净沙·秋思》后,可首先组织学生分析作品中意象的特征,归结作品中的意象美;其次让学生将作品中的美表达出来,并表达阅读后对美的感悟。学生感悟美的过程,是生成审美鉴赏能力的过程。

不同事物有不同的美:"枯藤、老树、昏鸦""小桥、流水、人家"和"古道、西风、瘦马",意象不同,美的特征也就不同,但都给人以美的感受。阅读这首元曲后表达美,结合上述不同的意象表现美,是对学习者审美鉴赏能力的极大提升。散文作品《故都的秋》《秋声赋》《秋色赋》等,都是在写秋天的色彩与感悟,但情境、手法、内容和主题都不同,选择其中之一表现美,或者对比三篇文章发现不同的美,对于提升学生的审美鉴赏能力很有作用。

阅读基础上的写作是审美的沉淀,学生审美能力的提升会自然生发学生的思想美、文化美,为形成其良好的道德奠定基础。

在古诗文教学中探究文化之美

高　瓴

摘　要　本文从文化传承与理解的角度，探究了古诗文教学的现状、意义和策略；对如何提升古诗文教学中的文化之美进行了一定的思考；对如何通过古诗文教学培养学生的文化理解能力、文化自觉、文化自信做了阐述。

关键词　古诗文　教学策略　文化之美

一、古诗文教学中关于文化传承与理解之教学现状

古诗文学习对于提升学生的学科素养有很积极的作用，特别是在培养学生的文化传承与理解素养上其作用明显。古诗文学习可以引导学生掌握作品中所蕴含的文化之美，学习古文传记中正面人物的事迹、精神和气节，以及古代文学作品中蕴含的哲学思想和传统思想。

当今教学中，学习古诗文时学生对作品的理解较浅，对古诗文中深邃文化和哲学思想的挖掘不够。这与当今教学过分关注考试有很大关系，即单纯关注考试内容和考试形式，导致古诗文学习中学生对文化的传承与理解受到了一定影响。因此当今古诗文教学对于文本中文言知识的掌握更加重视，教学中对句子的理解、翻译以及语法的学习等投入较多。对于作品中所涉及文化方面的内容，大多只是理解，尚不能实现对文化的传承，在实现文化自觉、生成文化自信方面有一定距离。由于对文化内涵重视得不够，使得学生对文本的理解不够全面，缺乏深刻，人文性作用没有得到应有的重视。

文化传承与理解的不充分，使得高中学生文化底蕴不足，只是在表面上理解作品，对于古诗文中的内蕴和深层思想理解不到位，对作品中人文精神的理解不充分。

二、古诗文教学对于文化传承与理解的意义

（一）提升学生的学科素养

古诗文呈现的内容、思想观点、哲学思考，蕴含着丰富的传统文化。古诗文学习能够提升学生的语言建构能力，让学生了解古诗文的语言特点。同时，古诗文学习对于培养学生的形象思维有积极作用，对于提高学生的逻辑思维能力也很有帮助，而且还会对学生审美鉴赏能力的提升起到积极作用。而古诗文学习对文化传承与理解这一学科素养的形成则更具有积极意义，优秀的传统文化作品及蕴含的文化思想，能够提高学生的文化修养，丰实其文化积累，提升学生对中华传统文化的认知水平和文化自信。

语言、文字、文化是人类的精神家园，基于文化层面的理解是对古诗文作品的深入理解，是古诗文的深度学习。优美的古诗文能实现对人的精神陶冶、品德培养，对人的身心、精神、德行有久远的影响力，从而在提升学生文化素养和道德品质的同时，生成学生的文化自觉与文化自信。

（二）继承和弘扬中华优秀传统文化

《普通高中语文课程标准（2017 年版 2020 年修订）》对文化传承与理解做了如下阐释："文化传承与理解是指学生在语文学习中，继承和弘扬中华优秀传统文化、革命文化、社会主义先进文化，理解和借鉴不同民族和地区的文化，拓展文化视野，增强文化自觉，提升中国特色社会主义文化自信，热爱祖国语言文字，热爱中华文化，防止文化上的民族虚无主义。"因此，要实现古诗文教学中的文化传承与理解，应通过古诗文学习，继承和弘扬中华优秀传统文化，增强文化自觉并提升文化自信心，让学生树立积极的人生态度，培养学生热爱祖国传统文化的情操。

古诗文学习应基于学生学科素养的提升，避免局限于对文言文、古代诗歌的浅层次理解。教学中对诗歌意蕴和内涵的理解以及鉴赏中对古诗文思想、文化和主题的关注，对于分析古诗文产生的文化基础和总结古诗文中蕴含的传统文化与思想具有积极的意义。而对诗歌字词使用等的分析，能够使学生关注作品的文化内涵，学习古人的情操和气节，了解中华文化的生成与发展过程，强化学生对民族文化的认同感，让学生形成文化自信，并可以此为基础培养学生的创新思想。

文化传承与理解，传承的是优秀的文化和思想，这些文化和思想以文学、哲学、法律、制度、习俗等形式呈现，它们将先哲的智慧成果展现在社会生活中，传

承着民族长期积淀的文明。民族传统文化是一个民族的根基,也是人们的精神家园,更是一个民族发展的源泉。一个民族的发展,应有文化的支撑,不忘文化的本源,立足于传统文化,这样发展才会有根、有魂,才能理解其他民族的文化,实现文化之间的交流和民族文化的发展。传统文化影响着学生对民族文化的认同感,也影响着他们的世界观、人生观、价值观,因此,继承弘扬传统文化是古诗文教学的重要任务。

(三) 实现语文学科的育人功能

文化传承与理解是语文学科素养的重要体现,文化传承与理解在育人方面具有积极作用,认同传统文化是热爱传统文化、牢记文化本源的基础。加深学生对文化的理解,树立学生的文化自信,增强学生的文化自觉,是培养学生优良品质的需要。若语文教学中不进行文化教育,则难以让学生形成积极向上的文化态度。因此,重视学生的文化养成,充分发挥文化传承与理解的育人功能,在语文古诗文教学中拓展学生的文化视野,培养学生以民族进步为己任的责任心和使命感,是语文古诗文教学的重要目标。

三、基于文化传承的古诗文教学策略

(一) 以教材为"本",挖掘古诗文中的文化之美

语文教材中的古诗文,均为精选的经典作品。教材内容承载了传统文化思想与人文精神,如《过秦论》《六国论》《阿房宫赋》批评了统治者的暴政,分析了王朝更替与覆灭的原因,阐释了作者的人文思想和爱民主张;《谏太宗十思疏》中作者冒险进谏,以直白的语言、委婉的方式劝告唐太宗仁君应戒奢、戒骄、戒纵欲、戒轻人言、戒赏罚不公,"思国之安者,必积其德义",只有以"德义"治国,才能使国家长治久安;《陈情表》中作者委婉推却出仕,理由是为祖母尽孝,因祖母"日薄西山,气息奄奄,人命危浅,朝不虑夕",而"臣无祖母,无以至今日;祖母无臣,无以终余年",故而作者认为"是以区区不能废远",但出于对王权的尊重和敬畏,作者补充道"臣尽节于陛下之日长,报养刘之日短也",明确表达了愿为朝廷效力的意愿。教材中的这些典型作品,都强调了儒家的治国理念,体现了以儒家思想为主的传统文化,即"仁""爱民""德义""孝""忠"。

教学中组织学生分析归结作品中的文化与思想,挖掘作品蕴含的文化与精神,能够潜移默化地使学生接受传统文化,深化学生对"仁""爱""忠""孝""德""义"的认识,让学生密切结合传统文化生成正确的世界观、人生观和价值观,并在此基础上形成文化自信,生成文化自觉。

以教材为"本"挖掘古诗文的文化内涵,有利于提升学生的学习动力,充实学生的内在精神,培养学生的意志品质和责任感。作品中的精神力量,能够使学生生成当代青年的使命感、作为学生的责任感,达成基于文化传承的古诗文教学目标。

(二) 归结文化内容,形成语文学习的文化资源

归结文化内容,主要是指归纳教材中古诗文承载的文化,使学生认识到中华传统文化博大精深,让学生形成文化自信和文化自觉,生成文化精神,实现基于语文学习的"立德树人"的教育教学目标。文化内容的归结,一般涉及文化知识、人文典故、文学知识、人物故事,归结应呈现出文化精神和哲学思想等。教材中的古诗文所蕴含的文化内容十分丰富,归结教材中传统文化的过程,为师生一起梳理教材中的古诗文内容、巩固知识提供了极佳的机会。

教材中的文化内容大致包括如下几类:①论述学习的重要性与学习精神,阐述持之以恒、从师学习的相关理念和主张,强调坚持与探究,如《师说》《劝学》等;②强调生活、学习中应深思慎取并有质疑意识和探究精神,《石钟山记》《游褒禅山记》是这方面的典型作品;③表达为国为民的责任心和忧患意识,劝诫治国者以"仁""爱"之心关注民生、关心百姓,《过秦论》《六国论》《阿房宫赋》《登高》《齐桓晋文之事》均涉及此方面;④抒发建功立业的豪情,感喟人生不得志以及时光已逝而壮志未酬的苦闷与遗憾,表达为国效力的心愿,如《念奴娇·赤壁怀古》《永遇乐·京口北古亭怀古》《短歌行》等;⑤表达对自由生活的渴望,对官场的厌恶,对权贵的凛然傲志,对精神家园的坚守,如《梦游天姥吟留别》《归园田居》《归去来兮辞》等;⑥赞美矢志不渝的爱国精神,歌颂洁身自好、深明大义的品格和对高远理想的追求,如《苏武传》《屈原列传》《烛之武退秦师》《离骚》等;⑦表达对美好生活、美好爱情的向往和追求,批判不合理的婚姻,如《氓》《孔雀东南飞》等;⑧揭露社会的不公,抨击社会的黑暗,表达对底层民众的深切同情,如《琵琶行》《促织》等。

古诗文内容梳理归结,本身也是学习和升华思想的过程,在实现语文教学工具性作用的同时,实现其人文性教育作用,从而使语文教学的教育作用更充实、更全面,进而生成学生的文化自信与文化自觉。

作为写作与日常教育活动的资源,重视传统文化的育人特征,实现语文学科的人文性作用,归结文化内容,形成语文学习的文化资源,对于实现"五育并举、立德树人"的教育目标与教育主张具有特别积极的意义。

(三) 立足于教学,实现文化理解与文化自信

1. 以"读"感受古诗文之美,加深文化理解

古诗文具有韵律美、节奏美。阅读中通过韵律美能加强学生对古诗文的掌握,提升学生的审美能力;理解体会古诗文的内容,有利于学生感悟作品中的文化情怀;品读古诗文中的意象,赏析月、鸟、花等意象的特征,能唤起学生对美好事物的向往;赏析松、竹、梅、酒、山河等,能让学生感悟诗人的气节与情怀、豪放旷达的胸襟。

总的来说,在"读"中赏析古诗文,分析诗歌的艺术手法,体味富有传统思想的文化意蕴,能加深学生对古诗文的理解,汲取古诗文中的文化精髓。

2. 以"析"悟传统文化的魅力,增强文化自信

"读"是理解古诗文的很好的途径,在阅读基础上"析",则能使理解更加深入,生成对古诗文的"悟"。分析方法有很多,如知人论世、比较归纳、从艺术分析到思想等都是很好的分析方法。例如,苏轼的《念奴娇·赤壁怀古》和辛弃疾的《永遇乐·京口北古亭怀古》有相似之处:同为怀古诗词,作者都是宋朝的文学大家,都具豪放词风。但两首词也有差异,苏轼抒发的是对英雄豪杰的向往,感叹自己未能建功立业;辛弃疾则表达了自己坚定的抗金主张。艺术表现上,两首词都具有豪放的词风,都描述了历史人物,境界阔大,但也略有不同。苏词豪放中显旷达的境界,辛词豪放中表现出英雄气概;从思想内容到艺术手法,深入分析就会生成对两首诗词的感悟,领略诗词中共同呈现的传统文化,即知识分子的责任与情怀和建功立业的渴望。而这种责任、情怀、建功立业的思想,因时代的不同,表现的方式和重点也不同。

总的来说,在"析"中感悟诗词中的文化,在比较中思考诗词蕴含的思想、文化内涵等,能促使学生进行较为深入的思考,提升学生的思维水平。

古诗文中传统文化的内涵十分丰富,苏轼《水调歌头》中对团圆的重视,归有光《项脊轩志》对亲情的眷恋,苏洵《六国论》、贾谊《过秦论》、杜牧《阿房宫赋》对仁政、爱民的主张,李密《陈情表》中的对孝的执着,以及前文所谈两首词中呈现出的豪放旷达、责任意识和建功立业等特征,均充满积极意义和向上的精神,可使学生产生对传统文化的钦佩、敬畏,从而形成其文化自信,达成对学生的文化教育目标。

3. 以"用"践行古诗文中的传统文化与思想

"用"利于践行传统文化与思想和弘扬优秀传统文化。古诗文中涉及的传统文化有很多,如"孝"文化、"仁"文化、"忠"文化。以"孝"文化为例,可结合《陈情

表》等课文的内容,由课文联系现实生活,让学生深入理解"孝",明白"孝"的意义和作用。厘清"孝"文化的内涵后,可通过写作、专题讨论、知识竞赛、主题演讲、节日纪念等密切联系文化元素的实践活动,拓宽学生的文化视野,使学生生成敬老爱老的精神品质。

总的来说,以"用"践行古诗文中的传统文化与思想,对于学生生成文化自觉,启发学生通过文化表象寻找文化的根,以及生成基于文化的精神,具有特别重要的意义。

参 考 文 献

[1] 中华人民共和国教育部.普通高中语文课程标准(2017 年版 2020 年修订)[M].北京:人民教育出版社,2020.

[2] 关芸婷,朱华.文化传承与理解视域下的古诗词教学[J].文学教育,2020,(7):76 - 77.

[3] 王其俊.高中语文教学渗透传统文化的策略探究[J].基础教育论坛,2021,(12):53 - 54.

传承语文教学之美，彰显美美与共课堂

王东丹

摘　要　语文学科之美深藏在学科的核心素养教学之中。笔者通过四个层面即思想情感之美、思维创造之美、溯源再生之美、教学相长之美，探究一些语文课堂内外体味和传承美的教学实践方法。

关键词　语文学科之美　核心素养　教学实践

语文学科之美深藏在学科的核心素养教学之中。语言的传承与理解，思维的发展与提升，审美的鉴赏与创造，文化的传承与理解，这四个语文学科核心素养相互交融。其中，语言思维是基础，审美文化是人文修养。细细思来，无论哪个核心素养都离不开鉴赏美、创造美。我们体验感悟语言之美，欣赏评价思维之美，表现创新文化之美。语言之美、思维之美、文化之美共同凝结成"美"的结晶，语文课必将是体味美、传承美的大美课堂。为了彰显这样的课堂，笔者从以下几方面进行了一些教学实践。

一、文思之美，美美与共

诗言志，词言情，文以载道。诗词文是语言形式，志情道是情感内容，以最优美恰切的语言形式表现文化情感，美美与共，让读者读之赏之，这一过程贯穿着美与美的传递。语文教学就是这样一个不断重复表达美与审阅美的过程。

诗体小说因为有诗的成分，很适合进行审美性的阅读。《普通高中语文课程标准》(2017 年版)在语文学科核心素养与课程目标的文化传承与理解部分提到："语言文字作品是人类重要的审美对象，语文学习是学生审美能力和审美品质发展的重要途径。"在教学实践中学生要想区分其他类型的小说，真正了解小说的诗体特点与美，应该重视以下几方面：还原诗化的语言、鉴赏诗化的手法、品味诗化的人性、体悟诗化的情志，这样能让诗体小说的要素得以展现。古典文学中的诗体小说可以是为人们所熟知的叙事诗,如《孔雀东南飞》《木兰辞》《陌上桑》《长恨歌》《琵琶行》等。其故事情节极其完整,人物形象也极其鲜明。而现代诗体小说的语言更接近现代诗,品味诗体小说就是要品味其诗一样的语言。诗的语言要优美且富有充沛的感情,学生开始可能不太容易明白何谓语言如诗,教学中可以通过把《荷花淀》的第一段作为例子来阐释这一点。在形式上稍微改编一下:

"月亮

升起来

院子里

凉爽得很

干净得很

白天

破好的苇眉子

湿润润的正好编席

女人

坐在小院当中

手指上缠绞着

柔滑修长的苇眉子

苇眉子

又薄又细

在她怀里

跳跃着"

这样断句,就是一首读起来富有节奏和韵律美的诗歌,其语言营造出的既是一幅很美的风景画,又是一幅很美的风俗画,可谓"诗中有画,文中有诗"。

品读诗体小说不是重在阅读分析人物的性格特点,探究人物性格怎样决定了命运,而是更紧密地把诗化环境中的审美映照在主人公身上,发现人物的诗心诗性。写景是表情达意的需要,王国维先生认为:"一切景语皆情语。"有不同的情感表现,选取的景物以及运用的写作手法也就不同。小说大多是有目的地写景的,进而"以我观物,物皆着我色彩"。品读诗体小说,要了解其语言组织与运用,体会如何发挥诗化语言的工具性作用,如何通过语言来反映人文与审美表现力,如何表现人物身上的诗性品格和人性美。

这篇小说写了很多人,也写了很多人际关系(父子关系、夫妻关系、妇女关系、战友关系、家国关系、人与自然的关系)。这些关系传承的是中国人文精神的基本审美观念:家国之爱、夫妻之情、独特的战争审美、浪漫的乐观主义精神、中华人民的传统美德,这些内容的基本思想是期冀教读者学会处理好人与自我,人与人,人与国家,人与自然之间的关系,使之处于和谐状态,实现"诗意的栖居"的生活建构。

二、思维创造,美美与共

文学艺术的逻辑性包括两个方面:①故事情节的逻辑性,即符合真实的生活和社会;②人物形象的逻辑性,即不论是福斯特所说的圆形人物还是扁形人物,人物形象的塑造都要真实可信。引导学生鉴赏人物,让学生在情节的铺垫和过渡、事态的假设和推理方面进行思考,分析是否符合真实的生活与社会和人物的性格,能够培养训练学生的思维。

笔者在教学中经常组织学生对教学文本和影视作品的不同处理方式进行比较与品味,这种比较与品味的过程可以训练学生的思维能力及思辨能力。例如,在《雷雨》的教学中,教学文本原文是侍萍把周朴园给她的支票撕了,而在 1984 年电影版的《雷雨》中孙道临导演却处理成侍萍把支票放在油灯上烧了。不同的文学艺术表现方式反映了作家和导演对人物性格不同的解读,而学生为此进行了课堂探讨。有学生指出"烧支票"看似不动声色,实则是压下内心波澜,更为表现自尊;"撕支票"动作激烈,表明内心的怨恨难以抑制,有恨即是有对过去的不能忘怀,那么三十年的苦就不是为了自尊,而是迫不得已罢了。在人物形象塑造上有区别,对人物的反抗精神觉醒意识表现上有不同,阶级矛盾对立性的反映上有差别。简单的"烧支票"与"撕支票",以不同的形式塑造了人物的性格,展现了文学艺术表现方式的魅力。

影视作品常用形象传达审美感觉,语文教学多用逻辑思辨揭示理性审美。审美从来就不只是艺术欣赏独有的,也同属于语文的核心素养,它和文学艺术教育无法分割。已经有了一定的知识积累和生活体验的学生,在进行教学文本与影视作品转化的过程中,个人认知可以作用于教学文本,进行结合个人认知的解读,产生体验性思维,从而使思维具有贯通性。将诗歌排成影视短片,把一个个片段连接起来,本身就是通过联系思维和贯通思维的方式进行的,由诗歌到画面,生发了思维的广向性;构思小说结尾的影视画面,思考有没有其他结局,可生成思维的多向性;将文学作品拍成影视作品,思考其有没有相反的结局,能够为思维的逆向性奠定基础。思维的贯通、广向、多向、逆向,为学生生成创造性思维提供了可能。

三、溯源再生，美美与共

二期课改要求在语文课堂教学中，以学生的发展为本，充分关注并发掘学生的语言潜能，引导学生通过已知认识未知，让学生在学习过程中不断地探索、体验、感受、认识新知，为学生的终生发展打下坚实基础。而学案导学法是以动态的学生体验、感受为主的教学模式，实现了多重教学观的改变：从"教师教，学生学"转变为"教师教学生学"；从教师为主导者转变为教师为学生的指导者；从注重学生外在变化转变为注重学生内在变化；从学生被动接受知识转变为学生主动学习知识；从信息单向传递转变为信息双向或多向传递等。

以《红楼梦》阅读为例，导学案以学生自学为主，思维导图帮助学生梳理整本书脉络，人物关系，分解重难点教学任务；表格设计是让学生能够掌握运用从人物的语言、动作、神态等正面描写和侧面烘托角度分析小说人物形象的方法。以"香菱学诗"一章，对这样一个一心扑在诗歌创作中的人物，作者准确地描绘出她的一言一行和神情变化，它与作家通过自己的叙述，从旁静止地分析人物心理相比，更显得跳脱生姿而又富于内涵，同时也更符合生活实际。学案导学法重在"先学后教"，讨论和交流的原则是尊重个性，其鼓励体验、发现问题和解决问题。学生小组交流活动贯穿课堂始终，无论是对香菱苦学精神的分析体悟，还是对香菱写月之诗的品味鉴赏，都是学生探究为主，教师指导为辅。在课堂上，学生拥有比较充分的鉴赏权、质疑权、发言权，这就要求学生在课前有充分的预习，课上才能有交流展示过程时不时的精彩火花。导学案的题目教师如果作为预习作业布置能提前批改，就会对学生的预习情况心中有数、成竹在胸，课堂上的小组讨论也会更加深入有效。课堂上几位能言善辩的交流者赢得了大家的掌声和笑声，也显示出了他们预习的功效，教师的评价又适时激励了小组的竞争性，有些小组错误是被其他小组同学指出，学生也更愿意虚心接受，及时改正的。文学作品阅读最是见仁见智的，读者往往在变换角度中有自己独特的发现，这也需要教师给予学生以极大的尊重与包容，只要观点阐释合情合理，都应该被肯定。

美国教育家乔以斯认为，教学就是创造出教育内容、教学方法、教学作用、社会关系、活动类型、设施等组成的环境。教师在课堂上的指导应是有意识的，应先创设教学环境，引导学生产生研究人物的兴趣，追根溯源，然后以课文人物的描写研读为抓手，组织学生进行交流，体悟在学诗中，香菱表达了她脱俗入雅的高尚追求，浸透了她对人生的美好理想，是她生命价值一次难能可贵的"实现"，迸发了她身上的美和生命的诗意！是课堂生成。然后把香菱学诗的精神归结整理为七律小诗让学生品评，强调客观能动性的学习作用，让我们和香菱一起完成精神自我的一次净化和升华。课后又以作业形式组织学生练笔,对学生学诗写诗品诗兴趣有一定激发作用,是深化再生。

四、教学相长,美美与共

我开设关于对联的第二课堂,目的是调动学生对我国传统文化的热情,增进对古诗文的好感,其实更为注重的是培养学生主动探索的能力,教学形式和教学环境更为轻松灵活。在教师、学生、教学内容、教学手段四个教学因素构成的对立统一的关系以及由此形成的矛盾中,教师的"教"和学生的"学"的矛盾是教学过程的主要矛盾,其他为次要矛盾。学生想一直听故事,而教师则身负传道授业的责任,怎样才能在讲授枯燥的方法时使学生的兴趣不衰竭?师生换位成了我的制胜绝招。

教育者都深知:要想给学生一杯水,自己要先准备一桶水。我以前对于创作对联的方法与要求不是知之甚详,甚至是不求甚解,即使仅有的那么一点知识也是茶壶煮饺子——心里有嘴里倒不出来,然而为了给学生准确传授知识我不断地从书籍、网络、相关培训和其他老师处搜集信息,整理加工成易懂的要点后再讲给学生听。可是辛苦的整理的这些学生却不愿听,又似乎回到以前传统的教学模式下了,长此以往不但之前的融洽师生关系和课堂气氛前功尽弃,且与二课堂的开设原则相违背,思考一番后我决定调整方法重新上阵。

这天,我把教学地点改在了学校电子阅览室,一打上课铃我就坐在了学生的中间,又从他们喜爱的对联故事讲起。讲到精彩的对联时我就只讲上联,下联先对对看,讲明要求,每则对联都有一个知识点的运用,类似于游戏,过了关才可以继续下面的情节。原来古代神话小说中的"孙行者"是可以和现代著名教育家"陶行知"对句的。这样一来,学生就总想知道是为什么,从我生动的例子中学生清楚了什么是"流水对""无情对";从我手脚并用引得同学们大笑的模仿中学生弄明白了什么是"马蹄韵";从学生自己从网上的查阅并且推荐当中我找到了很好的对联网站,有了很好的对联教学用书;从和学生的交流当中我看到了他们自己从网上找到了很好的现代对联的帖子……不再只是我被学生看作他们的老师,他们在懂得利用手边、身边的,或古老或现代化的信息手段后也成了我的老师,我们是共同学习的朋友。这时我就如同沐浴在雨后的阳光下,纳凉在亲手播种的树荫中。我想我不应该只做倒水到杯中的桶,更应该做教人掘井的锹,"授人以鱼不如授人以渔"。

到学期的中期我们已经尝试着搞自己的创作写自己的对联了。其实,就其本意来说,是在探求学问的基础上,用理论去指导实践,在实践的基础上再总结出新的理论,这就是我所尝试的创新活动。具体说它的指教学过程是在教师的启发诱导下,以学生独立自主学习和合作讨论为前提,以现行研究主题为基本探究内容,以学生周围世界和生活实际为参照对象,为学生提供充分自由表达、质疑、探究、讨论问题的机会,让学生通过个人、小组、集体等多种解难释疑尝试活动,将自己所学知识应用于解决实际问题的一种教学形式。于是,身临其境成了我的又一法宝。

本阶段任务是调动学生的积极性,促使他们自己去获取知识、发展能力,做到自己能发现问题、提出问题、分析问题、解决问题;与此同时,教师还要为学生的学习设置探究的情境,建立探究的氛围,促进探究的开展,把握探究的深度,评价探究的成败。我又不失时机地把教学地点改换到了学校附近春光融融的小公园,并以前几日我楹联协会教师的游园习作"燕唱湖波,春色层层皆入画;禅鸣柳浪,夏音款款总宜人。"为讨论展开。面对眼前如画美景,知道老师的作品也并不是十全十美的,学生们胆子大了,各自边走边吟,或沉思或争论起来。

从最初作品的千奇百怪到后来的有模有样还真少不了学生的探究精神。每次作品新鲜出笼都会先登台亮相向全体露个脸,所谓"群众的眼睛是雪亮的",有时我还没看出门道,在同学那里就已经将缺点昭然若揭;将意见宣之于众了。而每当一副对联被指出这样那样的毛病,我们都会自然而然地去互相帮助寻求解决方案和办法,对于学生,这意味着对现有理解的更新,有的同学还直接把问题提到了到网站论坛上。我们还以自己的姓名写"嵌名联",就在这样的氛围下同学们的大名纷纷几次易装后隆重登场:"甲乙丙丁岂无姓,金银铜铁皆有形"(丁锴);"易水萧萧刺政(原为刺秦,还真有点舍不得改),忠心耿耿为国"(耿萧);"贾史王薛四大家族,日月星辰无限宇宙"(薛辰);"木下有罕子,老友特探沾喜气;广内含尽大,细草总是顶寒天"(李庆);"枫叶荻花秋瑟瑟,落霞飞燕两相依"(卞涤菲),看着把自己的名字包装精美的秀,大家初尝了探究后的小小满足。

实践证明,直觉感受越深刻,学生学习兴趣就愈浓,源于真实,感染学生,唤起他们丰富的联想,使之动心动情于自己的文字创作中,我们就能苦中作乐。"知之者不如乐之者,乐之者不如好之者"。我想,这不正是学生在"活动"中学习,在"主动"中发展,在"合作"中增知,在"探究"中创新的表现么!让学生继续在质疑问难中探究,在观察比较中探究,在矛盾冲突中探究,在问题解决中探究,在实践活动中探究,若能形成习惯,将可以使班级教学也焕发出生机勃勃的情景。那么他们乐在其中,我也正是乐在其中。

学生作为探究式课堂教学的主人,自然是根据教师提供的条件,明确探究的目标,思考要探究的问题,学习探究的方法,展开探究的思路,交流探究的内容,总结探究的结果。应创设环境让教师和学生双方都参与到探究活动中,并分别以导师和主人的身份共同探究问题,这有助于创建融洽的课堂。

从美的理解与领悟,到美的思考与创造,再到美的探究与更新,最后到美的传承与交迭,语文学科正是潜移默化地在我们教学的各个环节中传播美。"每一种文明都是美的结晶,都彰显着创造之美。"坚持教美阅美,坚持育美育心,坚持课堂之美,坚持学科之美,美美与共。

参 考 文 献

[1] 顾之川.论语文学科核心素养[J].中学语文教学,2016,(3):15-17.
[2] 潘知常.生命美学论稿·在阐释中理解当代生命美学[M].郑州:郑州大学出版社,2002.
[3] 张晓东.试论高中语文教学模式[J].教育教学论坛,2011,(12):149-150.
[4] 张会恩,曾祥芹.文章学教程[M].上海:上海教育出版社,1995.
[5] 郭吉成.遵体识文,循文而教:教出课文的"个性"[J].语文学习,2015,(11):21-23.

语文教学中落实美育的思考与实践

张　蓉

摘　要　美育是教育中非常重要的一个组成部分,可启发人对美的认识和理解,提高人的思考与创造能力,语文教学拥有美育所需的各种资源与契机,高中语文课程标准强调语文的审美教育功能,提出应积极思考并将其落实到具体的教育实践中,培养学生的审美感知能力,提升学生的审美素养。

关键词　美育　高中语文教学　课堂实践

一、美育与语文学科的关系

美育,又称美感教育,即通过培养人认识美、体验美、感受美、欣赏美和创造美的能力,使人具有美的理想、美的情操、美的品格和美的素养。依据美育的定义,我们可以发现,美育不是单纯的艺术教育,它有更广泛的价值和意义,涉及审美能力、审美情趣、个性品质和创造力等方面。

《普通高中语文课程标准》指出:"语文具有重要的审美教育功能,高中语文课程应关注学生情感的发展,让学生受到美的熏陶,培养自觉的审美意识和高尚的审美情趣,培养审美感知和创造能力。"因此语文学科在美育方面有着非常重要的责任,语文学科具有多方面的美育功能。审美鉴赏和创造是语文学科核心素养之一。

二、语文教学中落实美育的思考与实践

(一)语文教材的美育储备

1. 语言之美(汉字之美)

汉字是世界上最美的文字。创建文字的初衷是对生活进行表达。最早的甲

骨文、金文、小篆，能传递美的启示。比如，♀（"身"）代表怀孕的女子；♣（"保"）代表大人手里捧着孩子；♠（"闲"）代表坐在门前看月亮。一个个简单的字里常常蕴藏着特别丰富的涵义。字尚且如此，由汉字组成的诗、文章更值得品味和感受。诗词歌赋、小说、传记、议论文、杂记随笔用各种方式展现了语言文字的魅力："寂寞梧桐，深院锁清秋""安能摧眉折腰事权贵，使我不得开心颜""同是天涯沦落人，相逢何必曾相识""天是灰色的，路是灰色的，楼是灰色的，雨是灰色的，在一片死灰之中，走过两个孩子，一个鲜红，一个淡绿"……表达出无穷的美感。

2. 情感之美

文学的诞生是无数情感的汇合，将内心的各种感受述之以文造就了浩瀚无比的文学海洋。重要的是，这样的情感即便穿越百年、千年，都依旧会与当下的人们产生一种共鸣。这种共鸣值越高，其经典性也越强，因而审美价值也越高。翻看高中教材中的作品，无不是经典之作。新教材中各个单元都有鲜明的情感主题（从青春吟唱、热爱劳动到故乡情、自然美等），阅读这些作品，能感受到人类情感世界中的美，激发自我对美进行更深入的认识。正如美学大师宗白华先生对晋代文学的总结："向外发现自然，向内发现自己的深情，"通过对语文教材的阅读，也能够达到这样一番境界。

3. 思想之美

美不是只限于情感，思想之美也是天地间的大美。从先秦的"百家争鸣"，儒家的"仁义"，道家的"无为"，墨家的"兼爱"，到史学类作品中的"究天人之际，通古今之变，成一家之言"，又或是陶渊明、苏东坡、欧阳修、王安石等文学大家的人生领悟，以及当代各国文豪、思想家、哲学家的各类作品，无不是对个人、社会乃至整个人类世界的思考，无论是从微观角度还是从宏观角度，都展现了人类智慧与思想。人生不如意十有八九，面对自然的生生不息，回看自我须臾的生命，很多文人都曾写下感怀无常的作品，《归去来兮辞》《前赤壁赋》《秋声赋》还有《兰亭集序》等，他们最终用至高的精神信仰打破了有限生命的桎梏，也带给了后人无尽的思考和力量。我们学习阅读这样的作品，就像踩在巨人的肩膀上，可以更好地获取力量，提高对自我和世界的认识。

（二）美育在语文教学中的实践

在语文教学中，我们该如何展现美的价值？

1. 创设情境，营造氛围

美是非常感性的认识，最初的涵义是"对感观的感受"，因而重视受教育者的感受非常重要。在教学的各个环节中，教师需要有意识地创设情境，帮助学生进入一片审美天地。比如,在讲解《采薇》的过程中,为了让学生感受"昔我往矣,杨柳依依。今我来思,雨雪霏霏。行道迟迟,载渴载饥。我心伤悲,莫知我哀!",笔者带领学生回忆了熟知的两首作品:杜甫的《春望》和贺知章的《回乡偶书》。"烽火连三月,家书抵万金""儿童相见不相识,笑问客从何处来",学生在这两句诗句的引导下,更能理解《采薇》最后所想表达的"近乡情更怯"以及战争对生命的虚耗。有的时候,情境的创设还需要学生更贴近地参与,比如,在讲解《想北平》这篇课文时,为了增强大家对故乡的感受,侯老师让学生用各自的方言朗读文章片段,浓浓的乡音很快就把人带进了一种熟悉的情境里,再回看老舍对故乡的深情,已不用多言,共鸣自然而然产生。

2. 立足文本,探究思考

无论是情感还是思想,都通过文字表达,立足文本探究是感受美的具体做法,而引领学生掌握解读文本的能力是审美教育中特别重要的一环。能读懂文本方能感受其美,这是横亘在文字和学生中间的最大的阻碍。感受美,需要有能发现美的能力。

新教材启动后,语文教学中多了任务群的概念,也多了单元学习任务要求,每一篇教材文本在单元任务的引领下,承担了不同的功能,实现不同的教学目标,这需要教师在教材的处理上有"群"的意识。同样是《荷塘月色》,其探究的内容发生了变化,一课一得、多课合作,就像一部机器上的多个齿轮联合发力,共同完成提高学生解读文本的能力和培养学生审美能力的任务。比如,针对高三上册《诗词三首》中杜甫的《月夜》和苏轼的《江城子》,在空中课堂中华师大二附中的刘强老师通过一个核心问题即两首作品如何运用虚实结合来抒发情感且有什么异同之处来带领学生理解何为虚境,让学生结合背景,通过吟诵,层层品读作品,体会两位文人对妻子的曲折委婉、细腻动人的情感,课堂最后通过总结(作品如何通过虚实结合来抒情)及小结(鉴赏古代诗歌的方法)完成教学目标。学生通过对这两篇作品的学习完成了一次对诗歌的解读能力训练,掌握了解读诗歌的方法,这对于未来学生品读其他诗歌作品和感受诗词之美非常重要。

3. 各抒己见,突破标准

值得注意的是,传统语文教学中最伤害学习热情的是标准化和唯一化,它们往往会破坏我们对美的感知,这也是在语文教学中需要特别留意和避免的问题。从这几年高考语文改革中可以发现,语文的包容度更大了,就拿拟定答案来说,以往语文试卷上的答案单一,而近两年,开放性和包容性增强,让学生即便是面对标准化的考试也能各抒己见。考试如此,课堂更应如此。课堂不能再出现"迎合"老师的氛围,更多的应该是学生畅所欲言。例如选择性必修中册第三单元,四篇外国小说我们用了不同的任务驱动,有单个人物研究,有情节设置的合理性辨析,还有主题的现实意义挖掘等,在这过程中,我们尝试给学生更充足的活动空间。以《百年孤独》为例,这是本单元最后一篇外国小说,在前面三篇作品学习的基础上,这篇课文尝试通过三组进行研读,分别从重点情节、艺术手法及主题思想三个方面进行全员合作探究,学生在此过程中呈现出了极高的热情,三个问题(失眠症、失忆症具有怎样的深意? 魔幻现实小说手法解读,以及百年孤独的含义)彼此独立又互相关联。为了提高活动的有效性,我们还设置了自评、互评和比赛制,这也激发了学生的竞争欲,提高了学生之间的合作能力,每个人都经历了自我解读,分享交流,解决困难等多方面的学习体验。三节课的时间里,学生和《百年孤独》来了一次深入的相处。这节课直到下课了,大家都不愿意停止,甚至课后一群人依旧围在一起继续讨论,畅所欲言,文本的思想之美在一种自然而然的气氛里传递,这样的教学场面也算得上是一种美的享受了。

4. 读写结合,学会表达

在经历了感受美、体验美和欣赏美之后,接下来重要的一环便是创造美。新教材任务群中读写结合是非常重要的一环。就拿新教材选择性必修上册的第三单元即小说单元来说,在学生学习了《复活》《老人与海》《大卫·科波菲尔》等作品之后,应当激发学生去创作,有意识地写下属于自己的第一篇小说,培养学生的创造力。新教材中几乎每一个单元都有相应的读写结合任务,如"如何表达自己的观点""如何清晰地说明事理""如何做到情景交融""描写人物的细节""学写诗歌"等,它们都结合了单元教材的特点和目标,让学生在充分阅读以后,形成自己的文字,把美从彼岸带到自己的面前。

总之,美育是语文教学中不可缺失的重要组成部分,教师要充分挖掘教材中的美育储备,运用各种方式把美带到学生身边,带进他们的头脑里,感受里,用美的力量去点燃他们对生活、生命的感受,达到对于学生受益终身的目的。

在最好的年纪感受真实
——高中生阅读现实主义古典诗歌《诗经》的意义初探

梅华荣

摘 要 当下,处于高速发展时代的高中生与真实的生活和人生仿佛总隔着很远的距离,他们缺少敏锐的感知力。统编版教材收录了《诗经·周南·芣苢》《诗经·邶风·静女》《诗经·秦风·无衣》《诗经·卫风·氓》等现实主义风格的古典诗歌。《诗经》中大部分作品均根植于百姓的现实生活,呈现了真实的人生,抒发了真情实感。学生通过诵读和品味这些作品,能在感受现实主义文风和质朴语言的同时,体会自古至今在生活和人生中永恒不变的主题,使他们对当下的真实生活和人生进行更加细微的感悟和深刻的思考。

关键词 现实主义 真实 生活与人生

一、青年心事

高中生的身心在逐渐成熟,自我独立意识在逐渐增强,开始追问思考人生与世界的意义,但是他们受到涉世未深缺乏经验、高中学业繁重等因素的影响,很容易陷入迷茫之中。机缘巧合之下,笔者发现部编版教材选入了现实主义风格的诗歌总集《诗经》中的一些经典篇目。青年学生通过阅读这些经典诗歌,可以了解古代百姓的日常生活,感受他们的喜怒哀乐,思考感悟生命的价值与意义。

二、生存景象

《诗经》最初并不是一本书,其收录的十五国风原本只是百姓口口相传的歌谣,这些歌谣呈现了他们最真实的生活,语言直白,感情诚挚。他们的生存景象包括农业生产、恋爱婚姻、战争徭役、社会矛盾等,看着遥远,却与我们当下的日常一般无二。《诗经》作品中的绵延情感,在当下也具有普遍性,其中的诗意和美好引领人们打开生活的另一番光景。

《芣苢》是一首劳动之歌,诗歌中"采采芣苢"出现六次,仿佛劳动者有力的劳动号子,无需其他言语,便能使人仿佛亲眼看见热火朝天的劳动场面,他们动作熟练,毫无拖泥带水,甚至连他们采摘车前草时挂在额头的汗珠也闪着熠熠光辉。"采""有""掇""捋""袺""襭"六个动词,细数着整个劳作的过程,节奏明快,自然流露着劳动的喜悦。诗歌中简洁质朴的文字,重章叠句的结构,自然流露的喜悦,能够扎扎实实地击中青年学生的内心,让他们沉浸在真实生活的细节里。

《静女》是一首爱情诗,以男子之口引出一位娴静美丽的女子,他们约会却未能见面,于是男子思念惆怅。接着男子借着赞美女子所赠彤管的美丽,大胆地向女子表白自己的心意。高中生对爱情有一种懵懂的向往,但是如今社会中金钱至上的观念或多或少对他们产生了影响,使他们对爱情产生了一定的误解。《静女》中男女双方,一个害羞躲藏,一个徘徊不敢前进,白描式的笔调,将那种初恋时的试探羞涩又甜蜜美好展现在读者眼前,将期待和向往留存,将世俗和功利摒除。这些文学作品有助于高中生初步建立阳光积极的爱情观,对他们未来的婚姻、人生都有非常重要的作用。

《无衣》中的情感又是对人生的另一种救赎。它反复吟唱着战友们在战场上互相托付生命,他们同穿一衣、互修武器、共赴战场,生死相交的情谊无不令人动容,同仇敌忾、慷慨赴敌的豪情无不令人震惊,展现了秦人"尚气概、先勇力、忘生轻死"的气概。反复的问答和咏唱,使对生命的情怀如响鼓般在人耳边久久萦绕。短短的《无衣》唱出的却是绵长深刻的情感,可以为高中生筑起一道坚固的心理防线,令他们意识到自己之外还有朋友,还有国家需要肩负。

《氓》描述了一位女子从恋爱到结婚再到被抛弃的人生经历,展现了女子从情意绵绵到伤心欲绝再到激愤决绝的心路历程。这首诗的目的不在于替女子谴责始乱终弃的负心汉,而在于揭示人在遇到困境后如何思考反省,让高中生看清生活的复杂性。

三、生命对接

《诗经》是一部儒家经典著作,开创了现实主义文风,它为心智尚不成熟的高中生提供了一种观照生活和生命的方式。让高中生阅读《诗经》中的经典诗歌,并不是要给他们一个明确的答案,而是要在潜移默化中让学生渐渐明白生活本来的面貌和生命的本质。

每个人都渴望拥有健全、快乐的人生,但生活中却往往困难重重。《诗经》中的作品互相映衬、对照、补充,高中生在阅读时可以将古代老百姓与自己的生命进行对接，感受他们的生活并进行思考。

四、实践体验

阅读作品《诗经》无论是对于成年人还是青年学生来说，都是对生活和生命的一次审视和感悟，作品中的文字将生活和人生展现给学生，向学生述说质朴平凡的生活蕴藏着的诗意。青年学生可以选择《诗经》中的诗歌如《关雎》《采薇》《硕鼠》《伐檀》等进行诵读或阅读；也可以找来统编版教材推荐的《毛诗序》、钟嵘的《诗品序》、白居易的《与朱九书》等与同伴进行交流，加深对《诗经》艺术特色的鉴赏；还可以结合孔子在《论语》中提出的"兴观群怨"主张，思考学习《诗经》的意义。学生通过阅读，能够从感性和理性层面对真实生活进行细微深入的感知。

我们所处的时代，将我们阻隔在大自然之外，阻隔在诗意之外，阻隔在长久的耐心之外，阻隔在情感之外。青年学生无从找寻生活的真相和生命的根基，作为教师，可以在课堂上放慢节奏，让学生慢慢踏足真实、漫长、复杂的人生。

语文学科之美源自师生情感与思维的双向互动

候迎迎

摘　要　语文学科之美体现在由师生共同创造的具有情感流动和思维碰撞的课堂中。师生之间互相尊重并帮助彼此发展、成长，彰显了教育之美。在充盈着学生和教师情感流动和思维碰撞的课堂中，教育的美好时光自然地流淌，通过交流和思考可以培养学生的语言建构与运用能力、思维发展与提升能力、审美鉴赏与创造能力、文化传承与理解能力。

关键词　语文学科之美　情感流动　思维碰撞

语文学科之美体现在由师生共同创造的具有情感流动和思维碰撞的课堂中。师生之间互相尊重并帮助彼此发展、成长，彰显了教育之美。如何衡量课堂是否体现出了语文学科之美？笔者认为其中的一条重要标准就是看学生和教师之间是否形成了情感流动和思维碰撞。正如肖正德在《教学文化变革与重构：教师发展的"灵魂"》中提到"生命课堂"，即"一种以人的发展为本的课堂，追求精神的交往和生命价值的实现。通过心灵沟通与对话，生成感情的体验与共鸣。"在这种充盈着学生和教师情感流动和思维碰撞的课堂中，教育的美好时光自然地流淌，通过交流和思考可以培养学生的语言建构与运用能力、思维发展与提升能力、审美鉴赏与创造能力、文化传承与理解能力。

一、阅读理解催生语文课堂的情感之美

1. 提升学生的阅读理解能力

语文和人的真实生活密不可分，语言文字的运用存在于人类社会的各个领域。阅读理解能力是一个人的基础能力，理解别人、表达自己是必不可少的基本技能。提升学生的阅读理解能力，有助于加深学生对文本的理解，提高学生灵活运用语言文字的能力，为学生的全面发展奠定基础。那么，如何提高学生对文本的阅读理解能力，进而体会作者所传递出来的情感之美呢？首先，要理解作者在

文本中所讲的内容,可以通过梳理文章的行文思路来实现这一点。其次,在理解作者所讲的内容的基础上展开批判性对话。学生面对教材,要破除"仰视"或"俯视"的心态,以"平等"的交流者身份与作者和文本对话,判断文本中的精华和糟粕。另外,要掌握恰当的阅读方法。对于一些为获取相关信息而阅读的文本,可以采取速读的方式;对于一些为获得情感体验和思想启迪而阅读的文本,需要精读,它追求的不是效率,而是沉浸式的体悟。

例如学生在课堂中交流《欧也妮·葛朗台》读书心得时,学生分享道:"当我读完这本书的时候,对本书中欧也妮独特的人格魅力所吸引,在她的身上能够感觉到纯真的性格,这样使得我和她在某些部分产生共鸣。我们从欧也妮身上也正看到了不受金钱腐蚀的优秀品质,但是无论说放到小说中还是现实中,最后我们都会有这么一个疑问,坚持像欧也妮一般与众不同,没有顺应社会风气的独特高贵的品质,到底是一件好事还是一件坏事呢? 答案是不唯一的。"学生带着自己的情感体验和思考去阅读,有自己依托文本得来的理性感悟,也引发对现实问题的思考,不仅锻炼了自己的思维品质,在交流中也提高了自己的语言表达能力,同时,学生也在和小说中的人物进行心灵对话,培养自己的良善。当笔者在课堂上追问学生"如果你是欧也妮,你会做出哪种选择?"时,引起了学生的争议,有部分学生认为要像欧也妮那样保持高洁的精神品质,不被金钱腐蚀;也有部分同学认为没有物质,何谈精神? 正因为欧也妮继承了丰厚的遗产,所以她才可以不看重金钱。对于在课堂中引起学生争议的部分,我并没有急于说服部分同学认同看似正面的观点,而是鼓励学生勇于表达自己的见解,尊重多元化思考。在和作家作品对话的过程中,学生不仅体验到了文本的情感之美,也在不同观点的交流碰撞之中提升了自己的思维品质,在聆听与表达中,逐步完善自己的思想,进而形成正确的价值观,并且从内心真正认同这种价值观,而不仅仅是表面认同,这正是语文学科的魅力所在。

2. 提升教师的文本解读能力

在当前高中生面对巨大升学压力的背景下,时间成了最宝贵的稀缺品。不能让阅读成为"没时间去做"的牺牲品,这就需要语文教师在有限的教学时间内,通过提升自身的文本解读能力,并尝试采用多种教学形式,帮助学生有效地提升阅读理解能力。

教师是学生学习的引导者,教师只有不断地提升自己的文本解读能力,才能更好地指导学生提升阅读理解能力。阅读直觉很重要,也就是阅读时的第一感受,用最接近当先真实生活的观念和经验去理解艺术形象,就不会觉得这部作品离我们太远。再是阅读时质疑疑惑之处,文本细读时是需要动脑筋想的,去发现质疑。三是阅读需要审美,通过阅读好作品感受生命的美好和理想境界。

提高教师的文本解读能力,除了文本细读外,"知人论世"必然对理解文本有促进作用。这个"世",不仅是作者的个人生活经历、创作经历、所生活的时代特点社会环境等因素,还包括这个作家在文学史中的地位,所以这就需要我们最好在阅读时建立专业知识体系。例如,高中语文选择性必修下册第二单元的单元导语中,提示到"本单元所选都是现当代文学中的优秀作品,有小说、诗歌、散文、话剧,涵盖了新文学的主要体裁,体现了现当代文学创作的多方面成就。把这些作品集中起来研读,可以对现当代文学创作的概貌有个大致的了解,还可以加深对百年来中国社会变革与发展,特别是对人的心灵变化的认识"。如果教师能够对中国现当代文学史有整体的了解,阅读相关具有代表性的作品,那么在进行整个单元文本解读时,会更好地把握纵向时间线的联系和横向文本间的差异。通过提高学生对文本的阅读理解能力和教师的文本解读能力,能使师生展开与作家和作品的对话。学生、教师、作家、作品的多向交流,有助于提升学生的语言表达、阅读理解、思维创造等核心能力。

二、合作学习激发语文学科之美

1. 生生合作激发学习动力

于漪老师在《我和语文教学》中建议道:"教语文不能无目的、无计划,不能只跟着教材转,教一篇算一篇,教一课算一课。胸中要有教文育人的清晰蓝图,既要认识学生的现有情况,更要规划他们成长的前景,把握准教学的出发点,向着教育计划、语文教学大纲规定的目标有计划、有步骤地辛勤耕耘。"归根到底,教育面对的是育人问题,学生是学习的主体,加强学生之间的合作学习有利于激发学生的学习动力。

在课堂设计和课堂教学中要注意发挥小组合作学习的作用。例如,在设定教学目标时,不仅要着眼于学科知识目标,也要特别注意制定合作学习的目标;在合作学习中,任务设计要注重层级划分,确保每个小组的学生承担一定的任务;鼓励学生与学生之间进行讨论、展示、辩论等互动与分享;不再让学生被动地听教师讲解,而是主动进行小组讨论、参与课堂活动。教师可结合学生的特点和兴趣适时开展一些形式多样、内容丰富的教学活动,以调动学生的学习积极性。比如,举行全班读书笔记分享交流会,开展课文趣味朗读比赛,以及结合教材举办诗歌创作、绘画等活动。

2. 师生合作激发课堂活力

举个课堂教学实践中的具体例子:笔者在上老舍的《想北平》一课时,让学生朗读课文中他们喜欢的段落句子,发现学生朗读得平平,没有读出情感,然后笔者播放两段不同名家的朗读节选,一个是普通话朗读版本,一个是演员雷恪生老先生带有京腔的朗读版本,让学生评价喜欢哪一个,学生说喜欢老先生的,因为有京味儿,接地气,很自然日常。听完老先生的朗读之后,我让学生们再读一读课文,请一位学生为大家朗读,该生提议用自己的家乡话四川话来读,同学们非常欢迎,该生读得生动活泼、带有家乡口语,感情也真实自然地出来了,同学们兴趣盎然,也纷纷用自己的家乡话朗读课文,有上海话、福建话、广东话、湖南话等,共同合作完成整篇课文的朗读。这个环节出人意料,是学生自己生发出来的想法,而且激起了全班同学的兴趣,给笔者也带来了很大的惊喜,让师生更加了解班级某些同学的特点。而且带着自己对家乡的情感,对本文的情感理解亦有帮助。课上研读文本时,也是课前让每个小组自己选择任务,提前思考与课文相关的问题,将小组讨论的结果汇总,课上交流分享每组同学的讨论成果,各取所长,每一组的回答互相补充,共同形成对同一个问题的多角度整体性理解。之后课文中有一个段落在介绍老舍眼中北平的好处,笔者请一位学习画画的同学在黑板上根据老舍的描述画一画该段落中的北平布置匀调的特点,该同学画得也是让大家喜出望外。课后,笔者让学生按照本文的写作方法画一画或写一写自己的故乡。学生的参与度还是比较高。这节课中,无论是朗读、质疑还是绘画、写作,都是从学生的兴趣点出发的,而且给学生很大的自由度和选择性,学生也给教师带来了灵感和惊喜。在生生合作学习过程中,通过交流与成果展示,增强团队合作的凝聚力,激励彼此的信心和热情,也认识到自己思考的不足,总结出改进方向。同时,这也是师生之间的合作学习,有助于教师与学生互相磨合、倾听、交流、尊重,拉近教师与学生的距离,建立良好的师生关系。合作学习模式,不仅可加强学生与学生之间的合作学习,也可加强教师与学生之间的合作学习。在合作学习过程中,学生和教师都获得了成长,彼此的活力都被激发出来了。

三、结语

"问渠哪得清如许,为有源头活水来。"语文学科之美来源于学生和教师的双向互动,共同创造出具有情感流动和思维碰撞的课堂。学生是课堂的主人,是学习的主体,教师是倾听者、辅助者和引领者。教育的要素,除了教师和学生以外,还需要共同学习的内容作为媒介。教材即为媒介,但教材又不仅限于课本,凡是有学习价值的文本都可以成为"教材"。其中经典文本,不失为一种极佳的学习材料。教师要引导学生以平等的心态面对文本和作者,主动地"读"出感受(读出作品里有什么,作者想表达什么),"思"出意义(思考出读者个人的见解和批评),

而不是被动地接受所谓的"答案"。这就需要教师灵活采用多种教学形式、设计教学活动、创设教学情境、利用信息媒介等,引领、指导、深挖、开拓,帮助学生打开视野,提升认识问题的深度,进入思辨性思维的层次。培养学生在积极的语言实践活动中积累和建构自己的语文学科核心素养,不仅获得语言知识与语言能力的锻炼,也能提升思维方法与思维品质,同时逐渐丰富自己的情感,形成正确的人生态度与价值观念。

浅谈诗词之美

巫 钰

摘 要 诗词之美,美在意境。意境是指文艺作品中描绘的生活场景与所表现的思想情感融为一体而形成的艺术境界。其特点是景中有情,情中有景,情景交融。诗词之美,美在情感。诗人写诗,是为了表达此时此刻的情感,有的怀才不遇,有的羁旅思乡,有的忧国忧民。诗词之美,美在韵律。古诗词的韵律"如乐之和,无所不谐",这是由于古人作诗时十分讲究用韵。"声韵协和,曲应金石",即作诗时要注意用韵,韵的作用不仅在于能使曲调和谐,而且能配乐器演奏。中国古诗词带给我们的是耐人寻味的审美趣味,是慰藉人生的文化滋养,是生生不息的民族精神。

关键词 诗词之美 意境美 情感美 韵律美

跨越上下五千年,在历史长卷中,诗词始终是无法抹去的光辉一页,从识字起就伴随我们一生。从先秦时期的《诗经》《楚辞》,到后来的唐诗宋词,诗词都带给我们一种不同于其他领域的美。作为语文老师,应将诗词之美传递给学生,这是一种文化的传承,更是对古今之美的传承。

一、意境美

诗词之美,美在意境。意境是指文艺作品中描绘的生活场景与所表现的思想情感融为一体而形成的艺术境界。其特点是景中有情,情中有景,情景交融。凡能感动欣赏者的艺术,总是在反映对象"境"的同时,相应表现作者的"意",即作者能借形象表现心境,寓心境于形象之中。广义而言,包括作者和欣赏者两方面。前者由作者的审美观念和审美评价水平决定,有真与假、有与无、大与小、深与浅之别,后者因欣赏者的审美观念和审美评价不同而有大小和深浅之分。

王国维在《人间词话》中说:"有境界自成高格"。从小到大,我们曾沉浸在许多诗词描绘的令人沉醉的意境中,跨越千年,我们仿佛站立在诗人身侧,品他们所感,叹他们所叹,怨他们所恨,爱他们所爱。"蒹葭苍苍,白露为霜。所谓伊人,在水一方""秋水淼淼,芦苇苍苍,露水盈盈,晶莹似霜",一幅朦胧淡雅的水墨画悠然呈现在我们眼前;"亦余心之所善兮,虽九死其犹未悔",我们仿佛看到了站在江边的屈原,他内心不甘却又不怨,心之所向,虽死不悔;"相看两不厌,唯有敬亭山",李白久久地凝望着幽静秀丽的敬亭山,觉得敬亭山似乎也正含情脉脉地看着他自己。通过这些诗词,我们能跨越千年感受诗人的孤寂和清高。

陆游《游山西村》"山重水复疑无路,柳暗花明又一村",王之涣《登鹳雀楼》"欲穷千里目,更上一层楼",苏轼《题西林壁》"横看成岭侧成峰,远近高低各不同",《水调歌头·明月几时有》"人有悲欢离合,月有阴晴圆缺",刘禹锡《酬乐天扬州初逢席上见赠》"沉舟侧畔千帆过,病树前头万木春",朱熹《观书有感》"问渠哪得清如许? 为有源头活水来"等诗词,都结合不同内容,彰显了意境美,最为典型的是杜甫《登高》中的名句"无边落木萧萧下,不尽长江滚滚来",描写了落叶飘零,无边无际,纷纷扬扬,萧萧而下的景色;让奔流不尽的长江,汹涌澎湃,滚滚奔腾而来生成壮丽的意境。该诗在写景的同时,深沉地抒发了自己的情怀,传达出韶光易逝,壮志难酬的感怆。境界之壮阔,对读者的触动不限于岁暮的感伤,同时让人联想到生命的消逝与有限,宇宙的无穷与永恒。有"建瓴走坂"、"百川东注"的磅礴气势,前人誉为"古今独步"的"句中化境"。

二、情感美

诗词之美,美在情感。诗人写诗,是为了表达此时此刻的情感,有的怀才不遇,有的羁旅思乡,有的忧国忧民,这些诗句向我们深刻地展现了诗人当时的心理感受。而通过诗词,品读诗人当时的情感不失为一件风雅之事。古人含蓄,借诗词传情:失意时,有"这次第,怎一个愁字了得";思念亲友时,有"遥知兄弟登高处,遍插茱萸少一人";感慨人生无常时,有"正是江南好风景,落花时节又逢君"。虽然时代不同,所处的环境也不同,但是每每读到饱含诗人情感的诗,我们总会有所触动。

一切文艺作品都需要表现情感,诗尤其需要。《毛诗序》的作者说:"读者,志之所之也,在心为志发言为诗,情动于中而形于言,言之不足故嗟叹之,嗟叹之不足,故咏歌之不足,不知手之舞之,足之蹈之也",即"诗言志"。这里所说的"志"就是指"情"或"情感"。若诗人没有真挚浓烈的情感,就不可能写出动人心弦的诗。在古诗词教学中,教师应引导学生"披文入情",使学生体验古诗词中蕴含的丰富情感,通过审美体验,让心灵得到陶冶。"春蚕到死丝方尽,蜡炬成灰泪始干",人们常用来歌颂老师辛苦工作,表现一种奉献的精神。"身无彩凤双飞翼,心有灵犀一点通"同样的表现了恋人之间那种默契和爱意。而在《登乐游原》中更是一句千古绝唱,"夕阳无限好,只是近黄昏。"此种情感美与哲思,虽经千年而不变色,人们总能够从中得到共鸣。借景抒情,是一种常用的诗词表现手法。李白的"飞流直下三千尺,疑是银河落九天。"充满了恢宏的气势,王维的"大漠孤烟直,长河落日圆",寥寥数语一幅动人景象就此铺开。而唐代张若虚的《春江花月夜》这首长诗在写景上堪称完美,以至于有人称之为"孤篇盖全唐"。他将音乐美、景物美和意境美融合在一起,发古之幽思,写景中加入了历史的厚感和美感。

中国古诗词的文化魅力在于它的情感美。

(1)这种情是深沉的爱国情。从屈原的"虽九死其犹未悔",到杜甫的"国破山河在,城春草木深。感时花溅泪,恨别鸟惊心",再到陆游的"王师北定中原日,家祭无忘告乃翁"、辛弃疾的"醉里挑灯看剑,梦回吹角连营"、文天祥的"人生自古谁无死,留取丹心照汗青"、林则徐的"苟利国家生死以,岂因祸福趋避之",这些古诗词强烈地表达了爱国主义精神。

(2)这种情是浓烈的思乡情。韦庄的"未老莫还乡,还乡需断肠",贺知章的"少小离家老大回,乡音无改鬓毛衰"、王维的"每逢佳节倍思亲"、杜甫的"露从今夜白,月是故乡明",这些古诗词中的一草一木、一唱一吟,无不表达了朴素、浓烈的思乡情。

(3)这种情是执着的男女情。我们可以由《诗经》的"执子之手,与子偕老"见证古人的爱情,在"我住长江头,君住长江尾;日日思君不见君,共饮长江水"中感受绵绵的思念,在"两情若是久长时,又岂在朝朝暮暮"中体会温情共勉,在"十年生死两茫茫,不思量,自难忘,千里孤坟,无处话凄凉"中遥想苏轼对亡妻的深切怀念,在"多情自古伤离别,更那堪,冷落清秋节"中感受离别时的无限伤感。

(4)这种情是真挚的朋友情。从"海内存知己,天涯若比邻",到"桃花潭水深千尺,不及汪伦送我情",再到"劝君更尽一杯酒,西出阳关无故人",以及"故人西辞黄鹤楼,烟花三月下扬州""正是江南好风景,落花时节又逢君",这些诗词均展现了真挚的朋友情。

三、韵律美

诗词之美,美在韵律。古诗词的韵律"如乐之和,无所不谐",这是由于古人作诗时十分讲究用韵。"声韵协和,曲应金石",即作诗时要注意用韵,韵的作用不仅在于能使曲调和谐,而且能配乐器演奏。作为中国最早的诗歌总集,《诗经》的句法和用韵在很大程度上决定着诗歌的韵律。《诗经》对虚实词的运用巧妙和谐,吟唱起来朗朗上口、韵味无穷,讲求用韵时具有节奏变化,使诗歌吟唱起来优美动听、富有变化,诗词抑扬顿挫,处处彰显着音乐美。在唐代,诗歌的发展达到了顶峰,这个时期的诗歌对韵律非常讲究。平仄是最基本的要求,有时还要求词性、词意对称,而且每首词都要求押韵且有自己的韵脚。这样写出来的诗歌,读起来朗朗上口。到了宋代,词的发展达到顶峰,虽然词没有诗那样严格的要求,但是它的韵律感却没有衰减。宋词在当时是用来吟唱的,很多还用来伴舞。无论是长短句的使用,还是句式的转换,都会给人以顿挫感,让人神游其中,流连忘返。

"月出皎兮,佼人僚兮,舒窈纠兮,劳心悄兮!月出皓兮。佼人倒兮。舒忧受兮。劳心慅兮。月出照兮,佼人燎兮,舒夭绍之,劳心惨之。"这首诗抒情色彩极其浓郁,韵味集中体现依托了尾部"兮"字的运用,其韵在"兮"的前一字上:皎、僚、纠、悄;皓、倒、受、慅;燎、绍、惨。孔颖达在《关雎》诗后疏中说:诗之大体,必须依韵。其有乖者,古人之韵不协耳。之兮矣也之类,取以为辞,虽在句中,不以为义,故处末者,皆字上为韵之首……此等皆字,上为韵,不为义也。《琵琶行》中那优美的语句用来表达音乐简直就是令人叫绝:"大弦嘈嘈如急雨,小弦切切如私语。嘈嘈切切错杂弹,大珠小珠落玉盘。"这是多么形象的描写啊,仿佛就在耳边响起了那动人的琵琶声。更有"银瓶乍破水浆迸,铁骑突出刀枪鸣。""别有幽愁暗恨生,此时无声胜有声。"到最后连形象描写都抛开了,而以一种更加贴近意境的东西来描绘。

中国古典诗词带给我们的是耐人寻味的审美趣味,是慰藉人生的文化滋养,是生生不息的民族精神。在面对物欲横流、人生跌宕、艰难困苦时,找到走向远方的自信与动力。每当品读诗词时,透过文字,我都仿佛穿过了这千百年岁月的羁绊,在漫漫江水旁看屈原愤慨赋辞;在滕王阁上看王勃高谈阔论,吟诗作对;在下雨天看苏轼竹杖芒鞋,步履潇洒。诗词就有这样的一种魅力,能打破时间的格局,让我们切实地感受到当时岁月的冲击。很多学生都说读诗读不懂,更不必说去体会美感。古诗词传承了千年仍然没有消逝,可见它生命力之强,美得稳定长久。要是没有足够的美,恐怕它早就流逝在历史的长河中了。总之,诗词之美,是一种岁月沉淀的沉着之美,它不像是大河奔流的磅礴之美,更像是润物细无声的幽静之美。

第二章　基于逻辑推理的数学教学之美

"双新"背景下数学尚美课堂的实践探索

金　慎

摘　要　民星中学的办学理念是"向美而行,以美育人"。"向美而行"是目标也是终点,"以美育人"是过程也是方法。"向美而行"的主体是全体师生,"以美育人"的主体是全体教师,全体教师要致力于构建"尚美课堂"。

关键词　尚美课堂　数学之美　美育

民星中学的办学理念是"向美而行,以美育人"。"向美而行"有双重含义:①将"美"作为"五育"的突破口,以美养德、以美益智、以美健体、以美修身;②走近"完美"人生,与"尚美"同行。而"以美育人"是一种新的育人方式,旨在为学生健康成长打好基础,为学生的幸福人生增添能量。其主要通过引导学生积极感受和全身心参与,丰富学生的情感经验,培养学生积极向上的审美态度,让学生更好地感知自我、理解他人、发现意义,实现身心的和谐发展。"向美而行"的主体是全体师生,"以美育人"的主体是全体教师,全体教师要致力于构建"尚美课堂"。

"尚美课堂",即课堂以"向美而行,以美育人"为目标,以"感知美、体验美、欣赏美、创造美"为特征,数学教师要善于挖掘高中数学课程中蕴含的美。

数学这门学科到处透露着美,如它对现实世界的抽象美,表达现实世界中事物的本质、关系和规律的公式美,通过符号表达的运算美,以及推理过程中的思维美。在高中数学教学中仍然要继续培养学生的美感,让学生在欣赏美的同时又能学好数学。教师要善于捕捉数学当中的"美",拥有美育意识,在备课时,不仅要备知识点,还要备美育内容,让其穿插在自己的教学活动过程中。高中数学课程里的"美"主要有以下四种。

1. 简洁美

数学是最善于"化繁为简"并处处体现简洁的。在数学教学中,教师在授课时语言要简洁精炼、重点突出、逻辑性强,这样不仅能节约时间、提升课堂效果,而且可以给学生留下深刻的印象。同时,教师在教学活动中要充分挖掘数字、定理、公式等所蕴含的数学美,让学生感悟美,激发学生学习数学的兴趣,让他们爱上数学。

2. 对称美

对称美通常表现在数与式上,如二项式、共扼根式、共扼复数、杨辉三角、对称矩阵等,此外还经常表现在某些图形中,如函数图像的轴对称、中心对称、镜面对称等。

3. 和谐美

和谐美,在数学中多得不可胜数。如对立统一美:像实数和虚数同处于复数中,它们既是对立的又是统一的;相同概念在不同的场合或条件下或许有不同的认识:如三角比的定义,最初学习的是锐角的三角比,更多是在直角三角形中利用边之比获得知识;以后随着弧度制产生把角扩展到任意角,使得锐角三角比的发展扩展到任意角的三角比,从而又定义了任意角的三角比的坐标表示法。是前一个知识的延伸。这些都体现了数学概念上的对立统一或和谐统一。

4. 奇异美

图 1

摄影师在微距下拍出的雪花如此奇异美妙,就是数学的分形几何迭代的原理(见图1)。

数学的美远远不止上述这些,另外还有数学理论和思维的严谨之美、数学的应用之美、数学史的发展之美等,我们需要用心、用智慧去挖掘,这样才能体会它的美学价值以及深邃的内涵和思想,教师要在教学中引导学生发现数学的美。

(1)要精心组织好学生的学习活动,使学生真实地体验到数学的美。比如,可以适当地借助教具的直观性,让学生在感知数学的美的同时又能学好知识。

例如,在讲解任意角的时候,我问总务处借了一个坏了外罩玻璃的钟面(见图2),钟面上因为没有玻璃,

图 2

方便我上课时让学生上来亲自转动时针和分针,形成角的动态概念,引发角的范围的扩展,还可以通过拨动针,让学生计算角度。很明显,有了实物做引导,学生的感知很直观,师生配合的更加紧密,知识点落实非常顺畅,学起来趣味满满。

(2)逐步培养学生用数学美的思想解决问题的习惯,让学生在思考和做题过程中体会数学的美。

例如,高一第一单元"集合",它是不下定义的原始概念,非常抽象。开学第一课中,我受到空中课堂的启发,上网查了资料,于是先讲一段数学故事——罗素悖论,引发学生对集合的定义要具备的原则的思考。

1900年,在数学的集合论中出现了三个著名悖论,理发师悖论就是罗素悖论的一种通俗表达方式。我通过讲故事的方式把理发师的广告词说给学生听,他的广告词是这样写的:"本人的理发技艺十分高超,誉满全城。我将为本城所有不给自己刮脸的人刮脸,我也只给这些人刮脸。我对各位表示热诚欢迎!"。并抛出一个问题,如果有一天,这位理发师的胡子长了,他该不该给自己刮验?通过对问题的正反两个回答,指出了集合定义中的对象的"确定性"非常重要。

通过这个故事既可以引发学生的兴趣,又可以让同学们在故事中体会数学思维一波三折的美妙。因为只有让学生感受到数学的思维是美的,学生才会主动积极开动脑筋,找到问题解决的美,学生才会接受数学的严谨,从而养成缜密的思维习惯;学生的思维水平才能不断提高,学生分析问题解决问题的能力和效率也就随之提高。

总的来说,对学生进行数学方面的美育教育,是一个全新的课题,不是一蹴而就的,教师必须担负起使命,不断钻研教材,挖掘教材中的美育内容,提高自己的审美能力,这样才能引领学生走进美丽的数学世界。

参 考 文 献

[1] 郭平. 数学文化在高中数学教学中的渗透[J]. 新课程研究,2011,(2):136 - 137.
[2] 陈辉志. 新教材中的问题情境创设[J]. 湖南教育,2003,(6):36 - 37.

启发数学思维，感受数学之美
——信息技术在高中数学教学中的应用

黄　睿

摘　要　高中生处于激发数学美感的关键期，对数学教师而言，应在教学中因势利导地启发学生思考数学，引导学生感受和体验数学的美，这对于培养学生的知识素养有着重要意义。本文从具体的授课实例，从以下方面分析信息技术在高中数学教学中运用：获得数学概念与规则，感受数学的抽象之美；提出数学命题和模型，感受数学的图形之美；形成数学方法与思想，感受数学的逻辑之美。

关键词　数学抽象　逻辑推理　直观想象

《普通高中数学课程标准(2017年版2020年修订)》把数学学科核心素养描述为"是具有数学基本特征的思维品质、关键能力以及情感、态度与价值观的综合体现"[1]，把培养目标设定为会用数学眼光观察世界、会用数学思维思考世界和会用数学语言表达世界。数学眼光主要表现为数学抽象，与之关系密切的是直观思想；数学思维主要表现为逻辑推理，数学运算即为一种特殊的逻辑推理；数学语言主要表现为数学模型，而数据分析也逐渐形成了一种新的数学语言。由此确定了六个数学学科核心素养：数学抽象、逻辑推理、数学建模、直观想象、数学运算、数据分析。新课程标准明确指出高中数学课程应提倡将信息技术与课程内容有机整合，利用信息技术来呈现以往教学中难以呈现的课程内容，在保证笔算训练的前提下，尽可能使用科学型计算器、各种数学教育技术平台，加强数学教学与信息技术的结合，鼓励学生运用计算机、计算器等进行探索。将信息技术运用于高中数学课程是改进课程内容呈现方式的需要，也是改进学生学习数学方式的需要。

数学家格塞曾说："只有在数学家内心感受到真实的美时，数学才是完美的"，而感受数学的美往往需要有足够的数学知识和应用技巧[2]。高中生处于激发数学美感的关键期,对数学教师而言,应在教学中因势利导地启发学生思考数学,引导学生感受和体验数学的美,这对于培养学生的知识素养有着重要意义。好的数学教师应在帮助学生取得好的学习成绩的同时,保护学生对数学学科的好奇心、兴趣及爱好,帮助学生了解数学文化,让学生逐步学会用数学思维思考问题、解决问题。以下利用几个具体的授课实例,介绍信息技术在高中数学教学中的运用情况,其目的是启发学生的数学思维,帮助学生用数学的眼光感受数学之美。

一、数学概念与规则,感受数学的抽象之美

数学概念的形成通常经历两种不同层次的抽象过程:一种是从数学外部的事物出发,经过数学化抽象出数学概念;另一种是在数学内部,对已有数学概念的进一步的抽象结果。

高中数学是一门高度抽象的学科,其高度抽象的概念、简洁的语言、严谨的逻辑、深刻的思想,因此相当数量的学生在学习中受挫,对学习数学产生畏惧感。为帮助学生理解数学概念,教师在讲解时多采用从特殊到一般的方法,即从具体实例出发,让学生产生一定直观印象后,再进一步归纳总结。

例 1. 椭圆、双曲线、抛物线的定义(见图 1)。

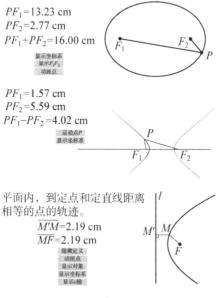

图 1

圆锥曲线中椭圆、双曲线、抛物线的定义非常重要，是后续学习的基础。圆锥曲线研究的是动点轨迹，其中蕴含了动态变化的思想，因此，在教学时教师经常制作教具。例如，在黑板上敲两个钉子，再在钉子上绑一根绳子，然后用粉笔顶住绳子，利用粉笔运动画出椭圆的轨迹；把拉链固定在黑板上，借助粉笔运动画出双曲线的轨迹；利用绳子和三角尺，画出抛物线的轨迹。也可以利用信息技术在电脑上直观地模拟这三种方法，进而得到椭圆、双曲线、抛物线的定义。

例2.求动点的轨迹。

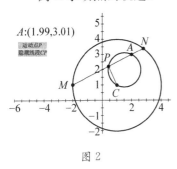

图2

已知圆的方程为 $(x-1)^2+(y-1)^2=9$，过点 $A(2,3)$ 作圆的弦 MN，求弦 MN 的中点 P 的轨迹（见图2）。

求动点的轨迹是圆锥曲线中常见的问题，教师应引导学生找到适用的几何关系，进而求出轨迹方程，判断轨迹性质。经过这样的流程，问题得到了解决，但是学生往往还是会对结果表示怀疑，疑惑动点怎样运动才能画出这样一个轨迹呢？这时可以借助几何画板进行动态演示，让学生对这一问题有更加直观的认识，而不是仅仅停留在理论计算上。

例3.函数奇偶性的定义。

在探究"函数的图像关于 y 轴呈轴对称"这一条件的等价表达形式时，先在函数 $y=f(x)(x\in D)$ 的图像 G 上任取一点 $P(x,y)$，于是有 $x\in D$，并且 $y=f(x)$，点 $P(x,y)$ 关于 y 轴的对称点为 $P'(-x,y)$。如果函数 $y=f(x)(x\in D)$ 的图像关于 y 轴对称，那么 $P'(-x,y)$ 也在图像 G 上，即 $-x\in D$，并且 $y=f(-x)$。这说明，如果函数 $y=f(x)(x\in D)$ 的图像关于 y 轴呈轴对称，那么对于任意给定的 $x\in D$，均有 $-x\in D$，并且 $f(x)=f(-x)$。反之，如果对于任意给定的 $x\in D$，均有 $-x\in D$，并且 $f(x)=f(-x)$，那么对于函数 $y=f(x)(x\in D)$ 的图像上的任意一点 $Q(x_0,y_0)$（$x_0\in D$）关于 y 轴的对称点 $Q'(-x_0,y_0)$，由于满足 $-x_0\in D$，并且 $y_0=f(-x_0)$，其也必在此函数的图像上，因此该函数的图像是关于 y 轴呈轴对称的图像。

由此可以得到函数 $y=f(x)(x\in D)$ 的图像关于 y 轴呈轴对称的充要条件为：对于任意给定的 $x\in D$，均有 $-x\in D$，并且 $f(x)=f(-x)$。在证明充分性时，由于证明过程的逻辑性较强，对学生的逻辑思维能力要求较高，可以借助动态演示帮助学生进行理解。同理，可以得到函数的图像关于原点呈中心对称的等价条件。

二、数学命题和模型,感受数学的图形之美

数学模型通常具有一定的工具性,可用于解决某一类问题。对于数学命题与模型,不仅要关注抽象的结果,而且还要关注抽象的过程,这个过程往往蕴含着数学的思想方法。

例 4. 单位圆作为学生探索三角函数关系的模型(见图 3)。

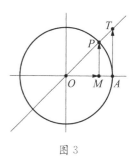

单位圆中的三角函数线可直观表示三角函数,单位圆可以作为模型帮助学生探索三角函数诱导公式,并帮助学生理解三角函数的周期性、单调性等。可通过三角函数线的动态展示,让学生直观地看到当 $x \in \left(0, \dfrac{\pi}{2}\right)$ 时,$\sin x$、x、$\tan x$ 三者之间的大小关系,以及

图 3

$y = \sin x$、$y = x$、$y = \tan x$ 这三个函数的图像只有一个交点,即原点 $(0,0)$,然后再利用 $S_{\triangle OAP} < S_{扇形 OAP} < S_{\triangle OAT}$ 来进行证明。这样在同一坐标系中画出 $y = \sin x$、$y = x$、$y = \tan x$ 在 $\left(0, \dfrac{\pi}{2}\right)$ 范围内的图像时,从下至上分别是 $y = \sin x$、$y = x$、$y = \tan x$,没有公共点。

例 5. 探究指数函数的性质(见图 4)。

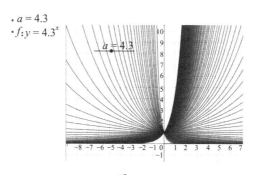

图 4

可借助信息技术动态演示函数图像的变化,由此学生可方便地观察函数整体的变化情况,从中获得大量关于函数特点的信息,方便学生归纳、概括函数的性质以及不同函数之间的联系与区别。指数函数 $y = a^x (a > 0,$ 且 $a \neq 1)$ 的图像可用于讨论它的性质。改变底数 a 的值,借助动态演示可以发现指数函数所有的图像都经过点 $(0,1)$;函数的定义域都为 $(-\infty, +\infty)$,值域都为

$(0,+\infty)$；当 $0<a<1$ 时，函数单调递减；当 $a>1$ 时，函数单调递增；若 $0<a<1$，则当 a 的值接近 1 时，图像接近直线 $y=1$，即函数递增得越来越慢；若 $a>1$，则随着 a 的值逐渐增大，在第一象限内，图像逐渐接近 y 轴，即函数递增得越来越快，在第二象限内，图像逐渐接近 x 轴。

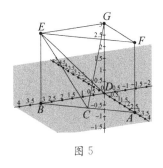

图 5

例 6.用空间向量求二面角的大小（见图 5）。

用空间向量求二面角的大小时，通常先求出二面角的两个半平面所在平面 α_1、α_2 的法向量 $\overrightarrow{n_1}$、$\overrightarrow{n_2}$ 的夹角 φ，则二面角的大小为 φ 或 φ 的补角，这时需要结合实际的图形判断二面角是锐角还是钝角。由于空间想象能力有限，或对立体几何图形不熟悉，有些学生在判断时会搞不清楚。虽然可以通过平面的法向量 $\overrightarrow{n_1}$、$\overrightarrow{n_2}$ 的方向来判断，但是这需要学生对空间直角坐标系的坐标非常熟悉。此时，可以利用 GeoGebra 中的 3D 作图，通过旋转角度，让学生全方位地观察图像，积累空间图形结构方面的知识。

三、数学方法与思想，感受数学的逻辑之美

数学思想是人们对数学知识和方法形成的规律性的理性认识和基本看法，既包括从某些具体的数学认识过程中提升出来的、并在后继的认识活动中通过反复运用而证实正确的认识结果或观点，又包括对数学的本质和特征、数学与现实世界的关系以及数学的地位和作用、数学内部各部分之间对立统一关系的认识，还包括关于数学概念、理论、方法、形态的产生与发展规律的认识，以及重要数学内容成果所显现的核心本质。

例 7.函数 $y=A\sin(\omega x+\varphi)$ 的图像与性质（见图 6）。

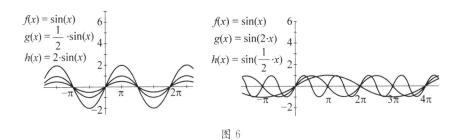

图 6

这一例题的重点是函数 $y=A\sin(\omega x+\varphi)$ 的图像与参数 A、ω、φ 对函数图像的影响，难点在于如何厘清 $y=A\sin(\omega x+\varphi)$ 的图像与正弦曲线的关系。在

教学中需要遵循从简单到复杂、从特殊到一般、从具体到抽象的原则，逐步总结图像变换的规律。在研究参数 A、ω、φ 对函数 $y = A\sin(\omega x + \varphi)$ 的图像的影响时，一般采用控制变量的方法。此外，也可以利用信息技术，作出 $y = A\sin(\omega x + \varphi)$ 的图像，通过改变参数 A、ω、φ 的值，观察图像的变化，从整体上研究参数 A、ω、φ 对 $y = A\sin(\omega x + \varphi)$ 的图像的影响。

例 8. 两条直线的位置关系(见图 7)。

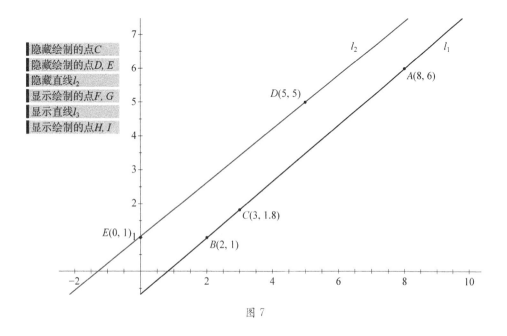

图 7

点和线是学生了解的基本几何图形，因此解题过程从厘清点和线的位置关系开始。从图像演示来看，似乎点 C 在直线 l_1 上，但是又有一些似是而非的感觉，因此，借助直线方程，通过二元一次方程的解来进行讨论，以让学生感受到利用解析几何解决问题很便捷。随后，讨论两条直线的位置关系。先让学生回顾初中学习过的平面几何知识，尤其让他们注意三种位置关系的几何特征，然后通过三个问题讨论直线的位置关系。同样，先用图像进行演示，并分别从相交、平行、重合三个方面进行讨论，让学生先产生疑惑，然后思考解决问题的方法。由于有了点和线的位置关系的引导，学生都能想到应先求出直线 l_2、l_3、l_1 的方程。在解决问题时，让学生进行小组讨论，思考如何通过两条直线的方程，推导出两条直线的位置关系。学生们集思广益、热烈讨论，发现了三种常见的能判断两条直线位置关系的方法，然后在黑板上演示讲解，向全班同学介绍。

例 9. 函数的零点(见图 8)。

	A	B
1	x	f(x)
2		9
3	1.5	1
4	2	-4
5		
6	1.5	1
7	1.75	-1.96875
8	2	-4
9		
10	1.5	1
11	1.625	-0.58984
12	1.75	-1.96875
13		
14		
15	1.5625	0.180176
16	1.625	-0.58984
17		
18	1.5625	0.180176
19	1.59375	-0.21124
20	1.625	-0.58984
21		

图 8

这一例题的重点是让学生通过用二分法求方程的近似解,体会函数的零点与方程根之间的联系,初步形成用函数观点处理问题的意识;难点在于如何恰当地使用信息技术,利用二分法求给定精度的方程的近似解。在讲解例题即求函数 $f(x) = 4x^3 - 52x^2 + 169x - 140$ 在(3,4)范围内的零点的近似值(精确到 0.1)时,需要多次代入数值并利用计算器计算函数值,此过程比较繁琐。此时,可以利用 Excel 的公式计算功能或计算器上的函数值计算功能逐步计算解答,让原本费时、易错的代入过程变得简单、直观。

参 考 文 献

[1] 中华人民共和国教育部. 普通高中数学课程标准(2017 年版 2020 年修订)[S]. 北京:人民教育出版社,2018.

[2] 郭云霞,孙元敏. 感受数学之美,启发学生数学思维[J]. 数理天地(初中版),2022,(11):87 - 89.

"双新"背景下以美育人之教学实践
——以《数列》单元教学为例

李宗芹

摘　要　数学也追求真善美。数学教育需要教师在理解数学、理解学生的基础上，深入挖掘数学中的美，引导学生欣赏、体会数学的真善美。本文以普通高中数学教材选择性必修第一册第 4 章《数列》的教学研究为背景，以数学核心素养为导向，以美育设计与思考为核心，探究教学策略，以期提高当前高中数学的教与学效率。

关键词　高中数学　美育　数列　美

一、研究背景

1. 新课程新教材的要求

审美教育是数学教育的一个重要内容，《普通高中数学课程标准(2017 年版 2020 年修订)》指出学生对美的感受要从感性走向理性，在形象思维的基础上增强理性思维能力。张奠审先生认为，数学有自己的真善美，让学生学会欣赏数学的真善美是数学教育的一项重要任务，但数学的真善美往往被淹没在形式演绎的海洋里，需要大力挖掘、用心体察，才能发现、感受、体验和欣赏。笔者在教学实践中也逐渐感受到数学美育教育的重要性。

2. 学校办学理念的要求

结合学校"向美而行，以美育人"的办学理念，力争在数学教学过程中，充分挖掘数学教材中的美育内容，增强数学学习的趣味性，让学生乐于学习，感受数学抽象、严谨、缜密的逻辑思维，让学生感受美、认知美。

二、高中数学美育教育的思考与实施

数学是一门严谨的学科，因严谨而绽放出别样的魅力和美感。它展现出和谐对称之美、比例协调之美、结构严谨之美、布局合理之美等。在高中数学教学中，由于学生具备一定的数学基础，教师可以进行美育教育，这样学生在学习中不仅可以获得基础的数学知识，还可以感受数学的美，使学生的综合素质得以提升。因此，教师在教学中要充分地结合数学教学的特点来实施美育教育。

1. 在高中数学教学中进行美育教育

数学教学不仅要学生学习基础的知识点，还要他们通过自身的思维过程来经历审美体验。因此，在高中数学教学中，教师可以对学生进行美育教育，在数学教学中展示数学的美。

数学语言的简洁美、符号的抽象美

在数列教学中，数列 $\{a_n\}$ 的通项用 a_n 表示，而数列 $\{a_n\}$ 的前 n 项和即 $a_1 + a_2 + \cdots + a_n$ 则用 S_n 表示，两者相似，但区别又很大。从文字表达来看，一个用的是"第"，另一个用的是"前"，语言简洁但差异很大，可见数学语言的简洁美；而两个符号 "a_n" 与 "S_n" 很抽象，但内涵丰富，可见数学符号的抽象之美。作为教师，要善于对这些美进行挖掘，让高中生对数学这门学科的认识更加全面，激发他们的学习热情。

2. 引导学生对数学美的本质进行探讨和领会

数学不仅具备科学、严谨的美，也具有艺术美。教师要不断地学习知识，加强自身的美学修养，引导学生在数学学习中对数学美的本质进行探讨和领会，让学生的身心得到熏陶。数学的艺术美主要体现在以下几个方面。

1）数学公式的结构美

在数列教学中，等差数列的求和公式形如梯形面积，结构优美。① $S_n = \dfrac{(a_1 + a_n)n}{2}$；② $S_n = na_1 + \dfrac{n(n-1)}{2}d$。第一个公式形如梯形面积计算公式，容易记忆，那么怎样让学生快速记住第二个公式呢？在教学中，可以结合梯形面积分割方法来帮助学生记忆（见图1）：设梯形上底为 a_1，下底为 a_n，高为 n，则该梯形的面积 $S_n = S_{平行四边形} + S_{三角形} = na_1 + \dfrac{n(n-1)d}{2}$。

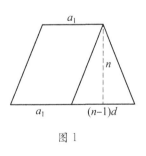

图 1

这种方法可让学生快速记住公式。因此，教学时教师在教授知识点的同时应提供给学生一些好的思考与记忆方法，使得教学效果事半功倍。

2）数列研究的结论美

对于无穷等比数列，只要公比 q 满足 $0 < |q| < 1$，就会发现无限循环小数

化分数可转化为与特殊的无穷等比数列求和有关的问题。学生从小学开始就接触小数,这里教师可引导学生研究无穷等比数列前 n 项的和是否存在极限,让学生体验无穷等比数列的应用,重新认识无限循环小数的本质,领会求和的思想与方法,感受数列研究的结论美。

分形理论就是数列结论美的典型体现。例如,科克曲线(Koch curve)指的是:一个边长为 1 的等边三角形,每次取每条边的三分之一,并接上一个形状相似但边长为其三分之一的三角形,结果得到一个六角形。然后取六角形的每条边做同样的变换,即在三分之一处接上更小的三角形,如此重复,边会变得越来越曲折,最终图形的形状接近理想的雪花(见图 2)。

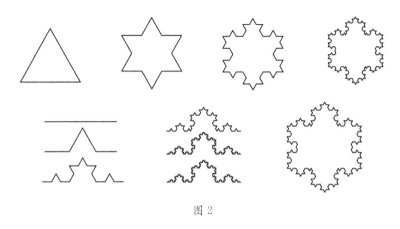

图 2

雪花曲线的特点是:周长持续增加没有界限,整条曲线却可以画在一张很小的纸上,雪花的面积等于原三角形面积的 $\frac{8}{5}$ 倍。

3. 在高中数学教学中引导学生理解数学的规律美

1)数学的机智美

高中数学的知识具有一定的深奥程度,当教师运用数学的知识、特定的技巧灵活地解决了问题,这就呈现出数学的机智美,体现了数学具备的调控能力。

在数列教学中,当给出递推关系表示的数列并探究其通项公式时,需要引导学生对递推关系进行变形,从而转化为基于特殊等差或等比的数列通项公式来进行研究,这体现了数学的机智美。例如,已知数列 $\{a_n\}$ 的递推公式为 $\begin{cases} a_1 = 1 \\ a_n = 2a_{n-1} + 1(n \geq 2) \end{cases}$,①求证数列 $\{a_n + 1\}$ 为等比数列;②求数列 $\{a_n\}$ 的通项公式。

2）数学的逻辑美

教材通常利用特殊到一般的策略，让学生先探究等差、等比数列的定义、递推关系、通项公式、求和方法，然后再学习一般的数列，循序渐进，据此让学生通过对等差与等比数列的学习，掌握研究数列的一些思想方法，这里的特殊到一般体现了数学的逻辑美。

三、实现美育的技术与手段

1. 借助思维导图，让教学严谨有序

思维导图通过图文并茂的方式将思维可视化，能够使各个知识点的内在联系呈现出来，方便学生对知识进行理解和记忆（见图3）。教学中，课堂小结环节可以适当采用思维导图，将重点内容串联起来，形成一个知识框架，将复杂的知识简单化、形象化，以便于学生厘清知识脉络，对知识有一个整体上的认识。另外，教学中教师还可以运用思维导图来表达复杂题目的解题思路，让学生按照思维导图循序渐进地完成题目运算，让每一步都有理可依、有据可循，培养学生严谨求实的科学态度，长此以往，这将有助于提升学生的学习能力和核心素养。

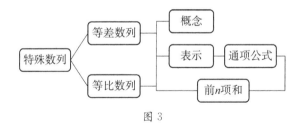

图 3

2. 借助几何画板，让学生体验视觉上的美感，化抽象为直观

借助几何画板的变换、迭代功能，可以得到很多优美的图形，它们能给人视觉上的美感，激发学生学习数学的兴趣，让学生体会到数学中的美（见图4）。

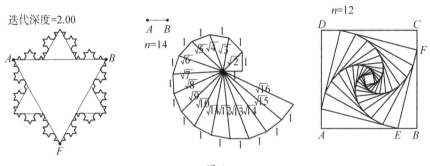

图 4

3. 借助阅读材料,提高学生的学习兴趣

新教材更加注重学生对数学文化的了解与认识,可以借助阅读资料和开展拓展课教学,丰富学生的课外知识,提升学生对学习数学的兴趣。比如,教材在介绍等差数列的前 n 项和公式时,引入了宋朝数学家杨辉提出的问题:"今有圭垛草一堆,上一束,底阔八束,问共几束?"诸如这样的例子有很多,如棋盘的发明与等比求和、中国古代数学著作《算法统宗》,还有教材的课后阅读部分"神奇的斐波那契数列",它们都能引导学生去了解数学文化,激发学习兴趣。但如果都用课堂时间去介绍,难免会影响教学进度,因此,有必要整合相关资料,同时开展一些探究与实践活动,这样既丰富了学生的课外知识,又激发了学生的学习兴趣。

四、结语

如何欣赏数学越来越受到教师和学生的重视,数学中处处都存在美,但学生往往感受不到,需要教师有意识地进行思考、感悟,将数学这种"冰冷的美"转化为生动、鲜活的素材,引导学生进行欣赏,让学生在学习和探究中感受数学,在美中提升思维能力。

参 考 文 献

[1] 文卫星.数学文化立德树人[J].中学数学教学参考,2015,(13):1.
[2] 张奠宙,柴俊.欣数学的真善美门.中学数学教学参考(上旬)2010,(1/213-7).
[3] 张奠宙,木振武.数学美与课堂教学[J].数学教育学报,2001,10(4):1-3.

数学美与高中数学教学
——以函数对称性的符号语言问题探究活动设计为例

唐费颖

摘　要　函数是数形结合的典范,一方面可以通过函数表达式,培养学生的数学运算和逻辑推理能力,让学生体会数学语言的简洁美;另一方面可以通过函数图像让学生整体把握函数的变化特征,培养学生在直观想象方面的数学素养,展现数学的对称美。

关键词　问题探究活动　数学美　函数对称性

《普通高中数学课程标准(2017年版2020年修订)》将数学抽象、逻辑推理、数学建模、直观想象、数学运算和数据分析列为数学学科核心素养,并将数学建模活动与数学探究活动、函数、几何与代数、概率与统计列为高中数学课程内容的四条主线,贯穿必修、选择性必修和选修课程[1]。

数学单元通常由数学教师根据教学需要来决定,它可以以重要的数学概念或核心知识为主线组织,也可以以数学思想方法为主线组织,还可以以数学学科核心素养或数学核心能力为主线组织[2]。函数是数形结合的典范,一方面可以通过函数表达式,培养学生的数学运算和逻辑推理能力,让学生体会数学语言的简洁美;另一方面可以通过函数图像让学生整体把握函数的变化特征,培养学生在直观想象方面的数学素养,展现数学的对称美[3]。上海市新编的《普通高中教科书·数学》(主编:李大潜、王建磐,上海教育出版社)必修第一册教学参考资料中提到"学习奇偶性是为了能够顺利用'对称'这一工具更方便地研究一些函数的性质。但是在初学的时候,不建议教师将其他的对称性用符号语言的表示直接告知学生,但这可以作为一个探究问题留给学生自行考虑与解决。"2013年上海市普通高等学校春季招生考试第31题涉及函数对称性,将此题设计为问题探究活动,让学生在活动中充分感受数学的对称美、简洁美。

一、活动名称及目标

活动名称及目标见表1。

表 1 活动名称及目标

单元名称	函数的性质
教材版本	《普通高中教科书·数学》[1]
活动内容	探究函数对称性的符号语言,体会数学的对称美、简洁美
活动目标	(1) 通过活动,从代数角度揭示"函数图像关于直线 $x = a$ 成轴对称""函数 $y = f(x)$ 的图像关于点 $P(a, b)$ 成中心对称"时函数应该满足的充要条件,培养学生的数学抽象和逻辑推理能力 (2) 在活动中,营造合作学习的良好氛围,通过研究报告的撰写,提高学生的表达能力
活动名称	函数对称性的符号语言

二、活动方案设计

活动方案设计见表2。

表 2 活动方案设计

问题设计	已知真命题"函数 $y = f(x)$ 的图像关于点 $P(a, b)$ 成中心对称"的充要条件为"函数 $y = f(x+a)-b$ 是奇函数" (1) 将函数 $g(x) = x^3 - 3x^2$ 的图像向左平移 1 个单位,再向上平移 2 个单位,求此时图像对应的函数解析式,并利用题设中的真命题求函数 $g(x)$ 的图像的对称中心的坐标 (2) 求函数 $h(x) = \log_2 \dfrac{2x}{4-x}$ 的图像的对称中心的坐标 (3) 已知命题"函数 $y = f(x)$ 的图像关于某直线成轴对称"的充要条件为"存在实数 a 和 b,使得函数 $y = f(x+a)-b$ 是偶函数",判断该命题的真假。如果是真命题,请给予证明;如果是假命题,请说明理由,并类比题设的真命题对它进行修改,使它成为真命题(不必证明)
活动类型	□知识建构类 ■问题探究类 □专题实践类
核心能力	□运算求解 ■推理论证 □空间想象 ■数学表达 □数据处理 □数学建模
活动年级	■高一 □高二 ■高三
活动形式	□课内活动 □课外活动 ■课内外兼顾

续 表

活动方式	■自主学习　　■小组合作　　■班级研讨交流
活动资源	□工具学具　　■文本资料　　□媒体资源
活动水平	■理解与运用　　■综合运用　　■探究与发现
所需课时	1课时(课内)
评价方式	■自我评价　　■小组评价　　■教师评价

三、活动流程

1. 活动一

复习:回顾《普通高中教科书·数学》必修第一册其5.2节中提到的函数奇偶性,说出轴对称、中心对称的定义。

(1) 轴对称。一个图形关于直线 l 成轴对称是指,图形上的任意一点关于直线 l 的对称点也在此图形上。

(2) 中心对称。一个图形关于点 P 成中心对称是指,图形上的任意一点关于点 P 的对称点也在此图形上。

2. 活动二

探究1:回顾写出"函数的图像关于 y 轴成轴对称"的等价表达形式的方法,证明"函数 $y=f(x)$ 的图像关于直线 $x=a$ 成轴对称"的充要条件是"函数 $y=f(x+a)$ 是偶函数"。

(1) 写出"函数的图像关于 y 轴成轴对称"的等价表达形式。

在函数 $y=f(x)(x\in D)$ 的图像 G 上任取一点 $P(x_1,y_1)$,有 $x_1\in D$ 并且 $y_1=f(x_1)$,点 $P(x_1,y_1)$ 关于 y 轴的对称点为 $P'(-x_1,y_1)$。 如果函数 $y=f(x)(x\in D)$ 的图像关于 y 轴对称,那么 $P'(-x_1,y_1)$ 也在图像 G 上,即 $-x_1\in D$ 并且 $y_1=f(-x_1)$。 这说明,如果函数 $y=f(x)(x\in D)$ 的图像关于 y 轴成轴对称,那么对于任意给定的 $x\in D$,均有 $-x\in D$,并且 $f(x)=f(-x)$。 反之,如果对于任意给定的 $x\in D$,均有 $-x\in D$,并且 $f(x)=f(-x)$,那么对于函数 $y=f(x)(x\in D)$ 的图像上的任意一点 $Q(x_2,y_2)$ 关于 y 轴的对称点 $Q'(-x_2,y_2)$,由于满足 $-x_2\in D$,并且 $y_2=f(-x_2)$,其也必在此函数的图像上。因此,该函数的图像关于 y 轴成轴对称。

由此给出定义:对于函数 $y=f(x)$,如果对于其定义域 D 中任意给定的实数 x,都有 $-x\in D$,并且 $f(-x)=f(x)$,那么就称函数 $y=f(x)$ 为偶函数。

(2) 证明:函数 $y = f(x)$ 的图像关于直线 $x = a$ 成轴对称的充要条件是函数 $y = f(x + a)$ 是偶函数。

① 必要性:在函数 $y = f(x)(x \in D)$ 的图像 G 上任取一点 $P(a + x_1, y_1)$,有 $(a + x_1) \in D$ 并且 $y_1 = f(a + x_1)$,点 $P(x_1, y_1)$ 关于直线 $x = a$ 的对称点为 $P'(a - x_1, y_1)$。如果函数 $y = f(x)(x \in D)$ 的图像关于直线 $x = a$ 对称,那么 $P'(a - x_1, y_1)$ 也在图像 G 上,即 $(a - x_1) \in D$ 并且 $y_1 = f(a - x_1)$。这说明,如果函数 $y = f(x)(x \in D)$ 的图像关于直线 $x = a$ 成轴对称,那么对于任意给定的 $(a + x) \in D$,均有 $(a - x) \in D$,并且 $f(a + x) = f(a - x)$,即函数 $y = f(x + a)$ 是偶函数。② 充分性:对于偶函数 $y = f(x + a)$,任意给定 $(x + a) \in D$,均有 $(-x + a) \in D$,并且 $f(x + a) = f(-x + a)$,那么对于函数 $y = f(x + a)$ 的图像上的任意一点 $Q(a + x_2, y_2)$ 关于直线 $x = a$ 的对称点 $Q'(a - x_2, y_2)$,由于满足 $(-x_2 + a) \in D$,并且 $y_2 = f(a - x_2)$,其也必在此函数的图像上。因此,该函数的图像关于直线 $x = a$ 成轴对称。

综上,函数 $y = f(x)$ 的图像关于直线 $x = a$ 成轴对称的充要条件是函数 $y = f(x + a)$ 是偶函数。

探究 2:根据"函数的图像关于原点成中心对称"的等价表达形式,证明"函数 $y = f(x)$ 的图像关于点 $P(a, b)$ 成中心对称"的充要条件为"函数 $y = f(x + a) - b$ 是奇函数"。

(1) 写出"函数的图像关于原点成中心对称"的等价表达形式。

在函数 $y = f(x)(x \in D)$ 的图像 G 上任取一点 $P(x_1, y_1)$,有 $x_1 \in D$ 并且 $y_1 = f(x_1)$,点 $P(x_1, y_1)$ 关于原点的中心对称点为 $P'(-x_1, -y_1)$。如果函数 $y = f(x)(x \in D)$ 的图像关于原点成中心对称,那么 $P'(-x_1, -y_1)$ 也在图像 G 上,即 $-x_1 \in D$ 并且 $-y_1 = f(-x_1)$。这说明,如果函数 $y = f(x)(x \in D)$ 的图像关于原点成中心对称,那么对于任意给定的 $x \in D$,均有 $-x \in D$,并且 $f(-x) = -f(x)$。反之,如果对于任意给定的 $x \in D$,均有 $-x \in D$,并且 $f(-x) = -f(x)$,那么对于函数 $y = f(x)(x \in D)$ 的图像上的任意一点 $Q(x_2, y_2)$,关于原点的中心对称点 $Q'(-x_2, -y_2)$,由于满足 $-x_2 \in D$,并且 $-y_2 = f(-x_2)$,其也必在此函数的图像上。因此,该函数的图像关于原点成中心对称。

由此给出定义:对于函数 $y = f(x)$,如果对于其定义域 D 中任意给定的实数 x,都有 $-x \in D$,并且 $f(-x) = -f(x)$,那么就称函数 $y = f(x)$ 为奇函数。

(2) 证明:函数 $y = f(x)$ 的图像关于点 $P(a, b)$ 成中心对称的充要条件为

函数 $y = f(x+a) - b$ 是奇函数。

① 必要性：在函数 $y = f(x)(x \in D)$ 的图像 G 上任取一点 $Q(a+x_1, b+y_1)$，有 $(a+x_1) \in D$ 并且 $b+y_1 = f(a+x_1)$，点 $Q(a+x_1, b+y_1)$ 关于点 $P(a, b)$ 的中心对称点为 $Q'(a-x_1, b-y_1)$。如果函数 $y = f(x)(x \in D)$ 的图像关于点 $P(a, b)$ 成中心对称，那么 $Q'(a-x_1, b-y_1)$ 也在图像 G 上，即 $(a-x_1) \in D$ 并且 $b-y_1 = f(a-x_1)$。这说明，如果函数 $y = f(x)(x \in D)$ 的图像关于点 $P(a, b)$ 成中心对称，那么对于任意给定的 $(a+x) \in D$，均有 $(a-x) \in D$，并且 $f(a+x_1) - b = -f(a-x_1) + b$，即函数 $y = f(x+a) - b$ 是奇函数。②充分性：对于奇函数 $y = f(x+a) - b$，任意给定 $(x+a) \in D$，均有 $(-x+a) \in D$，并且 $f(-x+a) - b = -f(x+a) + b$，那么对于函数 $y = f(x+a) - b(x \in D)$ 的图像上的任意一点 $R(a+x_2, b+y_2)$ 关于点 $P(a, b)$ 的中心对称点 $R'(a-x_2, b-y_2)$，由于满足 $(-x_2+a) \in D$，并且 $b-y_2 = f(a-x_2)$，其也必在此函数的图像上。因此，该函数的图像关于点 $P(a, b)$ 成中心对称。

综上，函数 $y = f(x)$ 的图像关于点 $P(a, b)$ 成中心对称的充要条件为函数 $y = f(x+a) - b$ 是奇函数。

3. 活动三

已知真命题"函数 $y = f(x)$ 的图像关于点 $P(a, b)$ 成中心对称"的充要条件为"函数 $y = f(x+a) - b$ 是奇函数"。

（1）将函数 $g(x) = x^3 - 3x^2$ 的图像向左平移 1 个单位，再向上平移 2 个单位，求此时图像对应的函数解析式，并利用题设中的真命题求函数 $g(x)$ 的图像的对称中心的坐标。

（2）求函数 $h(x) = \log_2 \dfrac{2x}{4-x}$ 的图像的对称中心的坐标。

（3）已知命题"函数 $y = f(x)$ 的图像关于某直线成轴对称"的充要条件为"存在实数 a 和 b，使得函数 $y = f(x+a) - b$ 是偶函数"，判断该命题的真假。如果是真命题，请给予证明；如果是假命题，请说明理由，并类比题设的真命题对它进行修改，使它成为真命题（不必证明）。

（1）平移后图像对应的函数解析式为 $y = (x+1)^3 - 3(x+1)^2 + 2$，整理后得到 $y = x^3 - 3x$，由于函数 $y = x^3 - 3x$ 是奇函数，由题设的真命题可知，函数 $g(x)$ 的图像的对称中心的坐标是 $(1, -2)$。

（2）设 $h(x) = \log_2 \dfrac{2x}{4-x}$ 的图像的对称中心为 $P(a, b)$，由题设可知函数

$h(x+a)-b$ 是奇函数。设 $f(x)=h(x+a)-b$，则 $f(x)=\log_2\dfrac{2(x+a)}{4-(x+a)}-$ b，即 $f(x)=\log_2\dfrac{2x+2a}{4-a-x}-b$。由于不等式 $\dfrac{2x+2a}{4-a-x}>0$ 的解集关于原点对称，可得 $a=2$。此时 $f(x)=\log_2\dfrac{2(x+2)}{2-x}-b$，$x\in(-2,2)$。任取 $x\in(-2,2)$，由于 $f(-x)+f(x)=0$，可得 $b=1$，所以函数 $h(x)=\log_2\dfrac{2x}{4-x}$ 的图像的对称中心的坐标是 $(2,1)$。

（3）此命题是假命题。

举反例说明：函数 $f(x)=x$ 的图像关于直线 $y=-x$ 成轴对称，但是对于任意实数 a 和 b，函数 $y=f(x+a)-b$，即 $y=x+a-b$ 不是偶函数。

修改后的真命题："函数 $y=f(x)$ 的图像关于直线 $x=a$ 成轴对称"的充要条件是"函数 $y=f(x+a)$ 是偶函数"。

这三个数学探究活动，表面上看抽象枯燥，实际上却有着丰富的内容和审美意蕴，其关键在于怎样发掘数学之美、展示数学之美、弘扬数学之美、渗透数学之美、运用数学之美，学生只有进入思考状态，才能体会到数学之美。

参 考 文 献

[1] 中华人民共和国教育部.普通高中数学课程标准(2017 年版 2020 年修订)[M].北京：人民教育出版社，2020.

[2] 上海市教育委员会教学研究室.高中数学单元教学设计指南[M].北京：人民教育出版社，2018.

[3] 李大潜，王建磐.普通高中数学教学参考资料必修第一册[M].上海：上海教育出版社，2020.

[4] 李大潜，王建磐.普通高中教科书·数学[M].上海：上海教育出版社，2020.

以"内切小球"为例探究数学美育教育

吕小敏

摘　要　数学教学应遵循《普通高中数学课程标准(2017 年版 2020 年修订)》,贯彻"少而精、简而明"的原则,关注学生核心素养的养成,落实立德树人。探究数学美育教育是课堂在新时代背景下对每位教师的要求,目的是使学生具备适应终身发展和社会发展需要的必备品格和关键能力,以及数学六大核心素养。除课堂之外,教学的软环境、信息技术的使用以及学生个性化导学案等也能激发学生的学习兴趣。本文将简单阐述数学美育教育的软环境,以及在学校实行的可行性,然后重点介绍基于新教材课程标准的数学课堂设计,深入探究立体几何领域,同时参考教学一线的实践经验,分析与设计数学美育教育,以为一线教师开展相应的教学活动提供参考。

关键词　数学核心素养　学课德育　立体几何　正四面体　内切

关注数学的美学价值,激发学生学习数学的兴趣和动力,是教师在教学中的重要任务。例如:布置教室"数学角",举行每学期的学习周,"数学周""函数周"等去探究可能的美育渗透。课程方面,除了正规 40 分钟数学课,可以考虑拓展课,探究实践课。我们知道遵循了《普通高中数学课程标准(2017 年版)》基本理念的上教版数学新教材,作为实现数学课程标准、发展学生核心素养的教学资源,特别注重实践课,例如数学建模课。教师的日常教学、教学理念、科研重点随其变革产生重要影响。

一、数学融合美育的思考以及可行性

(1) 营造利于培育审美情趣的教学环境。可利用数学特色教室、数学史文化走廊等,让学生感受数学的美。数学史研究的是数学的历史,它不仅追溯数学思想和方法的演变发展过程,而且还探索影响演变发展过程的各种因素,以及数学的发展给人类文明所带来的影响。因此,数学史的研究对象不仅包括数学,而且还涉及历史、哲学、文化、宗教等社会学科与人文学科。可在每节课开始的前2分钟,深入挖掘本节课的数学史,然后通过视频进行介绍,这对于激发学生学习本节课的兴趣非常有益。

(2)利用新型多媒体优化数学日常教学活动。例如,可将几何画板用于圆锥曲线的讲解,将 Excel 的统计功能用于讲解统计方面的频率分布直方图,采用GeoGebra 软件讲解立体几何,由此可使课堂更加灵动,方便教师备课,提高上课效率,吸引学生的眼球,激发学生的求知欲。另外,PPT 也不可忽视,它可以制作动画,也可以插入视频、音效等,在展示知识点方面非常方便。除了以上在教学方面的信息技术支持,在学生学习方面,能很好地使用计算器对促进学生学习十分有益,第一、先进的计算器把学生从单纯的计算中解放出来,有更多的时间深度学习;第二、先进的计算器兼容一些数学基本思想,例如用表格研究超越函数的单调性,模拟最小二乘估计,Solve 功能求函数的零点等,有助于学生理解这些原理。实践证明课堂上抽出一分钟教计算器的使用,对于形成数学讨论的氛围有帮助,也侧面促使小组合作。

(3)采用以"美"导学的数学个性化导学案,系统化5种数学美育环节,分别为概念教学策略、公式和定理教学策略、习题教学策略、通专融合展现数学应用之美、数学建模展现数学的创造美。高中数学新授课课堂类型按照学习内容大致可以分为以上5种,根据不同的课制作个性化的学生学案,制定相配套的教学设计,选取符合学生身心发展需要的教学内容,适当删减"冗余"内容或者增添一些"台阶"。从而设计符合自己学校学情的导学案,系统成册。教师定期探究,讨论,优化校本导学案。

二、以"正四面体内的内切小球"为例进行探究

培养学生的创新能力,发展思维品质,追求深度数学美育探究,是进一步新课标要求的重要体现。把握试题图形特征,有利于形成解题思路、催生自然解法,有助于学生获取研究问题的有效方法,有利于激活学生的数学思维,提升学生的数学美育的欣赏能力,激发学生思维创造能力,为培养理性思维、追求科学精神奠定基础。新教材必修三第 10 章《空间直线与平面》整章和第 11 章《简单几何体》的球的体积和表面积,更加注重知识和定理的来源和创造,关注演绎推理证明,强调逻辑关系的正常有序。以前不太研究的立体几何知识,需要搬进课堂,并且以激发学生学习兴趣为主要导向进行深度探究,使学生把数学与生活联系起来,让数学贴近生活,掌握几何图形特征,形成思维模式,举一反三,探究更

多未知的可能。以下是我的一节课堂探究实践课。

一个半径为1的小球被放置在一个棱长为6的密封正方体盒子中,无论怎样摇动盒子,该小球永远不可能接触到的盒子内壁的面积是多少?在盒子中不能到达的空间的体积是多少?[11]

解:(1)如图1所示,在正方体的面 $ABCD$ 上,小球最靠近棱的切点的轨迹是一个正方形,$S_{面A'B'C'D'}=16$,$S_1=S_{面ABCD}-S_{面A'B'C'D'}=20$,有六个面,$S=120$。

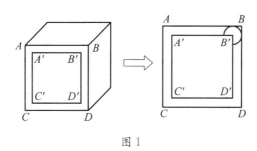

图1

(2)小球在盒子中不能到达的空间分为以下两种情况:①在正方体顶点处的小正方体中,其体积 V_1 等于小正方体的体积减球的体积的 $\dfrac{1}{8}$;②在棱长处对应的正方体中,其体积 V_2 等于正四棱柱的体积减以球的直径为底面圆的直径的圆柱体积的 $\dfrac{1}{4}$(见图2)。$V_1=\left(8-\dfrac{4}{3}\pi\right)\times\dfrac{1}{8}$;$V_2=(16-4\pi)\times\dfrac{1}{4}$;$V=50-\dfrac{40}{3}\pi$。

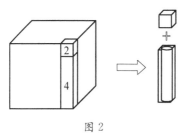

图2

变式:一个半径为1的小球被放置在一个棱长为 $4\sqrt{6}$ 的密封正四面体盒子中,无论怎样摇动盒子,该小球永远不能接触到的盒子内壁的面积是多少?在盒子中不能到达的空间的体积是多少?

解:(1)在正四面体的一个面上,小球最靠近棱的切点的轨迹为一个正三角形。考察切点为该正三角形的顶点时的情况,此时小球恰与对应三面角的三个面均相切,如图 3 所示。作平面 $A'B'C' /\!/$ 平面 ABC,与小球相切于点 D。则小球球心 O 为正四面体 $P-A'B'C'$ 的内切球球心,同时 O 也为正四面体 $P-A'B'C'$ 的外接球球心,$PO=3OD=3$[2]。记此时小球与面 PAB 的切点为 E,连接 OE,则 $PE=\sqrt{PO^2-OE^2}=2\sqrt{2}$。

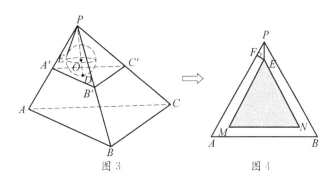

图 3   图 4

考察小球在正四面体一个面上的所有切点组成的平面,记为 EMN,如图 4(阴影部分)所示。过点 E 作 $EF \perp PA$ 于点 F,由 $\angle EPF=\dfrac{\pi}{6}$ 可得 $PF=$

$PE\cos\angle EPF=2\sqrt{2}\times\dfrac{\sqrt{3}}{2}=\sqrt{6}$,故小三角形的边长 $EM=PA-2PF=4\sqrt{6}-$

$2\sqrt{6}=2\sqrt{6}$。因此,平面 EMN 的面积 $S_{\triangle EMN}=6\sqrt{3}$,$S_1=S_{\triangle PAB}-S_{\triangle EMN}=$ $18\sqrt{3}$。由于对称性,且四面体有四个面,故小球不能接触到的盒子内壁的面积为 $72\sqrt{3}$。

(2)① 如图 5 所示,考察小球在正四面体中最靠近顶点 P 的情况,此时小球恰与面 PAB、面 PAC、面 PBC 均相切,切点分别为点 E、点 Q、点 S。作平面 $A'B'C' /\!/$ 平面 ABC,与小球相切于点 D。点 E、点 Q、点 S、点 D 分别为面 $PA'B'$、面 $PA'C'$、面 $PB'C'$、面 $A'B'C'$ 的中心。四棱锥 $P-A'B'C'$ 也为正四面体,则小球球心 O 为正四面体 $P-A'B'C'$ 的内切球球心,如图 6 所示。在正四面体 $P-A'B'C'$ 中,取棱 PA'、PB'、PC' 的中点,分别为点 F、点 T、点 R。由(1)可知,$PE=PQ=QS=2\sqrt{2}$,$PF=PT=PR=\sqrt{6}$,$EF=ET=QF=QR=ST=$ $SR=\sqrt{2}$,$PD=4$,$PA'=PB'=PC'=2\sqrt{6}$。小球在正四面体 $P-A'B'C'$ 中最靠近顶点 P 处,不能到达的空间的体积为 $V_1=\dfrac{1}{4}(V_{P-A'B'C'}-V_球)=2\sqrt{3}-\dfrac{\pi}{3}$。

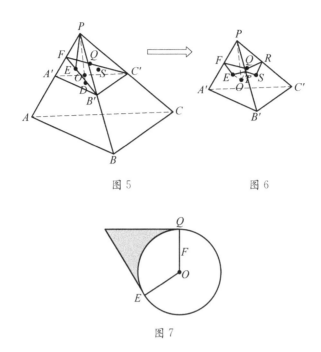

图 5 图 6

图 7

② 如图 5 所示,考察小球在正四面体中最靠近棱 PA 的情况,点 E、点 Q 分别为面 $PA'B'$、面 $PA'C'$ 的中心,点 F 为棱 PA' 的中点。$E \in B'F$,$Q \in C'F$,$EF \perp PA$,$QF \perp PA$。$PA \perp$ 面 FEQ,且 $O \in$ 面 FEQ,点 E、点 Q 是球 O 大圆上的两点。将小球在面 PAB 上的所有切点组成的平面记为 EMN,如图 6 所示。小球在正四面体 $P-ABC$ 中最靠近棱 PA 处,不能到达的空间为直柱体,其高 $EM = 2\sqrt{6}$,其底面如图 7 所示(阴影部分)。在 $\triangle FB'C'$ 中,$S_{\text{面} FQOE} = \sqrt{2}$,

$\cos \angle EFQ = \dfrac{FC'^2 + FB'^2 - B'C'^2}{2FC' \cdot FB'} = \dfrac{1}{3}$,$\angle EFQ = \arccos \dfrac{1}{3}$,$\angle EOQ = \pi - \arccos \dfrac{1}{3}$,$S_{\text{底}} = \sqrt{2} - \dfrac{1}{2}\left(\pi - \arccos \dfrac{1}{3}\right)^2$。小球在正四面体 $P-ABC$ 中最靠近

棱 PA 处,不能到达的空间的体积为 $V_2 = \left[\sqrt{2} - \dfrac{1}{2}\left(\pi - \arccos \dfrac{1}{3}\right)^2\right] \times 2\sqrt{6} =$

$4\sqrt{3} - \sqrt{6}\left(\pi - \arccos \dfrac{1}{3}\right)^2$。

综上,正四面体有 4 个顶点、6 条棱,$V = 8\sqrt{3} - \dfrac{4\pi}{3} + 6 \times$

$\left[4\sqrt{3} - \sqrt{6}\left(\pi - \arccos \dfrac{1}{3}\right)^2\right] = 32\sqrt{3} - \dfrac{4\pi}{3} - 6\sqrt{6}\left(\pi - \arccos \dfrac{1}{3}\right)^2$,即小球在盒

子中不能到达的空间的体积为 $32\sqrt{3}-\dfrac{4\pi}{3}-6\sqrt{6}\left(\pi-\arccos\dfrac{1}{3}\right)^{2}$。

该案例在高二年级选修拓展课开展,分为课上部分和课下部分,有实物以及多媒体辅助,激发了学生学习兴趣,使学生感到数学之美无处不在,而深度的数学之美更是可遇不可求。所以对于学生的数学基础要求较高,不适合全部高二学生,可为拔尖学生作为探究。

参 考 文 献

[1] 刘初喜,施洪亮.华东师范大学第二附属中学创新班和理科班用:数学(高中上册)[M].
  上海:上海教育出版社,2012.
[2] 李凤华.正四面体外接球和内切球的半径的求法[J].中学数学杂志,2008,(1):30-31.
[3] 杨梅.高职数学融合美育的路径与策略[J].河北职业教育 2021,5(5):40-45.

以不等式课程为例浅谈美育在数学中的渗透与体现

刘雅楠

摘　要　数学之美体现在数学课程和数学教学之中。本文将以不等式课程为例，着重介绍不等式性质所体现的数学之美，并展示教学设计中关于美育的一些想法，探索在单元教学中如何体现美育，以培养学生的数学核心素养，激发学生学习数学的兴趣，促进学生深入学习。

关键词　数学之美　育人

华罗庚曾说："就数学本身而言，是壮丽多彩、千姿百态、引人入胜的……认为数学枯燥乏味的人，只看到了数学的严谨性，而没有体会出数学的内在美"。美育是审美教学与美感教学的结合，通过教育提升认识美、理解美、欣赏美、创作美的能力，是新时代培养德智体美劳全面发展的社会主义建设者和接班人的重要着力点，在立德树人方面发挥着独特、不可替代的作用。

我国学校的美育其目的是建设社会主义精神文明和培养学生的心灵美、行为美，通过美育促进学生德、智、体的发展。它可以提高学生思想，培养学生的道德情操；丰富学生的知识，发展学生的智力；增进学生的身心健康，提高体育运动的质量；鼓励学生热爱劳动，进行具有创造性的劳动[1]。

我国学校在美育方面的基本任务如下。

（1）培养学生充分感受现实美和艺术美的能力，包括培养学生充分感受自然界的美、社会美和艺术美的能力等。

（2）使学生具有能正确理解和善于欣赏现实美和艺术美的能力，让他们爱好美和艺术。

（3）培养和发展学生创造现实美和艺术美的能力，使学生学会按照美的法则建设生活，把美体现在生活、劳动和其他方面，让他们养成美化环境及生活的能力和习惯[1]。

一、课程内容结构导图

单元内容结构导图如图 1 所示。

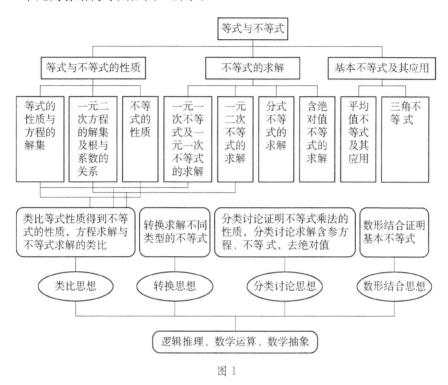

图 1

二、课程目标

通过课程的学习,让学生获得进一步学习以及未来发展所需的数学基础知识、基本技能、基本思想、基本经验;提高从数学角度发现和提出问题的能力,以及分析和解决问题的能力;在学习数学和应用数学的过程中,提升数学抽象、逻辑推理、数学建模、直观想象、数学运算、数据分析等数学学科核心素养;提高学习数学的兴趣,增强学好数学的自信心,养成良好的数学学习习惯;增强自主学习的能力,树立敢于质疑、善于思考、严谨求实的科学精神,不断提高实践能力,提升创新意识,认识数学的科学价值、应用价值、文化价值和审美价值[2]。

三、课程内容介绍

课程包含等式部分(等式的基本性质、恒等式、方程的解集、方程组的解集、一元二次方程的根与系数的关系）和不等式部分（不等式的性质），共分为 4 课时：等式的性质与方程的解集 1 课时，一元二次方程的解集及根与系数的关系 1 课时，不等式的性质 2 课时。首先在系统梳理等式性质的基础上，让学生学习方程的解集、恒等式以及一元二次方程的根与系数的关系，以对初中数学知识进行复习、巩固，由此引导学生进入高中阶段的不等式学习。其次在建立实数大小关系的基础上，引导学生用类比的方法，由等式的基本性质类比得到不等式的基本性质，并提示学生比较和思考等式性质和不等式性质之间的异同点，由此展开对不等式的学习。在此过程中通过相等关系和不等关系的类比，提高观察、比较、归纳、概括的能力；通过正确表示方程的解集以及建立不等式的过程，发展数学抽象的核心素养；通过解方程理解等价转化、分类讨论、化归思想的重要作用，落实数学运算的核心素养；通过证明不等式，发展逻辑推理的核心素养。

四、不等式性质中的美育体现

1. 联系之美

数量关系是数学的重要研究对象，相等关系与不等关系是最基本的数量关系，而等式与不等式则是表示数量关系的基础和工具。数量关系是构建数学大厦的基础，涉及日常生活的方方面面，它为我们开启了逻辑推理的大门，引领我们走向数学抽象的高地。课程从生活实际出发，引出不等关系与不等式的概念，并通过类比等式的性质引出不等式的基本性质。从内容与结构来说，课程的知识体系具有很强的联系性，在回顾实数大小关系的基础上对不等式的 3 个基本性质进行了证明，然后利用不等式的 3 个基本性质来证明其他性质。从数学方法来说，课程涉及的作差比较的方法，为后续函数性质的学习奠定了基础。课程所涉及的不等式的证明是一项基本技能，也是不等式学习中的一个难点，在后续函数、导数等内容的学习中还将进一步深化。课程的目的在于，通过数学中的联系之美，让学生学会用数学的眼光观察世界。

2. 提问之美

课程以"问题链"的形式进行教学设计，通过"问题链"引导学生思考，培养学生类比猜想的能力，并在类比的过程中找到等式性质与不等式性质的区别和联系；通过提问，帮助学生厘清脉络，循序渐进地思考，培养学生缜密的思维方式和严谨的科学精神；在概念辨析方面，通过提问，加强对易错点的辨析，让学生积极思考问题，提高学生的数学抽象和逻辑推理等核心素养。

3. 表达之美

从整体来看,课程的目的是复习和巩固初中学过的等式和不等式的性质。在初中阶段,等式和不等式的性质以文字语言表述为主,而高中阶段则以符号语言(集合与逻辑用语)表述为主,抽象层次提高。学会用符号语言来进行表达是学习数学的基础,对于提高学生的数学抽象、逻辑推理和数学运算等素养具有积极作用。符号语言简洁、概括性强,是数学美的一种集中体现,应通过学习符号语言,培养学生用数学的语言来表达世界的能力。

五、教学设计中关于美育体现

1. 教学模式和教学策略设计的指导思想

等式与不等式作为初中数学向高中数学过渡的内容(由自然语言、图形语言向集合语言、符号语言过渡),属于高中数学预备知识,是今后进一步学习数学的基础,起着承上启下的作用。其课程涉及的基本思想方法是类比转换和分类讨论,主要培养的核心素养是逻辑推理。目的是让学生学会用数学的眼光观察世界,用数学的思维分析世界;用数学的语言描述世界;使学生提高学习数学的兴趣,增强学好数学的自信心,养成良好的数学学习习惯;提高自主学习的能力,树立敢于质疑、敢于思考、严谨求实的科学精神;不断提高实践能力,提升创新意识,认识数学的科学价值、应用价值、文化价值和审美价值。

2. 对体现"以学生的发展为本"的设想及做法

用问题引领教学,层层铺垫,启发引导,使学生学有所成。做好课堂的观察者,以及学生的引导者、促进者、支持者。课堂以学生为主体,多提问,多互动。

3. 期望体现的教学特点和达到的目标

使学生学会积极思考,能够规范表达,懂得全面反思,能够进行自我评价。让学生不仅能听懂,而且会灵活应用,真正学到知识、方法、思想,提升自身的能力。教学中融入对数学家和数学文化的介绍,增强学生的民族自豪感,培育学生发现美、实践美的意识,激发学生学好数学的热情,让学生学会思考,养成良好的学习习惯,形成数学思维。将学科知识和数学之美相结合,让学生学会用数学的眼光观察世界,用数学的思维思考世界,用数学的语言表达世界,发现数学的排列之美、逻辑之美、艺术之美、公式之美、应用之美,体会数学是描述自然的最好的语言,在数学的美中感受数学严谨的逻辑,树立勇于探索的科学精神和精益求精的工匠精神。进一步培养学生的数学抽象、逻辑推理、数学运算、数学建模、直观想象、数据分析等核心素养,激发学生学习数学的兴趣。

参 考 文 献

［1］周德昌,江月孙.简明教育辞典.广州:广东高等教育出版社,1992.

［2］中华人民共和国教育部制定.普通高中数学课程标准(2017 年版 2020 年修订)［M］.北京:人民教育出版社,2020:2.

"双新"背景下高中数学"尚美课堂"的实践研究

姜　志

摘　要　"双新"背景下,普通高中育人模式迎来了变革,教师需要着力于培养学生的核心素养,即从全面发展的角度培养学生的必备品格和关键能力。审美作为人文素养之一,既是发展学生核心素养的前提条件,也是实现立德树人的重要保障。《普通高中数学课程标准(2017 年版 2020 年修订)》也指出审美不仅可以陶冶情操,而且能改善学生思维品质。本文将梳理数学美的内涵及本质属性,并从教与学方面提出培养学生感知美、体验美、创造美的"尚美课堂"教学策略,以对学生审美态度、审美能力、审美趣味、审美品位进行全方位的培育。

关键词　"双新"　核心素养　高中数学　审美素养　"尚美课堂"

一、数学美的概述

1. 数学美的内涵

数学美主要指数学美得规律、美得对称、美得统一。数学的美不同于艺术的美,它不容易被感知,不能在感官方面给人以视觉冲击。数学的美是人在学习或者研究过程中,由于理解、认识、领悟或者发现某种数学知识、某种数学关系或者某种数学思想方法而产生的愉悦感、满足感、兴奋感、新奇感等。高中生对数学的了解还不够深刻,对数学美的体悟还存在困难,所以教师在教学过程中,要通过教学情境、提问、对话,不断培养学生的审美态度和能力,通过一系列的体验、实践、表达等活动,让学生感受数学的美,逐步提高学生的审美趣味和审美品位。

2. 数学美的本质属性

1) 逻辑真实性

数学追求严谨求真,数学中的理论、定理、公式等都是经过严格论证的,具有严密的逻辑性。任何数学知识都需要符合逻辑,一些结论看似和谐对称,例如

$\log_a(A+B) = \log_a A + \log_a B$，$(x^2)^{\frac{1}{2}} = (x^{\frac{1}{2}})^2$，这些形式上虽然美观，但它们在逻辑上是假的，所以不具备数学美，故数学的美首先在于真。

2）抽象性

数学的抽象性体现在概念、符号、语言、解决问题的方法的抽象性等方面。数学的这种抽象性、概括性使得人们摆脱了数学自身的抽象和约束，集中精力于主要环节，用简洁完美的数学符号语言表达出复杂深刻的数学内容。数学的这种抽象性决定了数学在实际应用中的广泛性和数学方法上的万能性。

3）和谐统一性

爱因斯坦认为科学理论的审美标准是逻辑上是否统一。统一是指部分与部分、部分与整体之间的内在联系或者共同的规律所呈现出来的一致性，体现为形式或者内容上的共同性、关联性，给人一种整体和谐的美感。要实现数学的和谐统一美，就要从杂乱无章中寻找规律。例如，高中数学中几类常见的曲线都可以用二元二次方程 $Ax^2 + Bxy + Cy^2 + Dx + Ey + F = 0$ 来统一表示。此外，不同的概念、不同的公式或者不同的法则在一定条件下也可以统一，如直角坐标系中的点坐标还可以表示向量和复数。

3. 数学美的层次

数学美的层次主要包括三个，即外在形式美、内在理性美、创造美，分别对应美育的三个层次，即感受数学美、感悟数学美、创造数学美。外在形式美包括简洁美、相似美、对称美、和谐统一美，它具有形象性和直观性，体现了直观的美感体验，教师可以在课堂上直观展示，让学生感受数学中的美。内在理性美包括数学语言的美、逻辑思维的美、结构的美、方法运用的美，主要体现在逻辑严密等方面，具有很强的抽象性和逻辑性。教师可以通过分析、归纳、概括、论证推理等方式，让学生逐步领会数学的本质，感悟数学的内在理性美。当学生充分体会前两个层次的美后，便可以主动地使用数学知识和方法探究新的数学内容，通过尝试、发现、想象、假设、验证等探究方法来创造美，从而激活创新思维、创新热情，磨砺创新意志，最终培养创造思维、自由精神和高雅的艺术趣味。

二、在高中数学课堂中美育渗透的重要性

1. 展示数学魅力，激发学生的学习积极性

高中数学知识具有极强的逻辑性、抽象性，所以在学生的眼里数学是枯燥的，并且会产生畏惧心理。在高中数学课堂上进行美育渗透的目的是通过展示数学的魅力，改变学生对数学枯燥乏味的印象，避免学生对学习数学产生畏惧心

理。教师可以通过挖掘数学文化、利用多媒体工具、数学模型、数学在生活中的应用等充分展示数学的美,调动学生的学习积极性。

2. 揭示数学的本质,激发学生的创造力

应通过不断地深挖数学知识背后的原理,揭示数学的本质,引导学生用美的眼光去看数学。此过程不仅能让学生对数学原理有更加深刻的认识,还能让学生在解决问题时爆发出创造力。例如,笔者在教授"幂与指数"时,表1通过介绍有理数指数幂符号的完善过程,让学生认识到有理数指数的幂符号不单单是一个符号,它是有生命的。并且在课堂实践中,鼓励学生自己创造一个属于自己的有理数指数幂符号并介绍创造灵感,然后分析为什么人们最后使用了牛顿创造的符号。在揭示数学本质的过程中,学生领悟到数学知识不是一蹴而就的,而是经历了一次又一次的修正、反复研究和推敲,这能够让学生对数学的本质了解得更加深刻,更好地把握数学知识。

表 1 有理数指数幂符号的完善过程

年份	完善符号的数学家	符号的含义
1360 年	14 世纪法国数学家奥雷姆	$\boxed{\frac{1}{2}^{\frac{p}{2}}}$ 表示 $2^{\frac{1}{2}}$
1585 年	16 世纪荷兰数学家斯蒂文	$①$ 表示 $x^{\frac{1}{2}}$
1629 年	17 世纪荷兰数学家吉拉德	$\left(\frac{1}{2}\right)2$ 表示 $2^{\frac{1}{2}}$
1676 年	17 世纪英国数学家牛顿	$a^{\frac{1}{2}}$ 表示 $\sqrt{a}$

三、高中数学实施"尚美课堂"的策略

1. 创设情境之美,以美引趣,让学生感知美

目前高中生大多认为数学枯燥、有难度,一方面是因为高中数学有很多公式和概念,且很抽象;另一方面是由于课时进度的原因,教师在授课时省去了介绍知识产生背景的过程。所以学生在学习过程中很难感受到数学的魅力,也很难体会到数学的美。而学习都是有情境的,教师可以通过创设审美情境,将学习植根于情境之美中,从而激发学生的学习兴趣,让学生直观地感知数学的美。教师可以采用诗歌的形式创设情境,例如,笔者在介绍空间中直线与平面垂直时,引用了《使至塞上》中的"大漠孤烟直,长河落日圆",引导学生将远处横卧的沙漠视

为平面,将烟视为直线,展现线面垂直的位置关系,从而让学生感受诗中有画的意境,领略诗人的文采。教师还可以采用音乐、游戏活动等形式创设审美情境,让学生感受数学的美。例如,笔者在教授"函数 $y=A\sin(\omega x+\varphi)$ 的图像"一课时,通过利用几何画板制作琴键并弹奏优美的歌曲来说明三角函数在音乐中的应用,充分展示了数学在艺术中的神奇魅力,增加了教学的趣味性。教师也可以通过数学史来创设情境,例如,笔者在教授"均值不等式及其应用"一课时,基于马诺多鲁斯的《论等周图形》中的等周问题,选取贴近学生认知的土地分割问题,激发学生解决问题的热情,进而推进教学进程。

2. 创设问题之美,以美导思,让学生体验美

在教学中,要让学生感受数学的美。问题是驱动数学思维的"钥匙",可以选取经典例题,通过设计"问题链"让学生逐步解决问题,发展学生的数学思维。例如,笔者研究了近几年全国高考常考的题——三角形中,一个角和此角的对边已知,求面积最值或者周长最值,然后设计了如下问题。

问题 1:在 △ABC 中,边 a、b、c 对应的角分别为 A、B、C,已知 $b=2$,$B=\dfrac{\pi}{3}$,求 △ABC 面积和周长的最大值。

问题 2:在 △ABC 中,边 a、b、c 对应的角分别为 A、B、C,已知 $b=2$,$B=\dfrac{\pi}{3}$,求 $AB+2BC$ 的最大值。

问题 3:基于问题 2,试讨论 $AB+\lambda BC$ 的最值情况。

对于问题 1,学生利用基本不等式可以快速解决;对于问题 2 学生利用基本不等式解决时受阻,引导其使用正弦定理转化为三角函数最值问题来解决;对于问题 3,让学生带着问题 2 的解题经验来研究含参最值问题。在解决问题的过程中,引导学生进行总结与反思,让学生感悟数学思想方法之美。

3. 创设活动之美,以美导试,让学生创造美

教师在引导学生发现、感知、体验数学美的同时,还可以通过丰富的活动来激励学生创造美。例如,在复习三角函数单元时,由于公式多、方法多,学生对公式变形、推理证明、公式选择方法等,于是笔者让学生用手抄报的形式整理公式(见图 1),并将条理清晰、覆盖全面、设计美观的手抄报展示在班级的文化墙上。这样的设计达到了三个方面的效果①全班学生进行了一次公式梳理,知识得到了巩固,提升了学生的实践能力;②激励了制作手抄报的学生,让他们觉得有成就感或认同感;③学生可以随时查看公式,温故知新。

在单元学习或者学期学习结束时,通过设计一些思维导图类的作业活动(见

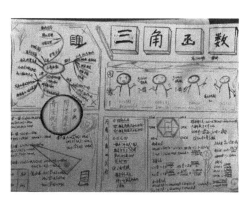

图 1　三角函数手抄报

图 2），培养学生的逻辑思维、数学表达等核心素养。比如，在学习完复数时，为帮助学生全面整理复数的知识点，梳理相关的思想方法，形成完整的知识网络，设计函数单元思维导图类的作业。

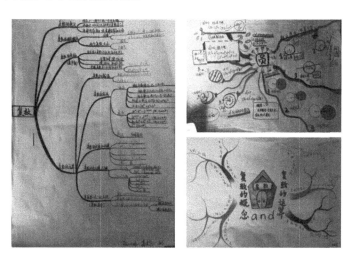

图 2　思维导图类的作业

　　教师也可以设计小论文形式的活动，渗透数学文化。例如，在复数单元的学习中，为了让学生了解数的诞生和发展过程，笔者设计了预习作业，让学生借助网络，查阅相关资料，探索自然数—负数—有理数—无理数的发展过程，最后以小组合作汇报的形式展示数的发展历程。这种形式不仅可以让学生体会事物的发展过程，还可以帮助学生养成良好的数学学习习惯，让学生敢于质疑、善于思考、把握事物的本质，并学会利用外界的资源不断丰富自己的知识。

　　此外，教师还可以设计实验操作类活动，比如，让学生阅读课本，并制作相应的模型来帮助理解表面积公式(见图3)。学生通过实验操作,不仅加深了对公式的理解,同时提高了空间想象能力。

图 3 制作圆柱和圆锥模型

总的来说,教师通过设计个性化的探究活动,可让学生通过实践体验学习的乐趣,使学生能够大胆探索、勇于创新、唤起学生对学习数学的渴望,让学生的心中燃起热爱数学的火花。

四、总结

"双新"背景下高中数学课堂进行美育渗透,需要教师结合实际情况,选择恰当地切入点,展示数学魅力,揭示数学本质,引导学生发现美、感知美、体验美、创造美,从而实现高中数学教学与美育的有效融合,实现育人方式的变革。

参 考 文 献

[1] 王玉敏.数学中的美学内涵[J].沈阳师范学院学报(社会科学版),1996,(2):74-77.
[2] 秦晓艳.怎样在课堂教学中展现数学的美[J].新课程研究(中旬刊),2010,(2):107-109.
[3] 霍文婷.中学中的数学审美教学研究[D].西安:陕西师范大学,2011.
[4] 霍文婷.论数学美的本质属性[J].数学教学通讯,2010,(27):13,18.
[5] 吴振奎,刘舒强.数学中的美:数学美学初探[M].天津:天津教育出版社,1997.
[6] 张芸烽.数学美在中学数学中渗透情况的调查研究[D].武汉:华中师范大学,2014.
[7] 谢祥.核心素养理念下渗透数学美育的价值及策略[J].中学数学教学参考,2020,(Z2):7-10.

第三章 基于语言文化的英语教学之美

指向深度学习的微剧本读后
续写之语言之美教学探究

王 群

摘 要 笔者通过开展读后续写微剧本的教学活动,引导学生体验语言之美。学生通过深度学习活动和自主探索,完成文本阅读输入与微剧本写作产出的交融和建构,据此发现美、感悟美、模仿美、创造美,从而不断提高英语写作水平。

关键词 深度学习 语言之美 读后续写 微剧本

新课标指出,在教学过程中要为学生接触丰富的语篇形式提供机会,确保选择一定比例的文学性语篇[1]。英语文学性语篇不仅语言优美,而且蕴含丰富、深刻的内涵,遣词造句都有特别的用意,是学生开展阅读体验和读后续写微剧本活动时最合适的素材。深度学习视角下的读后续写具有自主探究性、迁移性和开放性,可为学生体验语言之美搭建可靠的平台。学生自主探索文本,既可完成从文本情境到生活情境的迁移,又可发展思维及深度学习的能力,经过对语言之美的挖掘、发现、鉴赏与感悟,学生可获得模仿美和创造美的能力,最终达成提高英语写作水平的目标。

一、相关概念

1. 深度学习

深度学习是在教师引领下,学生围绕具有挑战性的学习主题,全身心地积极参与、体验成功、获得发展的有意义的学习过程[2]。作为课堂教学的引导者,教师应摒弃传统的教学模式,创设条件为学生的深度学习提供保障。高中英语深度学习的目标是学习者能通过思考、探究、反思等深度学习活动,形成内在的学习动机,有意识地构建语言知识,提高逻辑性和批判性思维,最终获得学习能力[3]。

2. 读后续写

读后续写是促进语言学习的有效方法之一,指学生依据所给材料的段落开头语和所标示的关键词进行续写,将其发展成一篇与所给的材料有逻辑衔接且情节和结构完整的短文。读后续写的目标是:准确理解文本信息,把握不同语篇的特定结构、文体特征和表达方式,以及进行有效的表达。这种做法使阅读理解与写作产出紧密结合,语言学习与语言运用紧密结合,内容创造与语言模仿结合[4],可有效地提高学生的语言表达能力、思维品质、文化意识、学习能力。

3. 微剧本

微剧本只有简单的几个场景,人物设置力求简约,所描述的事件也很简单,但剧本的内涵必须凸显出来。读后续写微剧本是指,学生在理解文本的基础上,在教师的引导下推断作品中人物或作者的意图,并表达自己的观点和进行鉴赏及创作。

二、读后续写微剧本之语言之美教学实践

读后续写微剧本,旨在再现语篇内容之美,呈现主题语境之美,不断提高学生的写作能力。经过长期的写作,学生能够提高阅读和写作能力,提升思维品质,培养想象力和创新意识,提升核心素养。下面以《多维阅读》的第 20 级"Buried Treasure"一文为例展开阐述。

1. 语言之美,呈现于读写过程之中

1)阅读赏析、文本解读,开启发现之美的旅程

读后续写的关键是对原文本进行理解,在此基础上培养学生的协同迁移意识。教师可通过设计与布置学习任务,引导学生完成对文本之美的探究。在设计任务时,应考虑由浅入深、围绕情境,逐步发展学生的深度学习能力。

深度学习视角下针对文本之美的解读,需设计四个环节的链式任务,以获取文本的完整信息。

(1)设定关键词,对美进行定位。要求学生分析并给出文本中的 5~10 个关键词,并围绕关键词设定相关情境,通过关键词来解构文本,强化某一特定人物或事件的细节之美。比如,本文中,沙滩下的"bag"是故事的关键词,应联想到:①一架照相机;②Adams 遗失的物品;③照相机内有许多珍贵的相片;

④Adams 与妻子的美好回忆;⑤Taine 和父亲得到珍贵的启示。

（2）利用问题引导学生感探究之美。要善于结合文本设置促进思考的一些问题,促使学生在理解故事架构的基础上深入思考,并开展深度学习。例如:①"What will happen if they search for buried treasures next time?";②"Why does Adams call Taine 'clever boy'?";③"What is the most important in our family life?"。

（3）准确把握情节,感受故事之美。教师要善于引导学生通过阅读了解故事的开始、发展、高潮以及结局,让学生准确分析矛盾的起因、焦点、解决方案,特别是不同情境中人物的外在言行和内在情感。本文涉及亲情,高潮部分是 Adams 通过对妻子的回忆,追忆美好时光,表现出对亲情的无限依恋。起因为 Taine 和 Dad 本来要去沙滩寻宝,结果只发现一架看上去毫无价值但实际上内含美好回忆的旧相机。

（4）学习文体结构与语言特色,感悟语言之美。本文是记叙文,语言流畅,修辞手法丰富,语言表述十分地道。在赏析的基础上,要求学生诵读和模仿好词和佳句。比如:①"Mr Adams took a sharp breath, shaking his head slowly.";②"A man popped out from behind the ovens at the back.";③"How did that get down there?"。

2）开展剧本写作,开启体验之美的旅程

（1）第一步:分配角色,品味人物之美。学生通过阅读,确定剧本中的主要角色和次要角色,这需要在深度理解文本的基础上来进行判断。对于中学生来说,这个任务既有挑战性又有趣味性。学生经过热烈的讨论,确定主要角色为 Taine、Dad 和 Adams;次要角色为 Val、Alice 和游客等。表 1～表 3 为一组学生三次撰写的内容。

表 1　第一稿的角色分配及简介

角色	简　介
Taine	主人公,想发财的儿子
Dad	父亲,儿子的玩伴
Adams	烘焙店主,鳏夫
Val	Adams 的妻子
Alice	Adams 的孙女,可爱的小女孩
群众演员	海滩游客

表 2　第二稿的角色分配及简介

角色	简　介
Taine	主人公：searching for treasures on the beach
Dad	Mr Leonard Miller, a good partner
Adams	Owner of the bakery, who lost his wife
Val	Adams 的妻子，已去世
Alice	Adams 的孙女，a little lovely girl
群众演员	海滩游客

表 3　第三稿的角色分配及简介

角色	简　介
Taine	Main character, the boy searching for treasures on the beach
Dad	Mr Leonard Miller, Taine's father and life-long partner
Adams	Owner of the bakery, a widower
Val	Mr Adams' wife, who died a year ago
Alice	Granddaughter of Adams and Val's, a lovely little girl
Extras	Tourists at the beach

表 1～表 3 表明，学生的写作在体验美的过程中渐入佳境。关于人物特征，Taine 被描述为寻宝男孩，Dad 被描述为烘焙店主、鳏夫。外貌特征的描述，对整个剧情的理解和演绎起到促进作用。

（2）第二步：安排场景，呈现结构之美。"Buried Treasure"一文约有 2 300 字，划分场景时，需要在保证情节与文本完全融合的前提下突出重点，通过对内容的取舍，演绎事件的开始、发展、高潮以及结局，并进行合乎逻辑的情境迁移和情感迁移。场景的设计，需要回读、重新构建文本框架以及批判和创新思维。

经过小组讨论和协作，最后确定 7 个场景（见表 4）。整个文本被学生运用借鉴、简化、概括、改写、创新等方式进行加工，完整、恰当地呈现了剧本的结构之美。

表 4　场景设计

编号	场景地点	故事节点
1	入口	开始
2	沙滩	
3	沙堆	发展
4	家中	
5	烘焙店	
6	办公室	高潮
7	车上	结局

（3）第三步，多轮打磨，展示语言重组之美。英语读后续写微剧本需要经历多轮打磨，即阅读—写作、回读—再写作和再读—再写作。在打磨剧本的地方，学生要说明修改的理由和修改后的亮点。例如，场景 7（车上）中 Taine 与 Dad 开车回家时的情景和对话（见表 5）。

表 5　剧本多轮打磨示例

第 1 次阅读后写作	Dad was driving the car while Taine was seated looking ahead Dad: So, what are you thinking about? Taine: I'm thinking, we did find some treasure in the end.
回读后写作	Dad was driving the car while Taine was seated looking ahead and thinking(修改理由:增加思考情节) Dad: So, what are you thinking about? I've never seen you so serious. (修改理由:增加内心世界的外在表现) Taine: I've been thinking(修改理由:用完成进行时表明一直在思考), we did find some treasure in the end, didn't we, Dad?(修改理由:附加问句起到强调作用)
再读后写作	Dad was driving the car while Taine was seated looking ahead and thinking Dad: So, what are you thinking about? I've never seen you so serious. Taine: I've been thinking, we did find some treasure in the end, didn't we, Dad? Dad: What was the treasure then?(修改理由:反诘,启迪进一步思考) Taine: That card really was gold, wasn't it?(修改理由:寻求共识)

表 5 中第三稿较第一稿内容更为丰满。其适度增加了台词，详实地演绎了父子俩的不同心态，完整地进行了情感迁移。这一类的输入与输出的重组，既是剧本写作的需要，也是读后续写微剧本的特征。

（4）第四步：小组展示，彰显合作之美。小组内部的分工协作，可使学生站在不同角度深入理解文本写作手法和语言表达风格,交流写作思路,商榷写作内容和修辞手法。例如,在场景6(办公室)中,对于一段文字的表达,4个小组提出了4种不同的方式(见表6)。

表6 小组展示示例

第1个小组	Val(hand in hand with Adams): So many lovely flowers and trees at the city gardens! And how beautiful our Alice is! Adams: You are beautiful too.
第2个小组	Val(hand in hand with Adams): So many lovely flowers and trees at the city gardens! And how beautiful our Alice is! Adams: You are beautiful too. You are as young as when I first met you.
第3个小组	Val(hand in hand with Adams): So many lovely flowers and trees at the city gardens! And how beautiful our Alice is! Adams: You are beautiful too. You are as young as when I first met you. Val: I hope we can stay together forever.
第4个小组	Val(hand in hand with Adams): So many lovely flowers and trees at the city gardens! And how beautiful our Alice is! Adams: So are you....You are as young as when I first met you. Val: I hope time can stay with us for the moment being. Adams: Me too...

显然,第4个小组的文字表达无论是在语气上还是在内容上,均明显合乎情境和情感逻辑,其表述也呈现出语言的流畅之美和纯正之美。

2. 读后续写微剧本语言之美的教学特点

1) 写作与阅读的交互性——语言融合之美

阅读欣赏——写作模仿——创作回读——反思,反复循环,相互渗透。例如,场景4中关于Taine和Dad走进家门的描写,学生仔细阅读文本后,先进行模仿写作,然后再进行创作,最终的剧本见表7。

表7 写作与阅读的交互性示例

原 文 本	剧 本
Back at home, Dad slid the card into the slot on the laptop and waited for the little wheel to stop spinning.	The second they got home, Dad couldn't wait to slid the card into the slot on the laptop. He was trembling with his hands, excitely for the results.

剧本中"The second they got home, Dad couldn't wait to slid the card into the slot on the laptop."是阅读欣赏后的模仿写作,而"He was trembling with his hands，excitedly for the results. "是回读反思后创作时增加的内容。

2）语言知识与语用能力的契合性——语言羽化之美

语言与语用并不在一个层面上，但是通过实践可以化"知"成"识"。比如，对于"好伙伴"，学生最早的表达都是"good partner"，但通过微剧本的写作，学生学会使用更恰当的"life-long partner"。

3）迁移的复杂性——语言协同之美

读后续写微剧本时要注意：①情节是否与原文本高度融合；②续写的情节是否连贯、合理、符合逻辑。在写作剧本时，原文本仅交代了一句话（见表8）。学生在讨论后，决定据此创设场景。根据原文本，父子俩的这段对话被安排在场景1，正好处于故事的开始，时间上与剧情高度吻合。"下车准备出发"，既符合故事开始的场景，又符合谈话时机，场景和对话内容与原文本高度吻合，完成了情境迁移。此外，对话内容中有关情感态度的表述也与原文的逻辑一致，顺利完成了情感迁移。

表8　迁移的复杂性示例

原文本	剧　　本
Though Dad had offered to take it, Taine carried the metal detector—it was his birthday present after all	（下车准备出发） Dad: Hey, boy, could I carry the detector for you? Taine: Thank you, Dad! But I think I could manage it myself. Anyway, it's my birthday present. Dad(无奈): OK, as you like!

4）从模仿到创新的递进性——语言运用之美

从模仿到创新是学生的必经之路，所有学生都会自觉或不自觉地模仿文本中的写作方式，如词语的选用、修辞手法的运用等。

表9中的内容脱胎于原文本，其模仿痕迹明显，无论是语气还是修辞手法都受到了原文本的锚定和启发。模仿呈斧凿之美，虽然略显稚嫩，但是学生写作初期的常态，也是后期创作的基础。掌握了模仿手法，学生就可以开始创作。而剧本的写作，需要通过情境或语境的创设来完成延伸。比如，在情感设置中，根据情境的不同，学生设计了不同的语气，仅仅在场景5（烘焙店）中，当Taine和父亲与Adams见面时，就先后使用了"热情""困惑"和"认真"3种语气。又如，在场景4（家中）中，为了呈现相机中数码照片拍摄的情景，学生设计了如下台词。

表 9 场景 2(沙滩)中的部分内容

原 文 本	剧 本
"The mystery of the bag in the sand might soon be solved, Watson." he said in his best British detective accent. Taine smiled; he had to admit, he was starting to get a little interested himself.	Dad: The mystery of the bag in the sand might soon be brought to light, Watson. Taine (smiling): So exciting... I'm getting a little interested now.

Dad: Look, it's opening... opened now!

Taine: So many files! Oh, holiday snaps, of an elderly couple!

Dad: So they are!

Taine: A coala bear! It's so lovely in the old lady's arms...

Dad: Yes, this is by the sea, and this against the railing of a large ship.

Taine: They are standing in front of a shark...

事实表明,随着微剧本的持续创作,学生能够充分体验创作之美,他们的创新意识变得更强,创作兴趣变得更浓厚,创作效果变得更好。

三、反思

(1) 小组合作应体现担当之美。小组成员不但要坚持做好自己的任务,还要敢于对剧本中其他成员的工作提出自己的意见。

(2) 教师角色应展示多重身份之美。实践中,教师既是引导者,也是指导者,还是鉴赏者。剧本的写作既需要学生的全身心投入,也需要教师的全方位推动。教师要引导学生思考,指导学生写作,站在欣赏者的角度给予学生鼓励和信心,促进他们持续地进行读写学习活动。

(3) 文本应体现主题之美。在课堂教学中,教师应以意义探究为引领,挑选合适的语篇,为拼读、阅读与写作教学提供良好的情境和内容主题,创设关联融合的教学活动[5]。因此,开展读后续写微剧本实践时,要结合学生身心特点,选用合适的题材,以充分调动学生的探究热情和学习主动性。

(4) 结合表演,挖掘韵律之美。创作微剧本时,可以利用排练,并根据表演的需要,对剧情起伏、语言特点和语音特征做出适当的调整,以便展示语音、语调之美。

四、结语

利用英语文学性语篇开展读后续写微剧本教学活动,通过语篇内容之美的再现、主题语境之美的呈现、学习之美的展现以及创新之美的发现,使学生在自主思考、探究、反思的同时,积极参加对语言之美的挖掘、发现、品鉴、模仿和创造等活动,达成语言之美的协同、融合和羽化,有效促进了英语写作水平的不断提高。

参 考 文 献

［1］中华人民共和国教育部.普通高中英语课程标准(2017 年版 2020 年修订)［S］.北京:人民教育出版社.

［2］郭华.深度学习及其意义［J］.课程·教材·教法.2016.(11):25 - 72.

［3］程浩·张光陆.深度学习视角下的高中英语读后续写教学［J］.中小学英语教学与研究,2021.(6):49 - 52.

［4］王初明.读后续写何以有效促学［J］.外语教学与研究.2015.(9):753 - 762.

［5］王蔷.在英语教学中开展读写结合教学的意义及实施途径［J］.英语学习.2020.(5):26 - 32.

高中英语阅读教学之美育探究

蔡思玮

摘　要　在高中英语课堂的教学过程中不仅要注重学生语言能力的提高,还要注重美育教育。本文将主要针对高中英语阅读教学中如何进行美育渗透,分别从主题、语言和思维三个方面出发,结合具体的教学案例,阐述高中英语阅读教学中的美育教育。

关键词　美育渗透　阅读教学　主题美　语言美　思维美

英语作为第二语言,在其习得过程中,阅读大量语篇极其重要。尤其是高中英语,应该重点进行大量的针对性阅读训练。在进行阅读训练的过程中,教学不能仅仅限制在文本的学习上,而应进行美育的渗透。《普通高中英语课程标准(2017 年版 2020 年修订)》指出学生应通过学习语篇所承载的文化和价值观等具有深刻内涵的内容,学会欣赏语言和语篇的意义与美感,丰富生活经历,体验不同情感,树立正确的世界观、人生观和价值观。因此,在英语阅读教学中,老师可以文本为载体,有目的地进行美育指导,将其渗透在学生的学习过程中,从而达到培养学生正确的审美观,以及提高他们对美的鉴赏能力和创造能力的目的。

一、设计趣味活动,感知主题之美

《新世纪高中英语》以 theme-based 为特点,寓美育于英语教学之中。整套教材密切联系学生的实际生活,具有时代气息,不仅符合学生的知识水平和心理发展水平,而且提供了趣味性较强的内容和活动。下面以高二英语新世纪教材的"Unit 4 Body language"为例介绍教学设计。

(1) 导入部分。在导入部分笔者设计了关于"body language"概念的英语介绍,但是课后发现,虽然这个设计能体现教师扎实的功底,但是学生毫无兴趣。因此,修改了这个教学活动,舍去了这部分内容并展示了 3 幅图片,让他们猜测图片中人物当时的情绪,以问答形式进行,具体如下。

① Is the old man in picture 1 happy or unhappy? How can you tell? Why?

② Do you think the young man in picture 2 is giving a successful lecture? Why do You think so?

③ In picture 3, what are the two students going to do? Are they worried or confident? How can you tell?

实施下来，效果非常好，这个活动不仅引起了学生的兴趣，而且使学生对"body language"有了大概的了解。

（2）词汇学习。在第一次上课时沿用了一贯的词汇教学模式，即将所要学的单词一一列出，然后逐一解释其含义和用法，并且要求做笔记。但是出现了2个问题：①部分认真学习的学生虽然上课时认真做了笔记，但是课后检测是否掌握了这些单词的时候发现，大部分单词并没有记住；②个别学生由于来不及做笔记，结果也没有掌握所教词汇。在第二次上课时，笔者将这一教学过程改成了游戏形式，舍弃了教单词的用法，而是注重单词含义的理解和记忆，让学生在讲台前做出教师所给单词的动作，其他学生在下面猜是哪个单词。这一教学形式有助于活跃课堂气氛，不仅能引出本课的主题，还能预习新课的单词，引起学生的兴趣，激发他们的学习积极性。

（3）词汇运用。在教学活动设计上，在课前布置学生通过查字典的方式自学本课所有的生词和主要短语。在课堂上以小组交流的形式，让学生相互学习。结果发现，这样的设计有助于培养学生迅速获取和利用信息的能力，以及自我学习能力。

（4）课文学习。如果由教师来介绍身体语言背景资料，就会出现课堂沉闷、学生学习兴趣不高的问题。可以将班级分成几个小组，并安排好每个学生的分工，以小组形式，通过 PPT 展示，让学生介绍不同国家的身体语言。合作学习和小组展示有助于加深学生对课文的理解，让学生了解外国文化，提高学生学习英语的兴趣。另外，还可以设计学生 scan（跳读）课文这一教学环节，目的是让学生有目的地进行阅读。

二、梳理词句，品味语言之美

在英语阅读过程中，教师可以帮助学生梳理作者用了哪些语言进行描述，如动词、形容词等；引导学生从语言的角度解读文本，让学生深入了解文本的语言特色，如词汇特征、语法特征、句法特征等。这不仅会给学生带来美好的情感体验，也有助于学生更好地理解作者真实的写作意图，从而为语言输出作好铺垫。下面以高二英语新世纪教材的"Unit 5 Why Did I Quit Hunting"为例进行教学设计。在阅读第二课时,设计了以下问题。

① What did the hunter prepare for hunting?

② Which two sentences in Para G and Para H describe the look of the deer?

③ What will animals usually do when they sense that there are hunters around? (run away↔come towards, walk right up to)

④ Use two verbs to describe the pictures (scratch, poke——not tremble, the signal of the love). What did the author feed the deer? Does a deer usually like it?

这个教学活动的目的是让学生能够通过问题从文本中找到相应的词句,从而体会作者的写作意图。同时,笔者设计了表1来帮助学生更好地梳理词句,让他们能够更深入地了解语言特色。

表1

paragraph	action	thoughts and feelings
C	be crazy about the hunting season could hardly wait for...	excited be eager to hunt
D	an excitement comes over you show off with the boys	thrill be proud of hunting
E	filter through (the beauty in the woods)	peaceful, joyful
F	...	...
G	...	...
H	...	...
I	...	...
J	...	...

好的英语阅读文本具备语言的形式美。教师应基于文本,引导学生品味具有审美价值的重点词汇,发掘文本的形式美和字里行间的意蕴美,感受文字所传达的情感和风格,品味语言之美。

三、进行递进式提问,激发思维之美

《普通高中英语课程标准(2017年版2020年修订)》将思维品质作为英语学科核心素养之一。在英语阅读过程中,教师可以设计不同层次的问题,激发学生

进行思考,使学生体会思维之美。下面以高二英语新世纪教材的"Unit 4 Additional reading 'Ryan, His Friends, and His Incredible Torch Run'"为例进行教学设计。

在导入部分,首先通过问题"What do you think of the friendship?",引起学生的兴趣,鼓励他们积极思考,然后引入课文题目。在课文学习的第一部分,设计了如下一些问题:

① Who are the characters in Paragraph A?

② What's the relationship between them?

③ Is there anything special about Ryan? How do you know that Ryan is disabled?

④ Where did they meet?

⑤ Where did Ryan sit?

⑥ Why did Ryan sit in the front? From this sentence, what kind of person is Ryan?

⑦ When did they start their friendship? From the word "cheerfully", what kind of person is Ryan?

上述问题层层递进,能够激发学生进行思考,充分调动学生的学习积极性。

在设计阅读环节时,先预测学生可能会给出的问题答案,然后根据学生的回答使问题层层深入,一环扣一环。

① When did the highlight of their friendship come?

student: He would begin his Olympic torch run.

② What did Ryan ask me to do?

student: He asked me to hold the flag that would mark the spot where he would begin his Olympic torch run.

③ Why did Ryan choose me to hold the flag?

student: Because the Olympic committee sent a letter saying that the person that holds the flag must be someone important to him, and he believed that I was important to him.

④ Why did Ryan think "I" was important to him?

student: Because Ryan think I was the only true friend he had ever made that talked to HIM and not to his wheelchair.

⑤ What does the capital-letter "HIM" imply?

student: The capital-letter "HIM" implies the meaning of _____ respect _____ and _____ equality _____.

问题①到问题⑤的设计是相互衔接,逐步递进能够激发学生进行深入思考。此外在文章每个部分的学习中,教师要求学生通过句子或单词能够体会出 Ryan 身上的一些品质,又设计了 what kind of person is Ryan? 这个评价反思类的问题,这个问题贯穿全文的阅读过程,使这节课的学习成为一个有机整体,提高学生对文章的整体认识。在拓展课的活动中,教师设计的问题是 How do you treat the disabled/your friends/your classmates/teachers…in your daily life? 这个问题能够鼓励学生发表自己的见解,陈述自己的观点,培养学生的思维分析能力。

教师根据文本特点,结合学情,可以设计不同层次的事实性问题或具有思辨性和开放性的问题,能够激发不同水平的学生深入体会思维,体会在思维过程中的美感,促进学生思维品质的发展。

《普通高中英语课程标准(2017 年版 2020 年修订)》明确提出,英语课程应帮助学生树立人类命运共同体意识和多元文化意识,形成开放包容的态度,发展健康的审美情趣和良好的鉴赏能力。因此,教师应专研教材文本,并结合学生学情,从主题、语言和思维等不同角度,在设计教学活动的过程中实现美育渗透,实现"以美促学",培养学生学习英语的积极性,提升学生的学科核心素养和阅读能力。

参 考 文 献

［1］曾繁仁.美育十五讲[M].北京:北京大学出版社,2012.

［2］中华人民共和国教育部.普通高中英语课程标准(2017 年版)[M].北京:人民教育出版社,2018.

［3］李萍.如何在中学英语阅读教学中渗透美育[J].北京教育(普教版),2022,(2):92-93.

［4］刘爱萍.英语教学中的美学欣赏[J].课程·教材·教法,2006,26(9):48-51.

将美育融入高中英语学科教学之初探

金军俊

摘　要　英语课堂教学易重知识传授而忽视美育的渗透。然而美育对学生的人生观、价值观、世界观都有重要，将美育融入高中英语教学需要教师利用好教材，在课内外采用适宜的教学方法，组织丰富的教学活动，以帮助学生感悟美、鉴赏美和创造美，最终提高学生的学科核心素养。

关键词　美育　高中英语教学

《普通高中英语课程标准（2017 年版 2020 年修订）》明确提出，普通高中英语课程应帮助学生树立人类命运共同体意识和多元文化意识，形成开放、包容的态度，发展健康的审美情趣和良好的鉴赏能力。因此，教师需在英语课堂中发展学生的审美能力和审美情趣，让学生获得审美体验，从而实现英语课堂的美育目标。

一、美育融入英语教学的意义

美育是通过培养认识美、体验美、感受美、欣赏美和创造美的能力，使我们具有美的理想、美的情操、美的品格和美的素养[1]。《中国高考评价体系（2020）》中关于道德品质和综合素质的指标内涵表述力：具有高雅的审美情趣和良好的审美意识，在生活中能够感受美、鉴赏美、创造美。英语学科与文学、美学相互关联，具有工具性与人文性的双重性质。教师如果在教学中只关注学生的语言技能，把学生培养成机械的语言学习者，而不能使其通过语言学习认识语言之美、感受生活之美和欣赏艺术之美，那么英语学科的核心素养也就无从谈起[2]。

美育融入英语教学的意义就在于使学生在掌握英语的同时实现心智、情感与价值观的发展和综合人文素养的提高。因此，把美育融入英语课堂，在传递英语学科知识的同时兼顾美育，充分实现英语学科美育育人价值的理念非常必要。

二、美育融入高中英语教学的途径

1. 教学模式

将美育融入高中英语教学需要教师利用好教材,在课内外采用适宜的教学方法,组织丰富的教学活动,以帮助学生感悟美、鉴赏美和创造美,最终提高学生的学科核心素养。

2. 运用方法

1)挖掘教材,引导学生感悟美

苏霍姆林斯基认为美育最重要的任务是教会孩子从大自然、艺术、人们关系的美中看到精神的高尚、善良、真挚,并以此为基础确立自身的美。英语教材不仅是课程资源的核心部分,而且蕴含了巨大的美学资源。教师通过挖掘教材,并创设相关情境,不仅能帮助学生感悟美,而且还能提高学生的语言能力,进而培养学生的学科核心素养。

(1)利用内容之美。

《高中英语(上外版)》教材主题语境包括人与自然、人与社会和人与自我,涉及自然科学与人文社会科学领域等内容,提供了丰富的"美"的话题和语境。

有些教材内容含有显性之美。必修第二册 Unit 1 Nature Reading B: The Beauty of Nature 语篇的主题意义是让学生对自然充满感恩,学会欣赏自然之美,从而更好地保护环境。使用含有显性之美的语篇材料进行教学能提升学生对自然的欣赏能力,也可以培养学生的想象力。必修第三册 Unit 2 Art and Artists 整个单元介绍了齐白石、梵高、鲍勃迪伦三位艺术家的艺术形式和艺术风格。单元教学能让学生领悟艺术家所表达意境之美,提高其艺术审美能力。

教材中还不乏提高学生社会审美的内容,即社会生活中的美,包含人性美、人格美、心灵美和行为美。必修第三册 Unit 1 Road to Success Reading A: Stay Hungry Stay Foolish 语篇是乔布斯的一次演讲。通过介绍自己青年、中年、老年三个阶段的不同人生经历,他传递给听众成功的三个真谛。"Stay Hungry Stay Foolish"概括了其贯彻一生的成功之道。乔布斯用他的人格魅力征服了我们。选择性必修第一册 Unit 2 Volunteering Reading A: Growing Up While Making a Difference 语篇的意向是帮助学生体会和学习志愿者精神。通过阅读,学生能感悟博爱、互助、责任感等人类的行为之美,最终他们也将体现在行动中。

有些教材内容所含的"美"相对隐性,需要教师引导学生去发现。必修第三册 Unit 3 Healthy Lifestyle Reading A: Take Care of Your Health 一篇引导学生概括不同健康生活方式的特点，掌握关于不同健康生活方式的观点，从而提升学生养成健康生活方式的意识。此外，文化有着巨大的魅力，隐含着无限的魅力。结合教材中的文化进行教学也能提升学生审美欣赏能力和价值判断能力，从而将美育的作用充分地发挥出来。必修第二册 Unit 3 Food 整个单元从典型食物、餐饮器具、餐桌礼仪等不同维度介绍了法国、中国、印度的饮食文化。中西文化的互渗和对比分析能培养学生国际视野与国家情怀，同时也能让学生在感受东西方文化巨大差异中感受文化之美。因此融入美育的教材能净化学生的心灵，培养学生良好的品德，增进学生身心健康发展。

（2）品味文本语言之美。

《高中英语（上外版）》一大亮点是每个单元封面有一句与单元主题相关的名人名言，除了对主题更有说服力、权威性，也增强文采美和文化含量。选择性必修第一册 Unit 1 Learning for Life 单元名言是 Real knowledge Is to know the extent of one's ignorance. —Confucius。同一册 Unit 2 Volunteering 单元名言则是 You make a living by what you get, but you make a life by what you give. —Winston Churchill。孔子与丘吉尔的名言语言精炼，既突出了单元中心又富有启发，让学生感悟语言中所蕴含的无限智慧之美。

教材使用的语句精辟，不仅将单词运用到了极致，其韵律、修辞更令人回味无穷。必修第二册 Unit 1 Nature Reading B: The Beauty of Nature 语篇最后一段运用了排比的修辞手法和细节描写。"When we wake and see a sunrise, when we walk and feel a breeze, when we gaze at the mountains and the splendor of the seas, when we see the earth renew its beauty at each season of the year and when the stars shine at night, we should be thankful to nature for giving us all these wonderful and miraculous things."此段本文描绘了人与自然和谐共处的美丽图景。优美的语言给读者以美的享受，也有力地传达出作者的情感倾向，点明人类应该对自然充满感激，学会欣赏自然之美。必修第三册 Unit 4 Sports Reading A: Open Love Letter to Basketball 一文是篮球巨星乔丹在退役时写给自己所热衷的篮球运动的一封信。这封信采用了拟人的修辞手法，将篮球比作自己所追求的一位姑娘，表达了乔丹对篮球运动的一往情深。拟人的手法读来形象生动。学生在美妙的修辞手法的引领下深深地体会乔丹的持之以恒和不畏失败的体育精神。

（3）利用丰富的多模态教学形式。多模态教学就是通过各种手段来刺激学习者的感官。多模态理念下的课堂注重传统书本之外的听觉、视觉模态，以及多维度感觉模态的多模态符号的存在。《高中英语（上外版）》教材的听看部分提供了不少多模态的教学材料,调动学生多个感官感受"美"。必修第二册 Unit 1 Nature 的听力部分为一首展示自然之美的歌曲"What a Wonderful World"。学生通过听的通道提高审美情趣,陶醉在音乐之中。

教学中教师也可以根据教材适当地引入媒体视频,从而对文本进行视频化处理,增强学生阅读过程的直观性与生动性,以此帮助他们更好地感知阅读文本中的美育元素,提升他们对美的感知水平。必修第三册 Unit 4 Sports 的 Grammar 部分,其导入内容为篮球巨星科比在退役前拍摄的自传电影"Dear Basketball"的一段介绍文字。学生先观看视频"Dear Basketball"有助于他们更好地读懂作者情感变化的来龙去脉,引导他们发现并理解篮球带给参与者的影响和变化,从而理解体育文化中人们共同追求的体育精神之美。

总之教师要有一双善于发现美育元素的眼睛,深入挖掘教材中的美育元素,培养学生感悟美的意识。

2) 激发情感,鼓励学生鉴赏美

开展英语教学时,教师也需要培养学生对美的鉴赏能力,让学生明白什么是美。为增强学生对美的鉴赏能力,教师可以开展改错、自评和互评、讨论与辩论等形式的课堂教学活动,让学生对英语学习产生兴趣,以积极阳光的心态来学习英语。

讨论环节能让学生在自我表达思想与情感中不断提高思辨之美。在必修第三册 Unit 1 Road to Success Reading B: Malaria Fighter's Path to Nobel Prize 的学习中,学生了解到中国首位诺贝尔医学奖获得者屠呦呦的生平事迹和研究过程,也具备运用已学知识和准确分析问题的能力。读后拓展型活动的开展必须调动学生多维度的思维,促进其深度学习。"What led to Tu's success in finding the key to treating malaria?"的讨论题以阅读为基础,引导学生对屠呦呦成功的因素进行思考和总结。在论述中学生能更好地鉴赏了屠呦呦长期艰苦研究工作的毅力。

利用好评价环节能帮助学生更好地鉴赏美。在上写作讲评课时,教师可以品评学生习作中的闪光点,增强他们的写作积极性。写作讲评课后,教师可以让学生结合本次习作的要点设计一份自评表以帮助学生进行自评与反思,让学生能根据相应标准来评判自己习作的优缺点。这个过程能让学生明确自己习作的修改方向,鼓励学生在自我体验与探究之中鉴赏美。

3) 结合体验,帮助学生创造美

英语教学中,除了要引导学生感悟和鉴赏美之外,还要让学生体验创造美。英语课程改革也倡导体验、实践、参与、合作与交流的学习方式,发展学生的语言运用能力。因此,教学中的美育激发学生的创作灵感,让学生体验创造美。

这种创作,不必完整的故事和篇章,一句话的模仿,几句话的小诗,小说片断的续写等等都是美的创作、美的传递。在学习同位语从句时,教师可以引导学生鉴赏马丁路德金的著名演讲 I Have a Dream 之后,再组织学生模仿写作,将感知到的、体验到的美进行合理表达。使用"I have dream that..."的句式仿写三到四句同位语从句,并根据梦想的中心加一个标题,最后添上结尾句,一首小诗就应运而生了。

除了课堂练习外,教师还可以组织丰富多彩的课外竞赛活动,让学生在课余时间也能接受英语教育、美育教育,促进学生全面发展及提升。教师可以组织学生进行英语书写比赛、单汇大比拼、英语歌曲或者影视配音、主题海报或者主题写作竞赛等等。英语的书写美、影视中诙谐幽默的片段、旋律优美的英语歌曲等,均可以作为"美育"思想的渗透点。多样化比赛活动最终能激发学生英语学习兴趣,有效提高学生英语运用及表达能力,让学生在创作过程中提高美育水平。

三、结语

苏霍姆林斯基说:"美是一种心灵的体操,它使我们精神正直、良心纯洁,情感和信念端正。"英语课堂中的美来自语言、艺术,也来自人性的光辉。采取理解感悟、情感诱发和升华创造的方式将能美育渗透到英语教学中,能将知识传授与美感体验结合起来,实现英语学科美学育人价值的理念,以美求真,以美激情,以美育人。

参 考 文 献

[1] 姜晓平.高中英语新教材中的美育教学初探[J].新世纪智能,2021,(98):45-48.
[2] 李书梅.新课标背景下高中英语阅读教学中美育渗透策略探究[J].中学生英语,2021(4):75.
[3] 教育部考试中心.中国高考评价体系[M].北京:人民教育出版社,2020.
[4] 中华人民共和国教育部.普通高中英语课程标准(2017年版2020年修订)[M].北京:人民教育出版社,2020.

基于英语学科素养，生成以美育人价值

丁　舒

摘　要　对于在高中英语教学中实现美育渗透，笔者进行了一定的实践，即以课文文本为载体，挖掘教材的美育元素，让学生从文本中感受人性之美、多元文化之美、艺术之美、自然之美等，在思想道德上获得良好的熏陶，养成良好的思维品质和高尚的人格。

关键词　高中英语教学　美育渗透　育人价值

英语学科的核心素养包括语言能力、学习能力、思维品质和文化品格，现在所提倡的核心素养和过去所说的三维目标相比，突出了思维品质的培养和文化的渗透，以及学科的育人价值。在学校提出的"向美而行，以美育人"理念的引领下，教师应积极探索如何在教学中渗透美育内容，使学生感悟美与体验美，激发学生学习英语的兴趣，实现英语学科的育人价值而英语学科"育人"的抓手是英语教材文本。

一、发现教材之美，挖掘英语美育教学源头活水

教育家蔡元培曾说："学校所有的课程，都与美育有关。"英语学科同样包含着丰富的美育资源。作为英语教师，在教学时应注重渗透美育，引导学生以美求真，实现以美育人，而不只是局限于归纳课文的知识点、总结语法规则，应充分挖掘教材的美育元素，让学生从文本中了解不同国家、民族和社会的文化背景和差异，感受人性之美、多元文化之美、艺术之美、自然之美等，了解社会、了解世界，在思想道德上获得良好的熏陶，养成良好的思维品质和高尚的人格。

1. 人性之美

在所有美的要素中，人性之美是最璀璨、最闪耀的。走进上海新版英语教材，它在我们面前展现了丰富多彩的世界，宛如一幅幅美丽的画卷，讲述着一个个感人的故事。比如在面对困难和挑战时，如何坚持不懈，最终取得成功的经

历。这些故事传递了坚持和毅力的力量,鼓励学生勇敢面对困难,不放弃追求自己的梦想。选修必修二教材第一单元主题是"Scientists",Reading A 的语篇内容介绍的是生物学家钟扬长期致力于生物多样性研究和保护,他为中国的科研事业、教育事业奉献了有限的生命。我们在第一课时的导入环节,给学生播放了一个英文视频,通过视听,让学生了解钟扬工作的辛苦及其不畏艰难、勇于拼搏的品质,激发学生想进一步了解钟扬的事迹的兴趣及动力。在深入分析文本的过程中,通过设问 What qualities do you think Zhong Yang had as a scientist and educator? 让学生从 persistent and hardworking(坚持不懈及勤奋)、courageous and adventurous(胆量、冒险)、humble(谦虚)、selfless(无私)、farsighted(远见)等方面体会科学家钟扬的勇于奉献的可贵品质与崇高精神,遭遇的困难及其应对困难的态度,鼓励学生形成积极作为、踏实勤奋和努力钻研的学习态度,以及为人类奉献的精神品质。我们不仅仅局限于教材,课后还补充一些阅读材料如介绍邓稼先、屠呦呦等科学家为了中国的科学事业而奉献的光辉事迹,引导学生们体会科学家所遭遇的困难以及让学生们思考应对的困难所需的重要品质,帮助学生更深入地理解科学家工作的特点与所应具备的品质,从而去发现闪耀在伟大品格中的光芒,发现他们精神里蕴藏着的人性之美。

2. 多元文化之美

语言是文化的载体,也是文化的一部分,在教学中要注意培养学生的跨文化交流能力,引导学生了解东西方国家的历史文化、风俗习惯、语言等,增强学生对文化差异的敏感性,体会多元文化之美。例如,为了让学生了解世界语言多样性的重要性,笔者在上课时播放了音频"saving critically endangered languages in Australia"、视频"why should students learn foreign language"及引导学生阅读了文本"The Shanghai dialects struggle to survive in Shanghai",据此向学生介绍不同文化中的语言及保护濒危语言的意义,加强学生对世界文化的理解,拓宽学生的文化视野。我设计了一个活动,将学生分组,并且布置给每一个小组一个不同的探究主题,要求每组同学选择一种语言,在网上搜集所选择语言的相关信息,包括该语言的历史、现状、现状背后可能的原因、保护措施,在课堂上进行小组交流,引导学生了解全球化背景下进行跨文化认知,了解文化及语言的多样化,尊重文化及语言的多样性,学会欣赏多元文化所传递之美,体现出了英语学科核心素养中"培养文化意识"的要求和价值取向。

3. 艺术之美

说到艺术,就不能不提音乐,音乐的美育作用不可忽视。音乐可以表达人的喜悦、痛苦和忧伤,陶冶人的情操,抚慰人的心灵,发掘人内心深处的真善美,让生活变得更加丰富多彩。在开设英语兴趣课或拓展课,可以向学生介绍各种不同风格的音乐,如古典、爵士、摇滚、说唱、民乐等,促进学生对音乐的理解和体会,加深对音乐的认知,逐渐提高学生的音乐修养。

众所周知,英语诗歌语言优美,韵律感强,文化内涵丰富,且渗透了大量的英语语言文化知识及文化底蕴,可以引导学生欣赏英语名诗,培养学生的审美情趣及鉴别美的能力。例如,在诗歌"Excerpts from Stray Birds"中,可引导学生欣赏短小优美的语句,如"Stray birds of summer comes to my window to sing and fly away. The birds wishes it were a cloud. The cloud wishes it were a bird. The clouds stood humbly in a corner of the sky. The morning crowned it with splendour"。泰戈尔所运用的都是直观的词及简单的句式,没有华丽的语言,却有着丰富的想象力。他用朴实无华的语言,孩子般的视角,简单却精妙的手法,以及古典英语的独特气息,营造出一种富有诗意的环境。而朗诵是感受诗歌语言美的最好的方式,在进入诗歌鉴赏环节之后,可让学生以小组形式进行诗歌朗诵,并配上背景音乐,使学生在舒缓的音乐中感受诗歌的独特魅力及意境之美。

4. 自然之美

我们还可以利用自然美作为美育的重要途径和手段。高一第一册第一单元主题群为"自然生态"和"环境保护"。课文 Reading B 是一篇散文,作者从自己细致入微的观察和感受出发,向我们传递不仅要保护自然也要懂得欣赏 the beauty of nature,其主题意义需要我们教师引导学生对自然充满感恩,学会欣赏自然之美,从而更好地保护自然。在 Critical Thinking 板块,导入环节,可以向学生介绍李白的《望庐山瀑布》这首诗,The sunlit Censer Peak exhales incense-like cloud; like an upended stream the cataract sounds loud. Its torrent dashes down three thousand feet from high; as if the Milky Way fell from the blue sky……通过英—中翻译的配对,让学生们找出诗歌中描绘的自然场景以及作者想表达的思想感情。我们还可以要求学生在网上通过查阅资料,以小组为单位,在班上进行交流,让班级同学来了解并分享中外诗歌、歌曲中自然景物的描绘。教师在引导学生通过美文欣赏,不仅感受文字之美,还要悟出自然能给我们带来什么样的美感享受,同时我们应该对自然充满感激以及懂得欣赏自然之美的重要性,从而更好地保护自然。美的要素在英语教学中无处不在,关键是要利用好这些美的内容对学生进行美育,培养学生具有认识美、欣赏美、爱好美和创造美的能力。

二、结语

英语教师，是美的探索者，同时更应该是美的体验者和传播者。我们老师通过在英语教学中融入美育元素，培养学生的审美能力、情感态度和人文素养，全面提高学生的英语核心素养和育人价值。

参 考 文 献

［１］秦飘玲.浅谈英语诗歌教学中的美育价值——以《A Red Red Rose》的诗歌教学为例［J].校园英语,2019(29):180.

以学科之美唤起学生心灵之美
——高中英语上外版新教材中的美育渗透路径探析

陈 蕾

摘 要 新教材对高中英语教学提出了新的挑战,要求将美育渗透到英语教学之中,挖掘英语学科的育人价值,培养学生的多元文化意识、审美情趣、鉴赏能力等。本文从"识美""爱美""创美"三个维度进行阐述,对如何将美育渗透到高中英语上外版新教材教学中的途径进行分析。

关键词 高中英语 新教材 美育渗透

美育在学科育人中占据着重要地位,是学科育人的核心环节。美育一般指通过自然美、艺术美与社会美的途径,在潜移默化中对广大人民特别是青年一代进行情感的陶冶、健康审美力的培养与健全人格的塑造。《普通高中英语课程标准(2017年版2020年修订)》明确提出,英语课程应帮助学生树立人类命运共同体意识和多元文化意识,形成开放包容的态度,发展健康的审美情趣和良好的鉴赏能力。因此,在高中英语教学中,教师必须加强对学生的美育教育,在课堂教学中尽可能地融入美育,充分挖掘语篇的育人价值,在教学中以学科之美唤起学生心灵之美,让英语课堂充满生命力,让学生通过学习赏析文本的语言美和理解相关主题的内涵美,激发学生对美的思考,进而用英语诠释美、创造美。

一、新教材中的美育渗透路径探析

1. 培养学生欣赏美——"识美"

高中英语上外版新教材在《英语(新世纪版)》的基础上进行了较大的突破和创新,融入了新的指导理念,采用了新的单元结构,涵盖了新的内容特征。新教材的主题语境涵盖人与自我、人与社会和人与自然。通过教材中不同主题语境下的语篇,可以培养学生的多种审美能力:自然审美力、社会审美力和艺术审美力等。

自然审美是指作者通过把精选的大自然美景与自己的主观感受相结合，创造出一篇篇文章，其体现了自然美。通过阅读这些文章，学生可以提升对自然美的鉴赏能力，同时可以培养作为读者的想象力。例如，必修第二册的"Unit 1 Nature"旨在从不同角度引导学生欣赏自然之美，感受人与自然的和谐关系，树立环境保护意识。

社会审美即审社会生活中的美，包括人性美、人格美、心灵美、行为美。例如，必修第三册的"Unit 1 Road to Success"旨在通过介绍成功人士的成长经历和他们的励志故事，引导学生勇于追求内心的梦想并为其努力奋斗。必修第三册的"Unit 3 Healthy Lifestyle"通过比较，分析了不同健康生活方式的特点，旨在提升学生的健康生活意识等。

艺术审美是指作者把现实中的事物用美的艺术形式表现出来，是作者主观审美意识和客观形态的集中体现。例如，必修第三册的"Unit 2 Art and Artists"通过介绍艺术家的生平、艺术作品、艺术风格以及社会影响力，使学生了解艺术作品的象征意义及其传递的文化信息。除了相关主题语境外，多模态语篇也是培养学生艺术审美力的一个绝佳途径。

2. 引导学生追求美——"爱美"

除了通过相关单元主题语境展现美的元素，提升学生的审美鉴赏能力外，教师还应通过各种教学活动和教学环节的设置，激发学生对美的热爱以及对真善美价值取向的追求。

一方面，要引导学生体验并思考中华优秀传统文化，同时加深对世界多元文化的了解与认识。上外版新教材的每个单元都设有"Culture Link"板块，旨在介绍各种文化知识，如上海的石库门建筑、世界的濒危语言、阿米什人和他们的科技发展情况等。教师应利用好这一板块，同时应设计学习理解、应用实践和迁移创新三个方面的从低阶到高阶的教学活动。例如，必修第一册中"Unit 2 Language and Culture"的"Reading B"讨论了英国人在美国碰到的由美式英语引起的误会和困扰。在导入环节，教师展示了一封信，通过让学生猜测是英国人还是美国人写的，展示了英式英语和美式英语在词汇表达上的不同，激发了学生学习课文的兴趣，也为学生理解语言和文化差异，进而讨论如何正确看待文化内部和跨文化交流中遇到的各种问题奠定了基础。又如，必修第三册中"Unit 2 Art and Artists"的"Reading A"介绍了近现代中国绘画大师齐白石的艺术作品及影响力。在读中环节，教师充分利用图片等多模态资源辅助教学，通过展示齐白石的《清平福来》图以及向学生提问"What subjects can be found in Qingping Fulai?"及"What are the symbolic meanings of the subjects in Qi's paintings?"

帮助学生理解齐白石作品的寓意及其传递的文化信息。总之，文本阅读活动要对其美育价值进行挖掘，引导学生尊重不同国家与地区的文化，这有助于他们健全的世界观和人生观的形成。

另一方面，要对生活中的真善美进行挖掘，帮助学生树立符合社会主义核心价值观的审美观念，实现完美人格的构建。例如，必修第一册中"Unit 1 School Life"的"Critical Thinking"板块要求学生利用思维导图回顾单元内容，梳理整个单元所涉及的来自师长、父母及他人的关于高中生活的建议。课后，教师又布置了如下作业：根据课堂上生成的思维导图，利用通过该单元学到的词汇以及语篇知识，以女儿的身份，给"Reading B"中的妈妈写一封回信，内容需包含但不局限于高中生活中可能遇到的问题以及可行的解决办法。通过梳理和作业，助力学生尽快融入高中生活，促进其身心健康成长。又如，在必修第二册"Unit 1 Nature"的"Reading A"教学设计中，教师首先通过图片和名人名言"Nothing in nature is unbeautiful"引发学生对"美"的思考。随后通过生物链图表，引导学生了解自然界中的生态平衡，认识事物普遍联系之美，并思考语篇想要传递的更深刻的意义——保护自然生态平衡。再如，在选择性必修第二册"Unit 3 Charity"的"Reading B"教学中，教师通过引导学生梳理贯穿语篇始终的情感信息，让学生知晓日常生活中一个小小的爱心举动都会带给他人温暖，甚至会改变他人的不良情绪，启发学生从身边的小事做起，传递爱心。这些设计有助于学生树立正确的人生态度，能很好地帮助他们塑造良好的品格，提升他们的人生境界，帮助其建立正确的人生观和价值观。

3. 鼓励学生诠释美——"创美"

在"识美""爱美"的基础上，上外版新教材还注重激发学生的创新意识，鼓励学生以个人或小组为单位对美进行多维度的诠释和实践，在活动过程中体验乐趣，表达自己的情感态度，创造出独特的学科之美。例如，上完必修第一册的"Unit 2 Language and Culture"单元的说写融合课后，教师要求学生以小组为单位查找汉字的文化背景，通过举例、解释、引用等方式撰写扩展句，按合理的顺序展开形成段落，并制作课件，口头介绍一个有趣的汉字。学生对这项任务充满热情，他们合理分工、积极准备，从汉字的由来、汉字在不同语境中的意义、汉字在成语俗语等中的应用等方面介绍了"火""行""省""和""过"等多个汉字。然后教师利用评价表对每组的介绍进行了评价，较好地激发了学生学习英语的积极性和热情，加强了学生的民族自豪感和认同感，坚定了他们的民族自信心和文化自信。又如，针对必修第二册中"Unit 1 Nature"的"Listening"部分，教师让学生听英语歌《What a Wonderful World》并填写歌词。无论是动听的曲调，还是押韵优美的歌词,对学生来说都是一种美的享受。课后,教师鼓励学生对英语歌词进行翻译,并面向全班进行展示和评比。"我看见绿树枝繁叶茂,红玫瑰亦然盛开。我看见它们为你我绽放。我不禁遐想,这个世界是多么的美好!"……学生用不同的语言诠释了歌曲中所谱写的美好意境。

在课堂教学的基础上,教师还可以利用各种丰富多彩的校园英语活动,发展学生欣赏美、创造美的能力。例如,在学校的"学习节"活动中,年级组根据学生的特点和实际学情,开展了英语美文摘抄比赛。教师从新教材中选择了几段关于自然、旅游、高中生活、中外文化等主题的美文,并准备了精美的信纸,让学生进行摘抄。同时面向年级组进行公开展示和评比,旨在引导学生在欣赏品读美文的同时,认识到书写的重要性。此外,还可以充分利用每个单元的探究板块,将其与校园活动结合起来,通过海报设计、采访报告、调查研究、角色扮演、推广、问卷调查等各种迁移创新类活动合理渗透美育,拓展学生的思维,提高其审美、鉴赏和评价能力。

二、结语

将美育实实在在地融入高中英语课堂教学,增强课程美感体验的有效性,以学科之美唤起学生心灵之美,让学生学会识美、爱美、创美,只有这样,才能达到以美育人的目的,真正实现立德树人的根本任务。

参 考 文 献

[1] 吴文玥.高中英语人教版新教材中的美育渗透[J].校园英语,2021,(25):60-62.
[2] 吴霞.新课程背景下美育在高中英语教学中的渗透途径[J].黑龙江教育(教育与教学),2022,(5):62-63.

以语言文化之美立德树人
——浅谈英语教学中如何提升学生的文化意识

洪佳敏

摘　要　本文旨在说明教师如何基于语篇承载的文化知识,通过单元教学设计、课时教学设计和深度学习活动设计,提升学生的文化意识,促进学生形成积极的情感态度和正确的价值观,即以文化之美立德树人。

关键词　文化之美　教学设计　核心素养

上海市民星中学立足于学生学习积极性不高、学习能力不强和缺乏创新思维能力的情况,把促进学生身心健康发展和充分发挥个性与潜能作为课程设计的核心,依托学校丰富的艺术教育资源,积极践行"尚美课堂",以为学生创设"尚美"的学习氛围,实现"向美而行,以美育人"的办学理念。而学校的英语学科一直是课堂文化转型的先头兵:2010 年探索小班化教学模式,为学生的个性化成长寻求机遇;2013 年参与创智课堂项目研究,利用现代信息技术尝试改变学习方式;2017 年在学校与学科课程引领下,通过创设语言情境和学习活动,构建合作学习课堂;2020 年响应学校基于"尚美"的课堂文化转型,一边践行新教材的教学,一边努力挖掘其中"美"的元素,激发学生对美的向往,提高学生赏析美和弘扬美的能力,培养和发展学生的学科核心素养。

一、英语学科"以美育人"的内涵

《普通高中英语课程标准(2017 年版 2020 年修订)》(以下简称《课标》)指出,文化是人存在的根和魂,文化意识可帮助学生成长为有文化修养和社会责任感的人。可见,文化意识培养体现了英语学科"立德树人"的育人价值导向,英语课程从"单一语言技能训练"提升到"全面发展的人"的高度。

英语课程如何能够形塑文化意识,继而发展品格呢? 显然,语言是文化的载体,同时也是文化的一部分,英语广泛用于不同母语者之间的交际,已成为通用语,从这一视角出发,它承载的不仅仅是英美国家的文化,还包括中国文化和世界各国的文化。因此,"向美而行,以美育人""尚美课堂"对于英语学科的教学而言,就是要充分利用语言所承载的优秀文化,并让学生将其内化于心、外化于行,使学生成为具有文化自信、良好品格、知行合一的人。

二、英语学科"以美育人"的途径

《课标》指出,英语学科在培养和发展学生的文化意识时,应涉及文化知识的传授和优秀文化在英语教学全过程中的融入和渗透两方面的内容。文化知识教学中,教师应通过创设有意义的语境,恰当利用信息技术,基于语篇所承载的文化知识,引导学生通过探索、体验、比较、对比等多种方式挖掘其意义与内涵,帮助学生在语言练习和运用等各种活动中学习和内化语言知识和文化知识。在此基础上,教师应充分利用语篇所承载的文化和育人价值,通过深度学习活动,与学生一起对主题和语篇展开探究,在发展学生文化鉴赏力的同时,促进学生形成积极的情感态度和正确的价值观,让优秀文化全方位、全过程地融入和渗透英语学科的教学。同时,2022年版的《上海市高中英语学科教学基本要求》进一步明确了教学设计路径,即单元目标—课时目标—活动目标,先设定目标再设计活动,在设计活动时,教师要运用智慧,并结合教材,把核心素养培育目标融入写作课、听看课、口语课、语法课等各类课型中,设计的活动要层层递进、有铺垫,体现趣味性、实用性。

三、英语学科"以美育人"的实践

基于学校和学科课程理念,下面以上外版英语必修三的"Unit 2 Arts and Artists"为例,阐述教师如何基于语篇承载的文化知识,通过单元教学设计、课时教学设计和深度学习活动设计,提升学生的文化意识核心,促进学生形成积极的情感态度和正确的价值观,即以文化之美立德树人。

1. 单元目标设计

本单元属于"人与社会"主题语境、"文学、艺术、体育"主题群,语境为"Arts and Artists"。阅读部分共有两篇文章,一篇是介绍性的记叙文,另一篇是演讲式的应用文。第一篇"People's Artist"以文字与图片形式呈现,从语篇主旨来看,文章介绍了中国艺术家齐白石的绘画作品、主题、风格、内涵以及社会影响力。第二篇"Banquet Speech"以演讲稿形式呈现,从语篇主旨来看,表达了美国音乐家Bob Dylan在被授予诺贝尔文学奖后的喜出望外,但同时因为自己如同莎士比亚一样用不同的艺术形式诠释了真正的文学影响力并得到认可而感到高兴。其次,听、说、读、写等各项任务都围绕"Arts and Artists"这个语境来进行设计。

基于上述单元主题和内容分析,并结合学生学情,笔者设计了单元的文化意识目标,如下:

> 在分析理解、传递信息、表达观点的同时了解中西文化内涵、文化差异、文化行为和习俗等、增强文化认同感、对艺术家的崇敬之情及对艺术的兴趣。

同时,将文化知识的理解和渗透作为单元教学的重难点,如下:

> ● 理解分析语篇,发现艺术作品背后的文化内涵、象征意义,以及艺术家的社会影响力。
> ● 通过听、说、分析比较等途径增进对国内外艺术家、艺术作品的认识,并能围绕这一主题传递信息、表达观点。

最后,将单元的文化意识目标分解到各类课型中(见表1划线部分),贯穿整个单元的学习。

表1 "文化意识目标"在各类课型中体现

	课型(组合方式)	课时(节数)	课时对应的单元教学目标
Reading A Reading Comprehension Vocabulary Focus Grammar in Use	阅读/词汇/语法(语篇互动:内容与语言融合)	各1课时,共3课时	语言知识 ● 能用正确的语音朗读课文,尤其文中出现的人名、多音节生词; ● <u>获取并分析国内艺术家、艺术作品的信息</u>; ● 熟悉介绍艺术家生平类记叙文的行文特征; ● 掌握本单元核心词汇(honor, typical, reveal, pursue, remind, indicate, award, of, with等),掌握他们的词性、词义、词的用法; ● 复习动词不定式,进而发现并掌握动词不定式在句中的功能及省略to的用法。

续 表

	课型(组合方式)	课时(节数)	课时对应的单元教学目标
			语言技能 ● 能通过文本特征、扫读等阅读技能快速理解文本大意与表达； ● 利用文化背景知识、根据上下文等途径猜测、理解词义和文章大意； ● 能够分析和比较艺术家作品和他们的社会影响。 情感目标 ● 在分析理解、信息传递、表达观点的同时了解文化内涵、文化差异、文化行为和习俗等，增强文化认同感、艺术家崇敬感、及艺术兴趣。 学习策略 　能基于文体特征正确理解语篇
Listening and Viewing	视听	1	● 能模仿 listening and viewing 中歌曲与演讲语音语调，体验角色； ● 能在理解部分生词、背景知识之后，听懂文章大意(listening for general ideas)； ● 能通过听对话，抓住相关细节(listening for details)； ● 能通过一段听力、一段视频(听看)，了解关于梵高、鲍勃迪伦生平的一些事例、作品、社会影响
Moving Forward	说写	1	● 能在具体语境中就"艺术"信息进行介绍、询问及回应，完成交际任务； ● 能正确使用自己已学词汇、句型、及记叙文的行文特点描述一位艺术家； ● 能模仿阅读语篇的行文特征，结合已有知识对熟悉的艺术家进行介绍； ● 通过任务(如 speaking)，愿意与同学合作并用英语交流
Reading B Comprehension Plus	阅读	2	● 能用正确的语音朗读课文，尤其文中出现的人名、多音节生词； ● 认读本单元拓展词汇； ● 能够分析和比较艺术家作品和他们的社会影响； ● 能基于文体特征正确理解语篇； ● 在分析理解、信息传递、表达观点的同时，增强对艺术家崇敬感、及艺术兴趣

2. 课时目标设计

以本单元的"Reading A People's Artists"为课例,语篇主要介绍"人民艺术家"齐白石的艺术生涯。他的绘画作品主题丰富,贴近生活,花鸟鱼虫及山水人物画都精于细节,色泽明亮,笔触生动,反映了他对自然和生命的热爱。语篇的主题意义在于激发学生对艺术作品等的兴趣,引导学生丰富自我、完善自我,形成积极的生活与学习态度。

基于上述语篇内容分析,并结合学生学情,笔者设计了阅读第1课时的文化意识目标,旨在充分发挥文化之美的育人作用,目标如下:

> 通过理解分析文本,让学生对中国艺术家(齐白石)出色的艺术造诣和优秀的人格品质产生敬佩之情和学习之意,并提高学生对优秀民族文化的兴趣、自信心和鉴赏力。

3. 深度学习活动设计

学习活动的创设要有深度,这样育人成果才有效度。正如《课标》所言,提升文化意识不能仅停留在文化知识的传授层面,只有通过多层次的语言实践活动,学生才能理解文化内涵,丰富文化体验,感悟优秀文化,而深度学习能促进学生形成优秀的品格、积极的情感态度和正确的价值观。所以,应设计多层次、多样化、有深度的教学活动,以有效提高育人成效。

基于上述活动设计理念,并结合学生学情,笔者设计了课堂教学活动(见表2),从"读前活动"(围绕主题创设情境、铺垫语言),到"读中活动"(概括、梳理、整合信息),再到"读后活动"(运用迁移、表达观点),层层递进,潜移默化地引领学生探究齐白石高超画艺背后的人性光辉,立德树人。

表2 "Unit 2 Reading A People's Artist" 阅读第1课时教学活动设计

教学目标 (活动层次)	教学活动及 互动方式	设计意图	效果评价	深度学习 特征
激活已知 感知与注意 (Pre-reading Activities)	● Show the painting — Qingping Fulai and ask questions about its content and painter; ● Ask students what they wa-	● To introduce the topic and arouse the students' interest; ● To explain the meaning of some words, such as symbolic, theme, form;	● 学生通过插图和问答活动,学习和激活主题相关词汇和记忆,如symbolic、	● 体验和联想:学生基于图片和提问,积极回忆主题相关的已有知识,学习新

续　表

教学目标 （活动层次）	教学活动及 互动方式	设计意图	效果评价	深度学习 特征
	nt to know about Qi Bai-shi from the text； ● Write some key words on the bla-ckboard，such as theme，style，form	● To help studen-ts have a predic-tion for the text	the-me，fo-rm 等； ● 学生根据联想，预测文本内容	词、以及预测 文本内容
获取与梳理 概括与整合 （While-read-ing Activities）	● Ask students to skim the text and do the matching work； ● Ask students to scan the text and find specific info-rmation to compl-ete the table； ● Ask students to scan the paragr-aphs and answer the questions abo-ut symbolic mea-nings，expression，artistic styles and social influence	● To get a general id-ea of each paragraph and the text； ● To have a better unde-rstanding of the structure and content of the text with the he-lp of the ta-ble； ● To deepen the understanding of Qi and his artworks	学生利用迅读技巧了解文本段落大意，识别文体特征、明确文本结构； ● 再通过精读和问答，进行精读，深入了解齐白石及其艺术作品的主题、风格、象征和文化含义、社会影响力	● 从活动体验到本质变式：通过略读和精读，把握语篇文字和情感之间的联系，从齐白石的作品和人生经历中感受其对艺术、家乡、祖国、人民、和平的热爱和社会责任感
内化与应 用（Post-reading Activities）	● Ask students to interpret the me-aning of the title "People's Artist" and support their opinions with details	● To have a deep understanding of the title "Peo-ple's Artist"； ● To check and co-nsolidate what've been learnt in class； ● To develop stud-	学生基于已学的语言知识、文体结构、文化情感，经过信息的梳理和重构，理解	● 迁移与创造：学生问答，回忆、分享，思考"人民艺术家"这一称号背后映

续　表

教学目标 （活动层次）	教学活动及 互动方式	设计意图	效果评价	深度学习 特征
		ents' ability to analyze an artist in a general-tospecific pattern	文章标题的深层内涵和价值观	射的人生观、价值观、世界观
课时作业设计				
● Finish Exercise C2 on Page 83； ● Imitate the pattern of the text to describe your favorite artist				

四、结语

通过学习和实践可知，无论是学校"以美育人"的课堂文化转型，还是新课程改革"核心素养"的培养，都是把学科教学提升到"全面发展人"的高度。因此，教师在学科教学过程中必须具备更高的育人意识，以及掌握从"传授知识"至"形塑品格"的有效方法和途径，不仅要在"培养能力人"上动脑筋，更是要在"培养什么样的人""为谁培养人"方面下功夫。

参 考 文 献

［1］中华人民共和国教育部.普通高中英语课程标准(2017年版2020年修订)［M］.北京：人民教育出版社,2020.

［2］上海市教育委员会教学研究室.高中英语单元教学设计指南［M］.北京：人民教育出版社,2018.

发现英语语言美，提升学生人文素养

缪　晔

摘　要　在学校"向美而行，以美育人"办学理念的指引下，笔者通过设计阅读、诗歌鉴赏、角色扮演、电影配音和广告海报设计等活动，引导学生发现并感受英语语言结构的对称美、读音的韵律美、文字的内涵美和意境美，并在活动过程中引导学生主动表现美和创造美，让学生在学习英语知识的同时，发展健康的审美情趣和良好的鉴赏能力。

关键词　英语语言美　人文素养

《普通高中英语课程标准(2017 年版 2020 年修订)》强调，要培养学生的语言能力、文化意识、思维品质和学习能力，使学生在学习英语的过程中树立正确的世界观、人生观和价值观，增强社会责任感，全面提高人文素养。由此可见，高中英语教学已经从过去单一的教授知识技能转变为关注学生情感的发展和整体素质的提高，具有多重人文和社会意义。英语是国际交流合作的工具，也是思想文化的载体，兼具工具性和艺术性，具有丰富的美学内容和价值；英语语言在结构上具有对称美、在读音上具有韵律美，文字本身有内涵美和意境美，可让人产生对美的联想，提升人的品味和鉴赏力。在学校"向美而行，以美育人"办学理念的指引下，英语老师要有发现英语语言"美"的眼睛，利用英语的语言美，在日常教学活动中引导学生发现美、感受美、表现美和创造美，让学生在学习英语知识的同时，发展健康的审美情趣和良好的鉴赏能力，提升他们的人文素养。在教学中，笔者主要设计了以下一些活动来引导学生赏析英语的语言美。

一、在诗歌鉴赏中感知英语语言的对称美

在语法教学中，有些语法知识枯燥抽象，即使教师反复强调，学生也还是无法掌握，练习效果不尽如人意，此时不妨借助一些结构对称的诗歌，让学生在吟诵中感悟，这样可让学生轻松突破语言难点。在教授定语从句时，为了让学生了

解定语从句的句型结构和代词做主语和宾语时的区别,笔者带领学生欣赏诗歌 "What is a friend? ——by Kit McCallum",并尝试翻译,让他们感悟用定语从 句结构表达出来的语言美,然后让他们模仿创作。诗歌部分节选如下:

A friend is someone you hold dear:

Someone who is always there, through thick and thin;

Someone who is only a phone call away.

A friend is someone you can always rely on:

Someone who is there to share your thoughts with;

Someone to listen, no matter the subject.

…

在之后的回家作业"参照 What Is A Friend? 诗歌文字的语法结构,学生自 创 1 至 2 个描绘母亲的语句,并建议大家以此作为感恩节的礼物送给自己的母 亲"中,学生模仿课堂中欣赏的诗歌文字语法结构,写了许多描绘母亲的语句,有 些同学还主动找老师为他们的作业做进一步的修改,然后写在自制的小卡片上 准备在感恩节当天送给母亲。部分学生的语句如下:

My mother is the person who gives me the deepest love in the world.

My mother is the most beautiful woman I have ever seen.

My mother is the person whose arms are always open when I need a hug.

I am so lucky that I have a mother who is just like a close friend of mine

My mother is the person whose strength and love have guided me and given me wings to fly.

通过诗歌鉴赏和创作这一环节,学生在优秀的文学作品中感受到一系列以 定语从句结构呈现的对称排比句给文字表达增添的美感,掌握了定语从句不同 连接词的基本用法,其调动了部分学生模仿和创作的热情。

二、在角色扮演和电影配音中模仿英语语言的韵律美

英语语言的韵律美有很强的感染力,在课堂教学中,教师应适当运用多媒体 设备播放英语歌曲、影片等,让学生听标准、地道的英语语音语调,感受英语语言 的韵律美。笔者在自己开设的《英语电影欣赏》选修课中进行了一系列尝试,取 得了不错的效果。例如,新世纪教材高二下册的第四单元是世界名著欣赏,其中 第七课"Oliver wants more"节选自查尔斯·狄更斯的代表作《雾都孤儿》,笔者 找到这个故事的影片并让学生观看。在观看完影片后,结合对故事的整体理解, 笔者让参加该选修课的学生以班级为单位进行角色扮演,并邀请其他教师来进

行评比，奖励获得优胜奖的学生，这极大地激发了他们学习英语的兴趣，加深了他们对课文内容的理解。

　　原声电影中的语言能够体现出英语语言的韵律，高度还原语言的文化环境，是地道的口语练习素材。学生在配音过程中能提高自身对英语语言的感悟能力和理解能力，在真实情境中逐渐提高口语表达能力。同时原声电影还能将学生带入英语语言文化场景当中，让学生学习到更多的英语文化习俗和知识，提高其跨文化交际水平。例如，结合学生的年龄特征和知识水平，笔者节选了电影《疯狂动物城》中"目睹尼克骗取钱财之后，朱迪失望地回到房间和父母进行视频通话"这个片段作为配音材料然后让学生以班级为单位，共同完成台词的解析并模仿片中人物的语音语调来进行配音比赛。学生在配音中灵活拿捏角色的心情和语调语气等变化，展现出敏锐、丰富的想象力和创意（自创拟音手段），通过模仿影片中的语音和语调，体会了英语语言的韵律美，锻炼了语言表达和运用能力。

三、在美文阅读中品味英语语言的内涵美

　　阅读是当下高中生学习英语的主要手段，但目前高中英语阅读教学侧重阅读技能的传授而忽视了思想情感的培育，文本内容的处理侧重语法词汇，缺乏对阅读过程进行有效引领。随着教学改革的推进，阅读教学不再仅局限于语言知识的传授，其还承担了提升学生情感体验和人文素养的责任。经典英语美文语言优美、意蕴深刻，学生在教师的引导下深入品读文本时，能激活思维和想象力，品味语言之美，加深对故事内涵的理解[1]。新世纪教材高二上册的第三单元"Unit 5 Why did I quit hunting?"就是这么一篇美文。文章的标题以问题的形式引发读者的思考，点出了文章的本质内涵。笔者通过三个贯穿全文的问题即"Why did the author use to be crazy about hunting before?""Find some verbs to describe the interaction between the author and the deer.""What happened in the end?"引导学生有目的地展开对文章的阅读。

　　通读全文后，学生们从"我"（作者）精心准备打猎的物资 a fine rifle in hand、其打猎过程中的刺激兴奋的体验 a thrill that comes over you 以及向他人炫耀打猎后的收获 the bit of showing off 这三方面，不仅找到了问题 1 的答案，而且得出了"'我'是一个具有冒险精神，喜欢寻求刺激的年轻人"的结论，这使得学生对"我"为什么最终放弃猎杀这头鹿产生了很大的好奇心。他们轻松找到了问题 2 的答案，即 reach out、scratch、bend head、poke、feed 等动词，体会到了这些动词在"我"对这头鹿的情感悄然发生变化的过程中所起的铺垫作用。从文章结尾处 a dull slam 和 they (other hunters) could have scratched his head，学生不仅

读懂了对鹿悲惨结局的暗示,也对人鹿和谐共处与残酷现实这一鲜明对比有了深刻的意识。

文章的第五段运用了一些简单的文字来描绘森林的美:Sometimes you walk among the huge trees, where the sunlight filters through. It is quite and big, with touches of white and green and gold. And the silence is like that of a church.阅读到此段文字的时候,静谧的森林的画面一下子映入脑海,皑皑的白雪覆盖了大片的森林,但没有完全遮盖住一些长青的灌木,金色的阳光透过树叶的缝隙,星星点点的洒在林中。学生在想象这样如教堂般宁静美好的画面的时候,没有预料到后面的残忍杀戮,而教堂代表的神圣慈悲也和故事结局形成了强烈的反差。

全文没有出现 sad、dead、kill 等词,但上文中提到的这些词和句,背后蕴含的深意是直达学生心灵深处,和作者产生共情,作者的悲痛通过文字真切地传递给学生,也引发学生对"人与自然"这一主题的深入思考。

四、在海报设计中创设英语语言的韵律美和意境美

广告是传递信息的一种方式,也是一种具有创造性的艺术形式。每一则成功的广告都是美学、语言学和心理学融会贯通而成的艺术精品。新世纪教材高二上册第四单元"Unit 8 Advertising"的听说课回顾了课文"Advertising"关于成功的广告设计所必备的要素,笔者据此组织学生以小组为单位自制海报和进行广告语的展示,海报内容包括餐饮、甜点、服装、香水、文具用品等,每个海报作品依次从"presentation""content""slogan""design"等方面来进行评分,然后选出最佳海报。从学生的作品中能发现,学生在学习过程中领会到了英语广告语的韵律美和意境美。

英语广告词的特征之一是用词简洁口语化,简洁是智慧的灵魂,是一种美,而且还便于人们理解和记忆。押韵是诗歌中的写作技巧,然而在英语广告语中也常常加以移植,它使句子语气连贯,韵律顿挫,节奏和谐,体现出广告语的音韵美,从而增加表现力。如 DIY 小组对文具用品的广告语"Cost little, Enjoy more",用词简洁,结构对仗,增加广告的动感,给人留下深刻的印象。

广告语和海报通过描绘刻画形象创设出情境,使人顿时联想到产品的品质特性与情境的相似之处,激起人们对美好事物的向往和追求,用美的感染力激起消费者的购买欲望。如 CoCoLuLu 小组的广告语"Everyone is a princess in CoCoLuLu!",既符合目标顾客少女"公主梦"的心理年龄特征,又让女孩们在脑海中形成自己穿着该品牌服饰时高贵优雅的画面。

S. I. C 小组的广告语"Enjoy a perfume shower!"把喷香水隐喻为沐浴,让顾客想象自己沐浴着香水的洗礼,营造出浪漫梦幻的氛围,也符合香水这一产品的品质特性。

英语学习的价值是多元的,因此教师在教学过程中不应该只是简单地传授知识技能,而是要通过各种教学途径有目的、有意识地融入英语语言美的教育,教会学生欣赏英语语言之美,提升学生的人文素养。英语课堂应该是学生感知并展示英语语言美的课堂,是弥漫浓厚人文气息的课堂,这样的课堂才能造就有独立思考和判断能力、有正确的三观和社会责任感,同时又乐观豁达的未来人才。学生制作的海报及广告语如图 1~图 3 所示。

图 1 图 2

图 3

参 考 文 献

[1] 冒晓飞.基于核心素养的英语课外文学经典阅读教学[J].中小学外语教学(中学篇),2017.40(10):17-21.

[2] 中华人民共和国教育部.普通高中英语课程标准(2017年版2020年修订)[M].北京:人民教育出版社,2020.

[3] 蒋霞.基于美文阅读,强化学生情感体验[J].中小学英语教学与研究,2018(8):43-46.

[4] 谢素娟.以英语语言美促进初中生英语学习的行动研究[J].英语教师,2021,21(2):22-26,31.

于"混乱"中寻找秩序之美
——浅谈高中英语长难句教学

张　悦

摘　要　长难句教学是高中英语教学的一个难点。长期以来,教师对它的重视不够,没有将其系统化;另外,在教学过程中,教师偏重句子结构分析,忽视了意群教学。本文认为长难句教学应分为三步,即强化简单句五种基本句式的学习、重视句子成分的识别与拓展训练和长难句结构的分析与理解,循序渐进,在引导学生理解、掌握语句的词序规律及含意以及词法和句法关系的过程中,逐步培养学生的长难句分析与理解能力,引导学生通过词汇组合掌握将词汇组成句子的词法和句法规则,帮助学生在理解长难句的基础上发现、感受长难句语意表达的凝炼和长难句结构之美,即英语语言的秩序之美。

关键词　长难句分析与理解　句子成分的识别　教学系统性

在高中英语阅读过程中,学生往往会遇到长难句。长难句所含的从句和修饰成分较多,其结构形式复杂、变化万千,往往会给学生理解语篇造成困难,是学生提高阅读理解能力的一大障碍。目前在高中英语教学中,针对词汇语法以及各个高考题型都有系统的专项教学,但对长难句的教学却不够重视。总的来说,长难句教学缺乏系统性,教师在分析长难句时,重结构分析,忽视了意群教学。

分析、理解长难句的关键,撇开词汇因素,便是要厘清句子的语法结构。指导学生厘清长难句的句法结构,就是要让学生掌握它的各个组成部分及排列规则。笔者认为,长难句教学需要从初高中衔接教育开始实施,且其应分为以下三个步骤循序渐进地进行。

一、强化简单句五种基本句式的学习

常在阅读过程中遇到的长难句有四类,即带有较多成分的简单句、含有多个简单句的并列句、并列复合句和主从复合句。文章中的句子形式千变万化,但所有句子的主干结构只有五种情况,即下列五个基本的简单句句式。

(1)主语+谓语。例如"The boy smiled."。

(2)主语+谓语+宾语。例如"He broke the cup."。

(3)主语+系动词+表语。例如"I am a student."。

(4)主语+直接宾语+间接宾语。例如"I bought you a gift."。

(5)主语+宾语+宾语补足语。例如"We found him sleeping."。

在初高中衔接教育中,通过强化这五种基本句式的学习,可帮助学生树立两个方面的认识:①无论句子形式怎么变化,它的主干结构只有这五种;②分析、理解长难句时,应先确定其主干结构。掌握这五种基本句式,是学生分析、理解长难句的前提,因此在衔接教育中,教师应依据学情,适当拓展学生对句子成分的认知,让学生温故知新。

二、重视句子成分的识别与拓展训练

分析、理解长难句的关键是确认句子主干,辨认隐藏在千变万化的形式之下的基本句式。这说起来容易做起来难,分析、理解长难句的困难往往不在于对从句的判断,而在于对主从句中被拓展的句子成分的理解和判断,即对在句子中充当不同成分的意群的理解和判断。如例句 1"A team of researchers led by biologist Felisa Smith analyzed evidence from millions of years' worth of mammalian extinctions and found that on each continent large mammals started to die out around the same time humans first showed up.",意群是意义和语法结构上有关联的词所连接而成的相对完整的信息。如果学生在阅读例句1时,能正确抓住句中每一个意群,那对其的句子理解和阅读速度都会起到积极作用。所以,意群意识的养成对提升学生的阅读理解能力和阅读速度至关重要。

分析、理解长难句的基本策略是,先确定句子的主干部分,再理解对主干部分进行补充的次要信息。主干部分通过确定构成句子基础结构的名词性成分和谓语部分来判断,而次要信息则一般借助的是从句、非谓语动词、介词短语以及插入语等来进行表达。因此,理解和判断意群是分析、理解长难句的关键。

1. 句子成分的识别

1)确定句子主干部分

(1)确定谓语。分析句子结构时首先应确定谓语,因为谓语是句子的核心及关键。无论是主句还是从句,它们都有主语和谓语。一般情况下,确定谓语并不难。如例句 2"If the extinction trend continues, many more large mammals will soon disappear as well, as the primary threats from humans have expanded from overhunting to indirect processes such as habitat loss.",该句中的谓词是 will disappear,它前面没有引导词,所以它就是主句的谓语动词;而 continues 和 have expanded 前分别有引导词 if 和 as,这就表明它们是从句的谓语动词。根据这个方法,学生很容易确认长难句中的主句和从句,为准确分析长难句内部结构和理解句子打下基础。

在长难句的谓语确定过程中,难度最大的是与过去式同形的过去分词短语做名词的后置定语(如下文的例句 4)、并列谓语以及有插入语(如下文例句 8)的情况。遇到这种情况,读者应该结合整个句子的时态和语意来考虑。

(2) 确定名词性成分。长难句中的名词后面如果不是谓语动词,那么往往会有修饰限定成分,即定语或同位语。如例句 3"His reluctance to participate in the basketball match at the weekend troubled not only the whole team but also his friends and parents because everyone knew the importance of the game.",此句中 reluctance 后面的 to participate in the basketball match at the weekend 是不定式作后置定语,不可能是谓语。如果学生能清晰认识到,在长难句中,只要发现名词后面的动词不是谓语形式,就可基本确定其后面的内容是用来修饰或解释前面的名词的。理解名词后面的修饰限定部分,对准确理解整句话的内容非常重要。

2) 确定和理解补充信息

(1) 确定非谓语动词短语。

一个句子中的非谓语动词常以分词、动名词或不定式形式出现,并对其它句子成分起修饰限定作用。因此,确定非谓语动词对理解句子主干部分至关重要。如例句 4"China aims to make use of its vast treasures of data, collected from its 1.4 billion population including 730 million who are online, and deep pockets to overtake the US in creating a $150 billion industry that is seen as the next industrial revolution.",本句中,to make use of...做谓语 aims 的宾语,过去分词短语 collected from...online 做 data 的后置定语,to overtake...做目的状语,而 creating a $150 billion...revolution 则做介词 in 的宾语。非谓语动词是语法中最难的一部分,也是学生分析、理解长难句时的重大障碍。克服这个困难不仅需要在专项语法教学中让学生掌握各类非谓语动词在句中充当的成分,而且需要学生平时强化练习与实践。

(2) 确定从句。绝大多数复合句中,从句都是有引导词的,因此阅读复合句时,要先找到引导词,然后再判断从句类型,从而理解句子的含义。引导词

"that"在长难句中出现得最频繁,它常出现在名词性从句、定语从句和状语从句("that"引导状语从句时与其他词连用)中,所以正确理解"that"在不同从句中的用法非常重要。例句 5"I read in the newspaper and in my gardening magazine that the ends of cigarettes are so poisonous that if a baby swallows one, it is likely to die, and that the boiled water from a bunch of them makes an effective insecticide.",此句中第一个 that 和第三个 that 引导 read 的两个并列的宾语从句,而第二个 that 在第一个宾语从句中和 so 搭配,引导结果状语从句。在从句教学中,教师要特别注意引导词的省略情况和同一引导词引导不同从句类型的情况。

（3）确定介词短语。介词短语在句中充当表语、定语、状语等。介词短语所表达的信息是对主干内容的补充说明,或是对整个句子表达的意义的烘托。如例句 6"In trades and handicrafts, and other professions, like farming and fishery, which have occupied great numbers of men from remote times, the technical vocabulary is very old.",此句中 In trades and handicrafts, ... from remote times 部分,后面 20 个单词都是介词 In 的宾语。这里介词 in 的短语对后面的 the technical vocabulary is very old 做了大量的补充说明。而例句 7 "Both the absolute cost of healthcare and the share of it borne by families have risen—and newly fashionable health-savings plans are spreading from legislative halls to Wal-Mart workers, with much higher deductibles and a large new dose of investment risk for families' future healthcare.",with 引导的介词短语作结果状语,对上文内容表达起到了烘托作用。因此,毫无疑问,准确理解介词短语的信息对正确理解整个句子同样有着重要作用。

（4）确定插入语。插入语是英语文章中常见的一种语法,是说话者对所表达的信息的补充、强调、解释或者用于说明说话的态度,其位置灵活,常用逗号、破折号与其他成分隔开,但在语法上不影响其他成分。如例句 8"The true enemies of science, argues Paul of Stanford university, a pioneer of environmental studies, are those who question the evidence supporting global warming, the depletion of the ozone layer and other consequences of industrial growth.",在此句中,argues Paul of Stanford university, a pioneer of environmental studies 这部分内容是插入语。插入语在语法上不影响句子其它成分,老练的读者会直接从主语 The true enemies of science 跳读到表语 are those who...。因此,在教学中,让学生熟悉常见的插入语类型和作用,对他们理解句子和语篇很有益。

在长难句的分析理解过程中,主干部分的谓语与名词性成分的确认和补充信息中的非谓语动词短语、从句、介词短语和插入语的确认,实质就是理解和判断长句中充当不同句子成分的意群。《普通高中英语课程标准(2017 年版 2020年修订)》倡导的英语教学语法观,是以语言运用为导向的"形式—意义—使用"三维动态语法观。要让学生真正掌握对英语长难句的分析、理解和实践应用,教师不能仅仅关注如何指导学生对充当各种句子成分的意群进行判断和确认,同时还要针对简单句是如何被拓展成长难句,对学生进行强化训练,让他们不仅知其然而且还知其所以然,这样才能真正提高学生的语言能力、学习能力和思维品质。

2. 句子成分的拓展训练

课标提到,教师要通过学习理解、应用实践、迁移创新等英语学习活动,引导学生探究意义,学习语言,发展思维,运用策略,培养英语学科核心素养。针对意群的学习,光靠分析长难句是不够的,还需要学生在语言实践中进行应用、迁移和创新。这就需要学生进行句子拓展训练,如将简单句拓展成复合句和长难句,并指导他们如何将各个句子成分变得更长。如指导学生将简单句"The story sounded interesting."进行拓展变长,要想让主语信息变得丰富,除了加前置定语,还可以加后置分词短语、定语从句、同位语从句等;可以用 so...that 句型来在突出 interesting 的程度,也可以用时间状语加个背景衬托一下,还可以加插入语或"There is no doubt that..."等。让学生在将简单句或短句拓展成长句的过程中,对长句的来龙去脉和结构了然于心,这样他们阅读长句的效率就会提升。

三、长难句结构的分析与理解

1. 长难句的分析、复盘与朗读

对于长难句的分析理解,基本方法是先寻找确定主干结构,然后理解确定次要信息。在这个过程中,学生学会用不同的符号标注不同的句子成分很重要。教学过程中,应通过师生互动或生生互动来分析、理解长难句,然后鼓励学生对长难句分析进行独立复盘,最后让学生朗读长难句,据此感受意群、培养语感,熟悉长难句的各个组成部分及其排列规律。

2. 长难句的拆分、翻译与对比

在英语阅读过程中,当学生理解课文遇到阻碍时,他们会借助翻译结果来推进句子的分析和理解,所以在教学中,教师指导学生如何进行长难句的翻译很有必要,应鼓励学生在拆分、理解长难句的基础上翻译长难句。同时应要求学生利用自己所学的词汇、词法和句法等,将自己翻译的结果再翻译成英语。然后将自已的英文翻译结果与原句进行对比,通过对比,进一步体验和感受长难句的结构美、凝炼美以及理解其所承载的信息。

长难句的分析理解是高中英语教学的难点之一。《普通高中英语课程标准(2017年版2020年修订)》在对选择性必修阶段的语法知识内容的要求中,针对长难句教学,明确提出"在语篇理解中借助五类句子成分有选择地对长句和难句进行分析。"笔者提出的教学策略与此要求是一致的。帮助学生攻克长难句理解问题,教学策略应分三步走,即掌握五个基本简单句句式、句子成分的识别与拓展训练和长难句结构分析与理解。在不同阶段,各有侧重,循序渐进,逐步培养学生长难句的分析与理解能力,引导学生透过形似纷繁杂乱的词汇组合的表象看到词块和句法规则。教师只有指导学生进行依(语)法阅读,才能帮助学生摆脱大脑面对长难句时出现的混沌状态,引导学生在理解的基础上,去发现、感受长难句语意表达的凝练和长难句结构之美,即英语语言的秩序之美。

参 考 文 献

[1] 中华人民共和国教育部.普通高中英语课程标准(2017年版2020年修订)[S].北京:人民教育出版社,2020。

[2] 上海市高中英语学科教学基本要求(试验本)[M].上海:上海教育出版社,2021.

[3] 王暄,杜志兰.高中英语长难句分析方法的教学现状、存在问题与解决办法[J].校园英语,2022(5):45-47.

[4] 罗冬梅.分析高中英语长难句的意义和方法[J].发展,2019(3):88-90.

第四章　基于文化认同的文科教学之美

探究思想政治课学习的合作之美

徐晓洁

摘　要　本文主要阐述合作学习的意义,总结思想政治课培养合作学习能力的途径,分享引导学生进行合作学习的有效方式,探索激发学习中的合作之美的方法。

关键词　合作学习　教学行为　学习质量

先哲荀子在两千多年前曾说:"力不若牛,走不若马,而牛马为用,何也? 曰:人能群,彼不能群。"大概的意思是:人的力气没有牛大,跑的速度也没有马快,为什么牛、马能被人利用呢? 因为人能结成群,牛、马却不能结成群,即人会合作而牛、马不会合作。在《礼记·学记》中有这样的观点:"独学而无友,则孤陋而寡闻。"其寓意为:如果学习中缺乏学友之间的交流切磋,则必然会导致知识狭隘、见识短浅。时代发展到今天,经济社会飞速发展,其对人的社会性的要求日益提高,对社会成员的合作精神也提出了更高的要求。教育承担着为社会主义现代化建设培养合格的建设者和接班人的重任,思想政治课在其中承担着极其重要的责任,而思想政治课可通过合作学习达成教育教学的目标。合作学习不仅能够提高教学质量,还能够培养学生互助的品格和协作精神,提升学生的社会责任感。

合作学习需要学生通过协作与交流来完成学习任务,这是一种以学生为主体、通过各种互动进行教学的组织活动方式。经过几年的实践,合作学习得到了广大教师广泛的认同,并积累了很多相关的经验。作为思想政治学科的教师,在培育学生的科学精神和核心素养的过程中,应通过组织学生的合作学习培养学生的互助精神,积极进行以下探索。

首先,组建合作型学习社群,建立能激发合作之美的组织结构。有组织才会有更远的目标,也才会有互相合作的可能。现代管理学提出,一个优秀的团队必须善于进行资源整合,使团队组织形成整体的合力,从而寻求最佳的管理效果,避免团队内部出现消极效应。课堂教学活动也需要进行科学的组织和管理,在教学中开展合作学习时需要依托团队合作,优化合作学习组织结构,建立合作型学习社群,而建立合作型学习社群是激发合作之美的基础。在思想政治课教学中,班级是最大的学习社群,应在班级中依次建立固定的学习小组,通过学习小组实施合作学习,这是激发学生合作之美的重要基础。构建学习小组后要进行合理分工,小组长需要对本组成员进行分工,组织成员有序地开展讨论交流;组内可根据需要设置展示员和记录员,分别承担展示和记录问题等工作;组长和其他成员均实行轮换制,尽量做到人人有事做,全体全程参与学习,每位学生都得到全面发展。在网络时代,可建立网络学习社群,将网络社群和学习小组整合,将学习小组延伸到课外,发挥社群的积极作用,可以使组织机构更加具有凝聚力。

优化合作学习组织结构,建立合作型的学习社群,这是有效开展合作学习的有利条件,使合作之美渗透到社会生活的各个方面,实现思想政治课为社会主义现代化建设培养合格建设者和接班人的育人目标,也非常契合学校向美而行,以美育人的价值理念。

其次,铸造学习共同体意识,培植合作学习的文化。文化是人类特有的财富,合作文化在中华文明发展过程中拥有重要的地位。学习社群建立起来比较容易,但建设一个高质量的学习社群并非易事,如何才能使组建起来的学习小组发挥整体的优势并带动成员共同成长是一件考验教育教学智慧的事情。组建学习小组,作为合作学习的社群,能否充分发挥合作学习内在的优势,激发学生整体学习质量,需要通过对小组进行制度和文化等方面的建设,使合作学习的外在机制发挥应有的作用,这是合作学习能否取得积极成效,学生的互助意识能否得意提高,合作学习之美是否形成的重要文化基因,是向美而行的至关重要的文化内涵。

在思想政治课教学中开展合作学习时,必须注重班级的思想文化建设,教师要善于为全体学生创设安全的心理环境,将班级建设为一个温馨的集体,用积极的合作文化滋养每一个学生,给学生创造一个良好的班级学习氛围,以文化润泽学习共同体的成长;引导全体学生树立集体主义观念,增强互助合作意识,激发每一个学生积极参与合作学习,使班级形成积极的合作文化,避免小组间的恶性竞争,将致力于培养学生阳光自信的品格和良好的个人素养作为小组建设目标,将班级建设成为积极进取的集体。此外，教师要适应信息化时代的潮流，利用互联网社群积极弘扬社会正能量，让社群成员互相分享学习经验和优秀的文化作品，抵制庸俗的网络作品，促进形成共同提高、共同进步的群文化，创造更加持久的合作学习氛围，巩固班级的学习共同体意识。

所以，公平的建立学习小组，形成透明的职责分工，建立相互辅助的激励机制，有效利用互联网，激发每个学生都能为整个小组的成绩贡献力量，在团体中形成集体主义观念，树立合作意识，使合作之美渗透到学生的灵魂深处。

最后，建立和实施合作学习的过程性评价制度，创设激发合作之美的动力机制。应建立并实施有效的评价方式，形成完善的评价制度，为合作学习持续有效提供制度保障。积极有力的评价不仅能够促进学生的学习积极性，而且能激发学习小组的集体荣誉感，充分调动小组成员合作学习的积极性，使小组之间产生良性的学习竞争，提高班级整体的学习质量。过程性评价制度依据评价量规来建立，可根据不同的学习任务设计评价量规。思想政治课的评价量规见表1和表2。在评价过程中要注意发挥评价的积极作用，避免随意评价；坚持实施评价标准，积累每次的评价结果，并定时进行汇总；每学期开展先进小组、优秀组长及先进个人的评选活动，期末评选出学期优秀合作学习小组和优秀个人，并给予一定的表扬和发放证书，以激励优秀的学生以更好的状态持续参与合作学习。

表1　小组成员整体学习态度评价量规

等第	评 价 标 准
优	有组织，全组成员积极参与学习，有效完成学习任务
良	全组成员参与学习，组织比较松散，基本完成学习任务
中	大部分成员参与学习，个别成员不积极，基本完成学习任务
需努力	组织涣散，部分成员参与学习，少数成员未参与学习，未能完成学习任务

表2　小组成员整体学习效果评价量规

等第	评 价 标 准
优	交流顺畅，表达清晰，逻辑严谨，声音响亮，仪态大方，知识应用正确
良	交流表达比较顺畅，逻辑严谨，知识应用基本正确
中	交流表达不顺畅，逻辑不清晰，知识应用欠缺
需努力	没有完成学习任务，无成果交流

在教学中促成学习主体的良性合作互动对人的发展至关重要，合作学习的

优势在于互动，它是人与人之间的沟通、交流、分享的良好途径；学生在合作学习中，通过思维的碰撞能产生教师预设之外的惊喜，生成超越于教科书之外的知识，并且还能收获良好的人际关系。

所以，合作学习不仅是提升自己学习效率的有效方式，是教师提高自己整体教学质量的可靠途径，学生通过合作学习能够生发出人性的精神之美，这是培养学生社会性和人文精神的有力手段。

随着时代的发展，适应学生实际的变化，我们思想政治课堂教学在不断探索课堂教学的新路径中不断的积累经验，促进新的学习文化的形成，使有效的教学经验得以持续丰富的发展，为学校"向美而行，以美育人"的特色建设贡献一份力量。

参 考 文 献

[1] 张海晨，李炳亭.高效课堂导学案设计[M].济南：山东文艺出版社，2010.

让课堂开出"思辩之花"
——浅谈高中思想政治课的思辩之美

周　焱

摘　要　高中思想政治课的课程改革,进一步强调了对学生核心素养特别是思辩能力的培养,并明确指出高中思想政治课教学不应仅局限于知识的传授,其还应培养学生驾驭知识的能力,即通过在课堂上培养学生的思辩能力,提高学生发现问题和解决问题的能力。

关键词　思想政治课　课堂教学　思辩之美

德国思想家歌德说过:"所谓真正的智慧,都是曾经被人思考过千百次;但要想使他们真正成为我们自己的,一定要经过我自己再三思维,直至它们在我个人经验中生根为止。"高中生的思维特点是正在从形象思维向抽象思维过渡,高中是培养学生思辩能力的关键时期。高中思想政治课是一门充满思辩魅力的课程,高中思想政治课不仅要使学生获得知识,而且要培养学生驾驭知识的能力。因此,在课堂上教师要善于创设情境,引导学生在情境中发现问题,启迪学生思考,让学生学会分析问题、解决问题,让课堂开出"思辩之花"。

一、发现问题——议题式教学

"双新"改革之后,高中思想政治课教学更加侧重对学生思辩能力的培养。思辩能力是一种抽象思维能力,是以信息分析为基础,对事物和问题进行分析、推理、评估,最终形成能够解决问题的决策或结论的能力。思辩能力的培养不是一朝一夕之功,要在课堂教学中潜移默化。思想政治课教材中有许多看似浅显明白的道理,学生未真正领会。"学起于思,思源于疑",敏锐的思辩源于质疑,教师可以用恰当的问题激起学生的思维,调动学生的知识储备,让学生深入思考,使他们于"无疑"处生"疑",产生新奇感和探索之心,让学生的思维向新的广度和深度发展,形成思辩意识。教师启发得好,学生的逻辑思维能力就发展得好,对事物的认识能力就越强。在思想政治课教学中培养思维能力时最重要的就是要培养学生自主探究,教会学生"问""思""辩"。可采用议题式教学,即针对一个议题设置多个情境,通过对各个不同情境的比较和探讨,培养学生的思辩意识。议题式教学是以系列化、主题性议题为引线,以生活化情境为载体,以师生真实活动为路径,以学科知识为中心,将学科素养作为培育目标的一种教学方法。议题式教学是诱发学生"思"的起点,可以让学生思维灵动起来,促进学生综合素养的提升。例如,可结合必修二中《经济与社会》所讲的市场经济相关知识,针对社会现状创设情境,让学生从中了解市场三大机制即价格机制、供求机制和竞争机制在维护市场经济平稳有序发展中的作用,并通过分析思考,了解在瞬息万变的经济生活中,"市场价格及其波动,能够反映供求状况及其变化,也会影响供求变化。而在这一过程中,资源流入或流出,得已流动和分配……在市场经济中,价格、供求、竞争等机制引导和调节资源在不同部门之间的流动,好像有一只'看不见的手'引导市场主体的行为,实现资源的配置,这就是市场配置资源的机制。"在此基础上,可带领学生进一步探究和分析我国应如何构建社会主义市场经济体制,让市场在资源配置中起决定性作用,并根据疫情期间小微企业的生产经营状况辨析这种资源配置方式的优点和局限性,探寻经济运行过程中政府与市场的关系,让学生学会用所学的知识分析点评时政热点,培养学生观察、联系、分析、说明实际问题的能力,使学生完成对书本知识的迁移。

二、分析问题——思辩式课堂

高中生思维活跃,在高中思想政治课堂中,议题式教学不仅仅要创设情境,更是要在情境中巧妙设置设问,不能简单的以"是"和"否"作为答题要求,而是要给学生更多自行思考和表达意见的机会,设置一些"两难"的问题,让学生们大胆思辩,各抒己见,解放了学生的时空,给学生提供更多的表现机会,以辩论作为驱动的百家智慧,都能在课堂上得以启蒙,并且以综合的方式交融并蓄。"思辩"意味着观点的交锋与碰撞,它充盈着灵动的智慧,洋溢着人性的光辉,学生们通过亲身参与科学研究,层层深入,循序渐进,从认知、情感到行为等各方面都积极主动地投入到学习过程中去勇于思辩、生成智慧。思维的碰撞有利于学生学会分析问题,产生智慧的火花,培养学生从实际出发、实事求是的科学态度和独立思考、大胆探索、敢于质疑、追求卓越的创新精神,养成正确的人生观与价值观。例如,必修三的第三单元提到要坚持依法治国和以德治国相结合,在课堂上可以据此开展小型辩论赛,而课堂辩论是一种典型的互动性思辩活动,所谓"灯不拨不亮,理不辩不明。"可以让学生在课前做好辩论准备,辩论题目类似"正方:社会稳定主要靠德治""反方:社会稳定主要靠法治"等诸如此类"两难"的辩题,课堂上不拘泥于辩论的正规模式,可以在自主选择和老师的统一协调下,所有学生分为正反两方,老师作为主持人,开展限定时间内的自由辩论,整个辩论过程中,全体学生是"主角",教师是"配角",注重学生在辩论中的语言阐释、说明和表达能力,同时也要注意给学生充足的思考和提升空间,可以进行适当的因势利导,及时捕捉,巧妙引导,借机深入,引学生交锋思想,碰撞智慧。通过开放式的辩论模式,可让每一个学生都能引经据典展开自由辩论,在辩论中各抒己见,思维和表达能力得到发展。对于思辩结果,可以让学生互相评价,教师可以进行其有针对性的提问,引导学生积极开展有效的互动,学生可以通过辩论达成共识,在思辩中产生智慧,形成结论:既要重视发挥法律的规范作用,又要重视发挥道德的教化作用,应以法治体现道德观念,强化法律对道德建设的促进作用,以道德滋养法治精神,强化道德对法治文化的支撑作用,实现法律和道德相辅相成、法治和德治相得益彰。

三、解决问题——开拓式体验

政治课堂教学需要延伸到社会实践之中,为学生提供更广阔的时间段舞台,社会是个大舞台,更是一本取之不尽用之不竭的大教材,理论只有和实际相结合才能永葆青春期的魅力,只有走出书斋、走向社会,才能让学生体会到理论不只是虚无缥缈的空中楼阁,而是来源于沸腾的社会生活,因此课堂学习的最终目的,是要引导学生到社会大课堂中去体验。所谓开拓式体验,是指让学生在课堂上进行思辩感悟之后,综合联系实践活动的要求,密切关联自身的生活经验和社会实际,走出校门、走进社会,在开放的空间中开拓自身的学习资源。学习理论最终是为了将理论用于指导实践,指导生活。学生的实践,特别是社会实践,在课程实施中占据了重要的地位,一个班级的学生的知识经验、能力起点不尽相同,但各个层次的学生都是有充分的学习潜能的,通过社会实践,能充分挖掘每个学生的潜能,让学生把自己的思辩感悟运用到自己的生活实际之中。例如,必修四的《哲学与文化》介绍了"物质是本原,意识是物质的派生物,物质决定意识。世界是物质的世界,世界的真正统一性就在于它的物质性。""事物的发展有一个从量变到质变的过程,量变是质变的必要准备,质变是量变的必然结果。我们要重视量的积累,不失时机地促成事物的飞跃"等马克思主义哲学原理。在课堂学习到的知识原理可以在社会大课堂中得体验和论证。所以在资料和问题探讨中,可以将生活实践放在首位,可以建议学生以"探寻上海城市发展的昨天、今天和明天"作为社会实践主题,自由分组,走出校门,走向上海,选择具有代表性的城市地标,比如更新改造完成的五角场环岛及下沉式广场;比如漫步杨浦滨江带,感受百年工业沧桑;再比如寻访红色地标等等,身临其境地观察城市建筑群,并查阅资料,撰写调查报告,论证上海城市规划和发展背后的哲学逻辑,让学生真真切切地感受到哲学无处不在,生活中处处有哲理。最后,各个小组在课堂上进行调查研究汇报,形成自己的体会和感悟,即丰富了知识,拓展了知识面,又能在生活实践中做出科学的价值判断和行为选择,形成正确的世界观、人生观、价值观。

"学而不思则罔,思而不学则殆",思辩能力的培养是高中思想政治教学的核心要素。课堂思辩是一门艺术,是一种学习形式,更是一种学习理念,深度思维的课堂是思辩的课堂,教师在课堂教学中重视学生思辩能力的培养,教学才能捕获"动态生成"的契机,对学生学科能力的全面提升有重要促进作用。高中生有独立思考的能力和意愿,教师要抓住学生的思维特点进行教学设计,给学生带来有效的学习启迪,让学生通过分析、归纳、演绎、比较、整合等思维实践,更好地融入学习情境,能营造更多精彩和美丽,让思想政治课堂开出"思辩之花",迸发"思辩之美",从而有效培养学生思辩能力,学会从社会课堂中提高自身的分析能力,最终"精于思,美于言,秀于心,慧于行。"

参 考 文 献

[1] 钱佳.有效情境,让议题式教学"活"起来[J].新课程导学,2021(28):77-78.
[2] 李丽.高中政治教学中学生思辩能力的培养策略[J].广西教育,2019(18):41-42.

基于"尚美课堂"实践框架的思政课教学研究

崔玉茹

摘 要 "尚美课堂"的实践框架包括由低到高的四个层次,即感知美、体验关、鉴赏美、创造美,旨在培育学生的"四维"审美素养,即审美态度、审美能力、审美趣味、审美品位。本文基于"尚美课堂"实践框架,阐述思想政治学科单元活动设计、作业设计等教学活动中渗透美育的路径,即以审美资源的整合,丰富学生体验美的载体;以审美关系的建立,提高学生感受美、表达美和鉴赏美的能力;以审美能力的习得,提升学生创造美的能力。将学科专业知识、技能和美育教育融为一体,以教学智慧唤醒、激发和改造学生经验,通过有结构的教学系统,培养全面发展的、能够创造美好未来的社会主义建设者和接班人。

关键词 美育 思想政治课教学

美育之所"育",并不是指向一般意义上的"知识"或人的"知识能力",而主要是人在面对具体生存现实以及人自身精神需求过程中的个体发展能力。这种能力不仅包括人的知识学习能力、专业技能掌握和运用能力,更主要的,还包括了人积极应对社会及个体发展需要的能力等诸多方面。"以美育人":是开启一种新的、思考自我、人生和世界的育人方式,为学生健康成长打好基础,为幸福人生增添能量。"以美育人"要通过引导学生积极感受、全身心参与、丰富自己的情感经验、培养积极向上的审美态度,更好地感知自我、理解他人、发现意义,从而实现身心的和谐发展。

"尚美课堂"的实践框架包括由低到高的四个层次,即感知美、体验美、欣赏美、创造美,旨在培育学生的"四维"审美素养,即审美态度、审美能力、审美趣味、审美品位。笔者认为,美育是一个从实践上升到感性认识,从感性认识上升到理性认识,最终再回到实践中去的过程,这个过程不是一节课或者几节课就能够完成的,更不是一蹴而就的。美育需要层层推进,通过结构化和序列化的审美活动来实现。单元视域下的美育实践的层层推进可以建立以下的模式,并结合学科特点进行具体化处理:教学过程中的多种感官刺激使学生获得审美体验→启发学生发现学科素养中的美→在体验式学习过程中实现思维的升华、灵感的碰撞、认识深度的构建→将体验到的美表达给他人→按照美的构建规律来建设自己对学科概念、模型、原理、规律等的理解,实现创造美的升华。

综上,本文拟基于"尚美课堂"实践框架,阐述思想政治学科围绕美育的单元教学活动设计与实施方法。

一、以审美资源的整合,丰富学生体验美的载体

学习是通过体验转化获得知识的过程,因此,体验与学习紧密联系、不可分割。最早提出体验对学习具有促进作用的是美国教育家杜威,他认为获得真知需要通过实践活动,即著名的"从做中学",强调实践的重要性,将"直接经验+反思"作为体验式学习的内涵。

美,首先源于形式上的感官体验。因此,需要在学科美育设计中整合各类资源,使学生获得审美体验,凝炼美育指向。以统编教材必修四《哲学与文化》第三单元为例,该单元的教学要求是:①辩证地看待传统文化,领会对中华优秀文化进行创造性转化、创新性发展的重要意义,弘扬民族精神;②感悟世界文化的多样性,理解文化多样性的价值,明确文化交流互鉴的途径和意义;③辨识各种文化现象,领悟优秀文化作品的影响力和感召力,展示中国特色社会主义文化自信。而中华优秀传统文化饱含丰富的美育思想,中华优秀传统文化是中华民族的精神指向,是国家文化方针政策的重要抓手,更是美育教育的核心内容。新时代美育肩负的责任已超越了艺术知识学习和技艺传授,承载了传承中华优秀传统文化、实现中华民族伟大复兴的历史使命。基于此,笔者结合单元学习要求,设计了以"小组探究:正确对待中华传统文化和外来文化"为主题的单元作业,旨在将文化资源转化为丰富的美育实践,具体如下。

(1)目的。正确对待中华传统文化与外来文化,弘扬中华优秀传统文化,自觉做中华文化的传播者。

(2)要求。以小组为单位,选取上海某一热门旅游景点进行调查研究,比较中西方文化元素,探究彼此的差异及相互之间的关系。

(3)设置评价组(1组)+展示组(若干)。①评价组抽签决定:根据展示要求提前一周制定和公示评价量表,然后在课堂上现场评价。评价量表的要求:结合

展示要求,并体现学科特点。②展示组的要求:用 PPT 展示,课代表提前收 PPT。

(4)展示要求。设计并展示文化交融与文化发展——上海景点文化路线:①确定大致路线,报备课代表;②设计上海景点文化路线图和沿线重要景点,并对其中一个景点作重点介绍;③列举并展示一个景点及整条文化路线所呈现的"中国元素""西方元素"、正在失去但具有保留价值的"中国元素";④提出该路线的改造建议,以进一步弘扬中华优秀传统文化,继承革命文化,弘扬社会主义先进文化;⑤展示小组内部的具体分工;⑥注明参考的文献资料的出处。

以上单元作业设计,旨在整合校内外审美资源,丰富学生体验美的载体,更为重要的是将这些资源与培育学生唯物史观、辩证思维、家国情怀、文化自信、公共参与等政治学科素养之间建立能够自洽的逻辑联系和情感认同。在学生的作品展示及相互评价中,既是对上海景点中的中西文化的解读学以致用,也是在探究文化传承与文化创新的过程中鉴别美、评价美、生成美,从而正确对待中华传统文化与外来文化,弘扬中华优秀传统文化,自觉做中华文化的传播者,回归美育的本质。

二、以审美关系的建立,提高学生感受美、表达美和鉴赏美的能力

我国当代著名的文艺理论家和美学家蒋孔阳先生曾说,人间之所以有美,以及人们之所以能够欣赏美,是因为人与现实之间存在着审美关系。在审美实践中,对一位没有阅读过《红楼梦》的人来说,即使他具备较高的审美水平,作品也具有潜在的审美元素,但如果两者之间不建立审美关系,则难以展开审美活动。从美育的视角来看,教育情境中的主客体间、各主体间需要构建审美关系,应遵循美学规律进行教育活动。以学生为核心,至少可以构建四种审美关系,分别存在于学生与环境之间、师生之间、生生之间、自我之间。应以审美关系的构建,建立生活世界与书本世界的联系、教学内容与美育之间的联系,建构有意义的学习经历,从而实现价值的传递和人格的培育。以统编教材必修三《政治与法治》第一单元《中国共产党的领导》为例,该单元的教学目标是让学生了解中国共产党的性质、宗旨和指导思想,把握中国共产党成为执政党的必然性和保持长期执政地位的重要性等。在进行单元关键活动设计时,笔者注重审美关系的建立,开展了美育渗透(见表1)。

表1

单元核心知识		单元学习活动	美育活动
中国共产党执政是如何成为历史的必然和人民的选择的	没有共产党就没有新中国	朗读《共产党宣言》的名言名句，分享朗读技巧和对科学社会主义理论的感悟，表达对共产主义社会的憧憬	建立开放的师生对话、生生交流，在《共产党宣言》名言名句的朗读分享中，表达对社会主义理论的理解，探索思维之美，畅想未来生活之美
	中国共产党领导人民站起来、富起来、强起来	情境讲述"文物守护者——复兴之路"：结合中国国家博物馆的"复兴之路"主题展览，了解近代以来中华民族的苦难历史，以及中国共产党领导人民站起来、富起来、强起来的艰辛探索和辉煌历程，增强学生对中国共产党执政的认同感	学生通过讲述文物背后的历史故事，了解党史。教师通过创设活动情境，建立生活世界与书本世界的联系，引导学生感受从苦难走向辉煌的奋斗之美
中国共产党执政为什么能够成为历史的必然和人民的选择	始终坚持以人民为中心	探究与分享"文物守护者——我们要铭记什么"：分享与党的历史有关的纪念品，围绕"我们要铭记什么"，在理论维度和实践维度统一的深刻认识中国共产党的初心和使命。欣赏歌曲《不忘初心》，感悟党的十八大以来中国共产党践行初心和使命	通过图片影像、音乐等形式，提升审美感知能力并增强爱国、爱党、爱人民的情怀

三、以审美能力的习得，提升创造美的能力

个体对自我价值的审美需求，只是对自我"人生艺术化"的思考。如何实现这一理想还需要在审美能力习得与审美实践参与的过程中，逐步掌握其要义。审美能力的习得，就是自我发展能力的习得。它需要建立在感性的认知能力、理性的思维能力、强大的实践能力、健康的交往能力基础之上。不同性质课程的能力训练各有侧重，但是也有共通的遵循。比如单元视角下的问题链驱动与师生之间的深度对话，在尝试、发现、想象、假设、验证等探究活动中，以发现美来激活学生的创新思维，来表达美和创造美。

以统编教材必修四《哲学与文化》第三单元文化传承与文化创新的单元活动设计为例，本单元的关键活动是围绕文化现象从《唐宫夜宴》到"奇妙游"系列的

火爆,开展文化传承与创新的探讨,就如何出圈、因何出圈、出圈之后如何发展,探索文化现象背后的文化实质,探索如何激活中华优秀传统文化活力以增强其影响力和感召力。笔者通过创设教师、学生、情境、文本之间的关联,通过"问题链"设计,展开关于文化传承与创新的师生深度对话,创设感受美、鉴赏美、创造美的学习历程。

以冬奥会开幕式的精彩片段为例,开展师生对话。"开幕式美在哪里?""新时代如何表达美、传递美和创造美?"在此问题链中引导师生深度对话,将学科内容、开放性问题、真实情境、价值判断实现统一,将学科专业知识、技能和美育教育融为一体,从"我"到"我们"讲好人类命运共同体的故事,建立科技与美的关联、公共参与能力与创造美的关联,升华学生情感体验,并培育解决复杂问题的能力,提高对中国特色社会主义文化的理解、认同和自信。这一探索的过程就是美育的历程。

美育的根本目标在于促进人的全面发展,将人的需求与价值实现作为其终极关切,这也是一切育人工作的出发点和归宿,因此,对美育的探讨,能够为我们把握、遵循人的发展规律,提供重要依据。2022 年 1 月教育部印发了《普通高中学校办学质量评价指南》,其中就学生发展方面,明确了包括品德发展、学业发展、身心健康、艺术素养、劳动实践等 5 项关键指标,突出五育并举、全面发展,强调重素质、重能力的评价要求。笔者认为,指向深度学习的单元设计和尚美课堂的构建,需要以教学智慧唤醒、激发和改造学生经验,通过有结构的教学系统,培养全面发展的、活生生的、能够创造美好未来的社会主义建设者和接班人。

参 考 文 献

［1］中华人民共和国教育部.普通高中思想政治课程标准(2017 年版 2020 年修订)[M].北京:人民教育出版社,2020.

［2］华丽桃.高中思想政治课微课设计中的美育初探——以《寻故宫灵韵 传文化之美》微课设计为例[J].中学教学参考,2021(19):56－57.

［3］周涛.强化美育在高中思想政治课教学的路径研究[D].西宁:青海师范大学,2022.

历史学科中的美育体验
——有感于《西汉与东汉——统一多民族封建国家的巩固》教学设计

顾燕萍

摘　要　本文以历史学科中的美育体验为目标,以《西汉与东汉——统一多民族封建国家的巩固》这一课为切入口,通过整合教材来挖掘美育内容,通过设计教学过程来实现美育体验,通过改进评价方法来实施和谐教学,在历史学科的教学中开展"尚美课堂"的实践。

关键字　历史学科　美育

什么是美? 李泽厚认为,人类在改造自然世界中的主体善的目的性与客观事物真的规律性相统一,就是美的本质和根源。上海市民星中学在新一轮五年规划中确立了"向美而行,以美育人"的核心办学理念,通过开展"尚美课堂"的研究与实践,探索出适合学校的课堂教学模式。"尚美课堂"的实践框架包括由低到高的四个层次,即感知美、体验美、欣赏美、创造美,旨在培育学生的"四维"审美素养,即审美态度、审美能力、审美趣味、审美品位。历史学科应以其丰富的知识为载体,通过历史资源的整合,让学生感受中华历史中的文化之美、科技之美、意志之美及爱国之美,让学生获得审美体验。在历史课的教学中,教师要重视美育,善于发现学科之美,充分发挥美育的作用,提高学生的审美能力,培养学生高尚的审美意识,并以发现美来激活学生的创新思维,从而提升学生创造美的能力。下面结合《西汉与东汉——统一多民族封建国家的巩固》这一课的教学设计来探讨如何发现美、体验美。

一、整合教材,细化目标,挖掘内容之美

新课程要求教师不是"教"教材,而是"用"教材教。这就要求教师要深入学习课程标准,仔细钻研教材,并结合学生实际,对教材进行补充、延伸、重组、灵活

使用教材,使教材更具开放性。现行教材采用的是模块教学法,教材内容贴近学生的生活,符合学生的生理和心理特征,知识覆盖面广,需要教师去挖掘、去领悟并创造性地使用。教师应该从多方面入手进行预设,有备而来、有备无患,尽可能多的将学生在学习中可能出现的新情况预设到,以便教师在课堂教学中的及时调控,适当删减或调整,保证课堂教学的有效生成。

在《西汉与东汉——统一多民族封建国家的巩固》一课中,教学重点是掌握并理解汉武帝巩固统一多民族封建国家的措施及意义,在通读教材和完成教学设计后,笔者细化了教学目标,决定从政治、经济、思想、军事及对外等方面来加以叙述和概括,让学生通过自主学习、阅读课文、制作表格、小组讨论等方式归纳汉武帝制定实施的系列措施,然后和学生一起探讨实施这些措施的影响和意义,以加深学生的记忆和理解(见表1)。

表1　汉武帝为巩固统一采取的措施及其作用

	措施	作　用
政治	设中朝	加强皇权
	推恩令	加强中央集权
	设十三州刺史	加强中央集权
	察举制度	有利于选拔人才
经济	改革币制	增加政府财政收入,抑制工商业
	盐铁官营	
	均输平准	
	抑制工商业	
思想	罢黜百家,独尊儒术	利用思想统一巩固政治统一,确立儒学独尊地位
军事	北击匈奴	巩固边疆,开疆拓土
对外	张骞出使西域	开辟中西方交通要道

在讲述以上内容时笔者发现,丝绸之路的开辟既能反映出汉武帝时期西汉的强盛,也能让学生感受中华文化之美。于是在教学设计环节,笔者增加了一个内容,即要求学生上网查找资料,使学生全面了解张骞出使西域、丝绸之路的开辟及"一带一路"等方面的知识,感悟古人不畏艰险、勇于开拓的精神和坚强意志及今天建设"一带一路"的必要性,认识丝绸之路在古代和今天的价值,感受中华文化之美。

二、精心设计,激发思维,创设体验之美

提问是课堂教学的一个重要环节,是教师促进学生思考、传授知识的重要手段,也是教学过程中教师和学生之间常用的一种相互交流的方式,在教学中有着重要的意义和作用。

在《西汉与东汉——统一多民族封建国家的巩固》一课中笔者精心设计了情境提问:如果你是汉武帝,面对这几方面的问题,你会怎样解决?据此把学生带到2000年以前,激发学生的思维。同时针对"如何评价汉武帝",笔者设计了课堂讨论,并根据学生的回答帮助学生提炼要点,引导学生运用历史唯物主义观点看待历史人物,学习评价历史人物的一般方法。在学生的回答中,教师要认真倾听,对于回答出色的学生给予高度的评价,使他们享受被赞赏之后的喜悦;同时对于因为胆小害怕而说话语无伦次的学生也应适时给予鼓励,提供关键字,引导和缓解他们的紧张情绪,使他们享受被肯定之后的喜悦。创设情景提问及开展课堂讨论,使我深刻体会到课堂提问要集中,不能太散乱,指向性要明确,利用历史学科的特点,带领学生穿越时空;展开课堂讨论时要多鼓励、多引导、多肯定,为学生创设思维环境,符合学生实际,给予一定帮助,让学生在教师的引导与启发下感受学习之美。

三、关注评价,师生互动,感受和谐之美

教学评价是促进学生全面发展和教师自身发展的重要手段。在教学中应把教师评价和学生评价有机地结合起来,这样评价结果才能符合客观实际,才能被学生乐意接受。

以往教师往往只关注自己的评价,造成的后果是有时评价结果不被学生接受,导致教学达不到应有的成效。从心理学角度出发,虽然每个学生的个性不同、认知水平不同,但每个学生都十分渴望得到他人的肯定和支持,因此在教学中,为了激发学生自主学习的动力,教师应努力创设和谐平等的师生关系,重视学生的自我评价和同伴的评价,让学生在课堂交流中展示自己的才能,增强其继续努力的信心。

在《西汉与东汉——统一多民族封建国家的巩固》一课中,笔者设计了自评与反思:学生在上完课后可以根据自己掌握知识的程度进行自我评价,针对疑难问题可以在课后通过多种渠道(网络、书面等形式)与教师进行交流,教师可以从学生的学习评价中了解学生对这节课的掌握程度,整理学生不易理解的知识并再次进行分析与讲解,提高学习效率。这一方式可在逐步提高学习效率的同时,

增强学生与教师的感情交流,提升教学成效,有助于师生和谐关系的建立,让学生感受到和谐之美。

学校教育的本质在于促进学生的全面发展,在历史教学中关注美育教育,挖掘美育内容,让学生在接受知识的同时,能有一双发现美的眼睛,一颗感悟美的心灵,一种表达美的能力。

每一个历史教师都应借着历史学科得天独厚的条件,在教学中积极尝试,精心付出,为崇高的教学事业做出应有的贡献。

参 考 文 献

[1] 李泽厚.李泽厚十年集[M].合肥:安徽文艺出版社,1994.

[2] 冯怡.基于家国情怀与审美培育的视域融合——以"中国传统文化中的群像"为例[J].中学历史教学,2020(9):45-47.

[3] 皮连生.教与学的心理学(修订版)[M].上海:华东师范大学出版社,1997.

[4] 张大均.教育心理学[M].北京:人民教育出版社,2004.

[5] 许斌.统编高中历史教科书——教学设计与指导[M].上海:华东师范大学出版社,2022.

[6] 刘军.历史教学的新视野[M].北京:高等教育出版社,2003.

不能忘却的美
——历史教学中的美育熏陶

唐承群

摘　要　美育是历史教学的重要目标之一。在高中历史教学中应充分发挥学科优势,使学生在学习过程中发现美、认识美、创造美,让学生在潜移默化中接受美的教育,受到美的熏陶,从而提高审美情趣和审美能力,使素质教育的功能得到充分发挥。

关键词　历史教学　美育

2015 年 9 月,国务院办公厅印发《关于全面加强和改进学校美育工作的意见》并指出,美育不仅能提升人的审美素养,还能潜移默化地影响人的情感、趣味、气质、胸襟,激励人的精神,温润人的心灵,美育与德育、智育、体育相辅相成、相互促进。美育,就是借助于美的对象,陶冶青少年的情感,让他们形成正确的审美观、高尚的审美理想和健康的审美情趣,培养他们按照美的规律创造美的才能。由此可见,美育的核心是提高人的素质,培养青少年的精神风貌和提高青少年的文明程度。因此,教师在教育教学中应引导学生进入美的殿堂,让学生在美的世界里徜徉、遨游,使他们了解和把握真正的美,这也是教育者的职责。历史学科有着丰富的美育资源,教学中,笔者尝试把美育融入具体的事例中,以达到实施美育的目的。下面是笔者对课堂实践的几点总结。

首先,应通过历史教学,告知学生美的来源——劳动,即劳动创造了美,美源于劳动。劳动与美有着密切的关系,劳动使人类从动物界中独立出来,为了生存,我们的祖先学会使用和制造工具,而通过对石器时代石器工具造型的考察,可以发现元谋人和北京人制作的石器粗糙简陋,而山顶洞人制作的石器则匀称规整,而且还出现了用砾石、兽齿、兽骨打孔磨制而成的装饰物。这些器物不但表明早期人类的劳动实践能力提高,而且体现出我们的祖先仍对美有追求。高尔基曾说:"世界上最美的东西是由劳动创造出来的。"诚然如此,大到气势磅礴的都江堰工程，威武雄壮的秦始皇兵马俑，迤俪万里的长城，小到半坡氏族的人面陶盆，薄如蝉翼的丝织品，景德镇的精美瓷器，无不体现了震撼人心的美，而它们无一不是我们的祖先的劳动与智慧的结晶。

　　其次，艺术美是美的集中体现，故应通过历史教材中书法、绘画、建筑部分的内容对学生进行艺术美的熏陶。中国书法在创造伊始，就不像其他民族的文字，仅停留在作为符号的阶段，而是走向艺术美，成为表达美感的工具。我国的书法艺术源远流长，丰富多彩。教学中，笔者展示了几位书法家的作品，引导学生从点画的粗细搭配，字体的长短大小，字形的巧拙正倚，用笔的轻重快慢，用墨的浓淡枯润，字与字的上下呼应，以及行与行的疏密错落等方面加以欣赏，体会书法家不同的书法特点（如颜真卿的"肥"、柳公权的"瘦"、米芾的"险"），使他们对书法之美有了初步的认识。绘画主要通过运用色彩、线条和形体来反映现实生活中的美。教学中，为了帮助学生发掘绘画之"美"，笔者先展示了南宋著名画家马远的《寒江独钓图》并引导学生理解画的意境。接着，笔者展示了达芬奇的《蒙娜丽莎》：画中妇女神情优雅、清秀端庄，如云的头发，明亮的眼睛，微揿的嘴唇，自然交搭的双手，有着说不尽的美。两幅画把"美"淋漓尽致地展示于学生眼前，加深了他们对"美"的认识和理解。建筑艺术通过平面布置，内外部空间结构的处理，门窗柱子的式样，以及整个建筑的色调配置，体现了一种造型美。古今中外有很多杰出的建筑，如故宫、长城、金字塔等。教学中，为了帮助学生理解"建筑是凝固的音乐"，笔者介绍了故宫的建筑"我国这一现存最大最完美的古代建筑群是在一条由南到北的中轴线上展开，从天安门入端门到午门，一个门洞套着一个门洞，层层推进，这种笔直幽深的空间变化造成一种神秘而严肃的气氛，一过午门，顿觉开朗，再过太和门，空间更加开阔，占地二点五公顷的宽阔空间给正面耸立在汉白玉台基上的太和殿增添了一种宏大壮丽的感觉。从天安门到太和殿，地平标高逐渐上升，建筑物形体越来越大，庭院面积逐渐开阔，这些逐步展开的空间变化如同乐曲中渐强音，充分烘托了太和殿这个辉煌的高潮……"，这样的介绍无疑有利于学生认识到了建筑那种宏伟、大气的"美"。

　　再次，应通过历史教材中的诗、词、戏曲、小说等，让学生体会文学的美。文学的美是通过语言、文字、韵律、节奏、结构等的有机组合来体现的。笔者在教学中紧紧抓住这些能够表现美的元素，并加以发挥、渲染，将其转变为可感知的艺术形象，从而带给学生美的享受。例如唐诗中有这么两句描写塞外大风雪的诗"忽如一夜春风来，千树万树梨花开"，在学生朗诵后，我加以解释：诗人利用想象，将积在树上的皑皑白雪喻为犁花，于是凛冽的寒意没有了。人们面前仿佛展现了一个银色的繁花世界，产生了一种洁美的感受；而"大江东去，浪淘尽，千古风流人物"、"怒发冲冠,凭栏处,萧萧雨歇""北国风光,千里冰封,万里雪飘"则给了我们无限壮美的感受,"问君能有几多愁,恰似一江春水向东流""寻寻觅觅,冷冷清清,凄凄惨惨戚戚"又准确生动地表现出一种愁苦悲凉的心境,使人产生一种凄美的感受……文学的大花园里,美不胜收。

最后,应在历史教学中通过介绍一些伟大的历史人物的事迹来培养学生的社会意识。社会美是指人类社会中各种事物的美。因为人是社会实践的主体,所以社会美主要集中体现在人的身上,尤其集中体现在代表先进阶级和广大人民群众利益的伟大历史人物的身上。例如,方志敏烈士在被敌人关在牢中时曾给友人去信写道:"我相信,到那时,到处都是活跃的创造,到处都是日新月异的进步,欢歌将代替了悲叹,笑脸将代替了哭脸,富裕将代替了贫穷……明媚的花园将代替了凄凉的荒地""假如我还能生存,那我生存一天就要为中国呼喊一天;假如我不能生存——死了,我流血的地方,或者我瘗骨的地方,或许会长出一朵可爱的花来,这朵花你们就看作是我的精诚的寄托吧! 在微风的吹拂中,如果那朵花上下点头,那可视为我为中华民族解放奋斗的爱国志士们致以革命的敬礼! 如果那朵花左右摇摆,那可视为我在提劲儿唱着革命之歌,鼓励战士们前进啦!"又如,十七岁的卡尔·马克思在论文《青少年在选择职业时的考虑》中写道:"在选择职业时,我们应该遵循的主要指针是人类的幸福和我们自身的完美……"再如,革命烈士陈然在狱中写道:"对着死亡我放声大笑,魔鬼的宫殿在笑声中动摇。"这样的诗句对于学生树立远大的理想,培养高尚的情操,进而塑造健康完美的人格无疑都会起到积极的作用。

总之,美育是中学历史教学的重要一环。实施美育应立足于"导",将美育贯穿于平时的教学之中,惟有如此,才能使学生潜移默化地受到美的陶冶,加强他们的审美意识,提高他们欣赏美和创造美的能力,使他们获得更加全面和谐的发展。

参 考 文 献

[1] 朱光潜. 谈美书简[M]. 北京:中华书局,2012.
[2] 万福,于建福. 教育观念的转变和更新[M]. 北京:中国和平出版社,2000.

浅谈美育在高中地理教学中的渗透与应用

魏圣梁

摘　要　美育是审美教学与美感教学的结合,是一种全面培养学生的审美意识和审美能力的教育手段,是新时代培养德智体美劳全面发展的社会主义建设者和接班人的重要着力点,也被称为审美教育。地理学科注重实践,含有丰富的美育元素,地理教师要善于使美育与学科教学相互渗透、融为一体,在"美"的引领下传授知识、启迪智慧、启发思维、增强学生的审美情趣,提升学生的审美能力,让学生树立崇高的审美理想,这也是学科育人的重要路径和关键环节。

关键词　高中地理　美育　教学

美育,即"以美育人",旨在通过教育提升人认识美、理解美、欣赏美、创造美的能力。教育部在《关于深化教育改革全面推动素质教育的决定》中指出,实施素质教育,必须把德育、智育、美育等有机地统一在教学活动的各个环节中,美育能陶冶情操、提升素养,还有助于开发智力,对于促进学生全面发展具有不可替代的作用。著名教育家蔡元培曾说:"凡是学校所设置的课程,都没有与美育无关的。"地理学科包含自然地理和社会人文地理两个方面,具有非常丰富的美育元素。因此,应挖掘地理学科中的美育元素,并将美育元素有机地融入教学之中,让学生在习得地理知识的同时,加强对美的感知、欣赏与创造,在潜移默化中不断提升学习能力、开发智力、陶冶情操,从而培养学科核心素养,提升认知水平。

高中生正值芳华,已经具备了一定的科学文化素养,美育在课堂教学中的渗透不仅能够通过情感加强认知、产生共鸣,还可以进一步引导学生形成正确的价值观,激发对地理学习的热情、向往与创新,有效促进地理核心素养的达成,实现中学生的全面发展。因此,积极挖掘地理学科中的美育要素,由感知美、欣赏美、创造美三个维度开展日常教学,具有一定的现实意义。

一、感知美，激发地理学习热情

"美感起于形象的直觉"，这是著名美学家朱光潜对美的解读。相较于教师单一的口述、学生单一的倾听，利用现代教学手段，如板画、幻灯片、录像、多媒体、地理模型等，能够达到图、文、声并茂的效果，给予学生多重感官体验，使其获得丰富的情感体验，有利于提高学生的地理审美情趣，营造轻松愉快的教学氛围，加深学生的记忆。例如，在学习必修一第一单元"行星地球"时，笔者在课堂上向学生呈现了浩瀚宇宙中的各种天体，以更加直观地让学生了解地球在宇宙中所处的位置，让学生感知人类之于地球、地球之于宇宙的渺小，激发学生学习地理的热情和兴趣；在讲授大气受热过程时，让学生思考孔明灯飞上天和走马灯的原理，据此将他们的视线转向生活中司空见惯却又难以解释的地理现象，挖掘身边的地理学科之美，点燃学生的学习热情，为后续大气运动等知识点的讲授奠定基础。

二、欣赏美，理解地理知识的内涵

地理学科本身就包含着丰富的自然美、社会美和科学美，在鉴赏美的过程中不仅要强调美的感性元素，更要挖掘美的理性内容。让学生学会从地理学科的视角认识和欣赏自然与人文环境，是地理学科核心素养的培养目标。例如，在"地球的演化过程"一课中，笔者通过各个年代地质图片的赏析，让学生置身于几百万年前的地球，感知生命的起源，体会"物竞天择，适者生存"的进化法则。再如，在"海水的运动及其影响"一课中，笔者通过世界洋流分布图，让学生找出不同海区洋流分布的异同点，归纳全球洋流分布的模式和规律，总结记忆方法，使学生对知识的理解更加深入，对规律的把握更加透彻。另外，还可带领学生外出开展课外活动，如组建天文兴趣小组、组织夜间识星、参观天文馆、开展野外考察、观察所居住的小区的土壤和植被特征等。这些丰富多彩的活动，可培养学生的实践能力和创造能力，让学生深处大自然中感受美、欣赏美，激发学生热爱家乡风光、热爱祖国大好河山的美好情感。

三、创造美，促进地理实践运用

在引领学生感知美、欣赏美的基础上，要不断加强学生的实践活动，提升学生创造美的能力，可以结合高中生的心理特点开展多样化的实践活动，让学生能够有更多的机会接触大自然，了解更多的地理事物与地理现象，促进他们主动积极地发现大自然中存在的美，领会地理知识的应用价值。比如，可结合学校历年的主题活动和重大节日(包括学习节、科技节、艺术节、心理健康活动月等)设计地理作品,如地理小报、多媒体课件、调研报告、摄影作品等。值得注意的是,教师要对学生参与的活动给予充分的指导,提前建立评价机制和标准,及时对他们的行为表现进行评价,表彰体现了创造力的作品,鼓励学生积极参加类似的活动,在活动中加深对学科知识的理解,培养学科核心素养。

四、美育渗透和应用于地理学科教学的具体策略

挖掘地理学科中的自然美和文化美,既能拓宽学生的视界,增加学生对大自然的认识,又能用奇特的自然风景、多变的社会风貌给予学生美的感受,培养学生的审美意识和审美能力。

1. 巧用传统文化知识,体现高中地理教学中的文学美

在高中地理教学中,恰当运用我国传统文化知识或载体(如诗歌、散文、民谣、谚语、故事等)来描述和讲解地理事物和地理现象,并辅以多媒体,能收到事半功倍的效果。比如,在岩石教学的导入环节,笔者大量搜集有关岩石的内容(如古代神话传说"女娲补天"、成语"完璧归赵"等),并通过生动的图片激发学生的兴趣,营造良好的课堂氛围;在讲到锋面系统时,用"一场春雨一场暖,一场秋雨一场寒"生动说明冷锋、暖锋过境之后的天气状况。

2. 充分利用教具和多媒体,追求高中地理教学手段的科技美

新课标很早便明确提出,在有条件的地方和学校,教师要利用信息技术和网络技术制作课件和开发网页,以促进教学内容呈现方式、学习方式、教学方式和师生互动方式的变革。因此,信息技术几乎成了当前每一门学科、每一堂课必不可少的组成部分,它可以增强学生身临其境的感受。比如,在讲解地质灾害时,如果只是单纯地用语言进行介绍,则学生很难有深刻的体会,但如果播放一段视频,并辅以背景音乐,学生便会身临其境般地感受到地质灾害对当地人民造成的毁灭性打击。

3. 开展课外活动,创造高中地理教学内容的自然美

辩证唯物主义认识论告诉我们:人们对美的感受不是自然产生的,需要后天培养。到大自然中开展课外活动,是提高审美能力、鉴赏能力的最佳途径。例如,可组织天文兴趣小组夜间识星、开展野外考察(识树辨壤、认识植被)等活动,通过丰富的实地考察活动,既可培养学生的实践能力和创造能力,使学生在领略祖国大好风光的同时了解地理环境的差异,感受自然美,并且以此为基础培养学生的学习能力和思维能力,激发学生热爱家乡、热爱祖国的美好情感,促进学生人地协调观的形成与发展。

综上,感知美、欣赏美以及创造美无不体现地理学科所蕴含育人功能和价值,实践证明,在高中地理教学中融入美育能够更好地创设地理课堂情境,激发学习兴趣、营造浓厚的课堂氛围,理解学科知识和内涵的同时,积极探索并应用于实践生活,树立起正确的世界观、价值观。作为广大高中地理教师的一员,在教学实践的过程中应当积极践行"以美育人"的理念,率先发现美、感知美的存在,通过精心设计的地理课堂、寓美育于其中的地理活动,让学生积极参与其中,对提升审美能力、增强审美情趣、深化审美意识产生积极的作用,也为地理学科核心素养的培育和形成奠定基础。

参 考 文 献

[1] 陈良豪.高中地理教学中渗透美育的探索[J].基础教育参考,2017,(9):55-56.

[2] 钱问举.美育在高中地理教学中的应用[J].新课程导学,2014,(14):13.

[3] 黄丽丽.高中地理教学活动中渗透美育的四策略——以地理必修(人教版教材)为例[J].高考,2020,(30):65.

[4] 罗牧青.高中地理课堂教学中美育实践探析[J].新课程(下),2018,(1):229.

拥抱自然,用心感受生活中的地理之美

周晨露

摘 要 地理学科研究的是地球的事理、规律,在日常教学中教师应引导学生探索自然、感知自然、敬畏自然,发现自然之美和生活中的地理之美,在教学设计中融入美育教育,提高学生的审美能力、观察能力,增强学生对大自然的热爱之情。

关键词 美育 地理教学

"美育"一词最早由著名的教育家蔡元培提出,美育不仅仅是艺术教育,它更是最重要、最基础的人生观教育。2020年10月由中共中央办公厅、国务院办公厅印发的《关于全面加强和改进新时代学校美育工作的意见》指出:美是纯洁道德、丰富精神的重要源泉。美育是审美教育、情操教育、心灵教育,但也关涉思想教育、道德教育、精神教育,对人的言谈举止和礼仪具有打磨作用。美育是以一种创造性的方式和创新的形式来实现的,它与人的创造性思维有着直接的关系。美育体现在思想、道德、行为规范上,在促进人的全面发展过程中是不可缺少的环节。

《普通高中地理课程标准(2017年版)》要求高中地理教学要培养学生的人地协调观、综合思维、区域认知、地理实践能力等地理学科核心素养,学生要学会从地理的视角认识和欣赏地理环境,热爱自然,敬畏自然,懂得人与自然要和谐共处的道理。

一、在教学中使学生获得审美体验

美随处可见,自然界中从不缺少美,而缺少能发现美的眼睛。大自然的美纷繁多样,如日出的一缕阳光冲破云霄、漫天火红的晚霞、巍峨的高山、绵延的溪流、春日的清新秀丽、夏日的炙热浓烈、秋日的叠翠流金、冬日的白雪皑皑等都有它的独特之美。在进行地理教学时,可配上祖国美丽风景的图片,这不仅可以激发学生的学习热情,同时可以带领学生发现生活中的美。例如,在介绍喀斯特地貌时,笔者先用图片展示一些典型的喀斯特地貌,如桂林山水、路南石林、张家界溶洞等,让学生通过赏析图片,感受流水对岩石的塑造之美;在讲解喀斯特地貌的成因时,利用动图展示其形成过程,帮助学生理解地貌成因。

将理论与实际图片对比,引导学生理解桂林喀斯特景区是不同演化阶段的地貌景观的组合,体现了地理环境是不断发展变化的过程。实际的图片也能让学生加深印象,形成地理环境整体性、统一性的观点,培养了学生综合思维能力。在教学过程中引用具体实例,将所要讲的知识点与生活实际联系。譬如学生如果曾在旅游中去过喀斯特地貌的风景区,那么他们会将学到的内容和自己欣赏过的风景联系起来,曾经他们只是惊叹于这些岩石造型如此奇特,在学完本节课以后,学生可对这些地貌的形成过程有更深刻的了解,激发学生探索生活中的美,使学生获得审美体验。

二、引导学生感悟实践之美

"纸上得来终觉浅,绝知此事要躬行"。《普通高中地理课程标准(2017年版)》要求培养学生的地理实践能力,如果不能将自己所学的知识与生活实际联系起来,那么一切的学习如同空中阁楼。例如,在教授月相这一课时,在学生了解了月相变化的原因和规律后,笔者给学生布置了一项任务,即让学生观察记录一个月内每日 7:00 和 19:00 天空是否有月亮及月亮的方位,并绘制当日所观测到的月亮的形态(见表1)。

表1

观测时间	是否有月亮	方位	形态
	7:00		
	19:00		

学生通过观察会发现一个朔望月中,不仅月相会发生变化,而且能够看见月亮的时间也会发生变化,有时候会在早上看见月亮,有时候会在放学的时候看见月亮,而每天同一时刻所看到的月亮的方位会发生变化。在学习完地球自转的相关内容后,笔者让学生将其与月相的知识点相结合,尝试推理月升月落的时间以及方位改变的原因。在观察生活中的月相变化的过程中,学生会好奇月亮为什么会出现这样的变化规律,带着这样的求知欲,结合老师的引导,学生尝试将理论与实践相结合。在实践中发现新的问题,继续深入探索,最终不断完善知识

框架,提升思维能力,培养地理实践力。学生通过记录月相这一活动,不仅学会观察生活,发现生活中的美,还能感受地理实践的乐趣,提高实践能力,感悟实践之美。

三、激发学生创造热情,让学生表现美和创造美

学生在感受美、欣赏美的基础上,通过切身的实践活动,培养对美的创造能力,这是地理教学中美育的最终目的。新课标要求培养学生的人地协调观,在地理教学中加入美育,增加学生的审美体验,增强他们的实践热情,使学生更加热爱自然、尊重自然,为实现人与自然的和谐共生而努力。在教学过程中应适时引导学生在生活中学会创造美,从自己做起,从生活点滴做起,为创建更美好的生活环境而努力。

例如,在黄土高原水土治理这一课的教学中,笔者以小组为单位设置了水土流失实验活动,让学生动手测量不同水量下土块的流失速度,以及铺设草皮和不铺设草皮两种条件下的水土流失状况,据此让学生直观感受水土流失的危害以及解决这一问题对于生态环境的重要性。在授课时,笔者以黄土高原的水土流失为例,通过视频及新闻材料,展示我国在黄土高原水土流失问题上采取的措施。

(1)生物措施:开展防护林、经济林、果园、人工草地的建设。

(2)工程措施:在沟谷处平整土地、修建淤地坝和小水库。

(3)耕作措施:修建梯田、草田轮作。

(4)调整产业结构:从传统种植农业向牧、工、农转型。

并用古今对比图片让学生了解黄土高原水土流失治理成果,据此让学生思考面对生态环境问题时应该怎么做。以前学生对于保护环境这四个字的感受是抽象的,但是通过教学中自己动手实践配合各种文字影像资料了解到不合理的人类开发对自然产生了巨大的负面影响,而这些负面影响也终对我们的生活产生影响。保护环境这句话并不是一句空泛的话,我们要学会爱护自然环境,比如路上遇到垃圾随手捡起来扔进垃圾桶;每日的垃圾分类认真做⋯⋯"不积跬步,无以至千里;不积小流,无以成江海"先从自己身边小事做起。通过这样的教学方式,不仅可以让学生掌握地理知识,同时可以在学生的心中种下敬畏自然的种子,培养学生的人地协调观。

为了美育更好的与地理教学相结合,不仅要求老师在教学活动的设计及教学目标的达成中体现美育,同时在课堂上的教学语言以及教具的选择上也要体现美育。上课时,老师要注意语言的遣词造句,以及语音语调的抑扬顿挫。当老

师用倾注情感的语言来介绍美丽的山水时,往往更能够给学生一种身临其境的感觉,营造出一种美的氛围。学生通过老师的语言介绍,一幅幅生动形象的画面出现在眼前,仿佛眼前就是巍峨的高山,潺潺的溪水,注重课堂上的语言美,可以加深学生对地理事物的理解,更能使学生获得必要的美感。在课堂教具的选择上,也要注重美育的渗透,在地理教学中我们常常会借助图片、画片、标本、模型等,我们要选择富有表现力和感染力、艺术性强的教具,使学生愉快地看而不厌。比如在教授主要的地貌类型时,选择大量祖国大好河山的图片,学生将图片与其相对应的地貌相匹配,学生在看见祖国的壮丽风景,会时不时发出惊叹,在进行景观与地貌类型的匹配时学生的参与会更加积极。使用合适的教具,不仅可以提高学生的积极性同时也能够增加课堂的趣味性。

地理学主要是研究地球表层各种自然现象和人文现象,以及它们之间相互关系的学科,其中存在着大量的美的元素。《地理教育国际宪章》中有这样一句话:"地理在各个不同的级别的教育中都可以成为有活力、有作用和有兴趣的科目,并有助于终生欣赏和认识这个世界。"让美育走进地理课堂,教师创设美的情境,并引导学生欣赏美,有利于学生健全人格的培养,实现全面发展。在日常教学过程中有意识地将美育融进课堂,真正实现以美育人。

参 考 文 献

[1] 黄万元. 在地理教学中进行美育教育的尝试[J]. 福建基础教育研究,2013,(5):69.
[2] 李思路. 美育在中学地理教学中的运用[J]. 高考,2018,(23):175.
[3] 陈良豪,肖永贵. 地理教学中融合美育的意义、原则及策略[J]. 辽宁教育,2021,(7):9-12.

发现心理学学科教学之美
——心理学课堂实践探讨

李歆贻

摘　要　重视美育是学生实现全面发展与多样化成长的需要。心理作为触及学生心灵的学科,更需要思考如何在课堂中做好美育工作,让学生感知美、体验美、欣赏美、创造美,增加学生的心理韧性,提高学生抗挫折能力,培养学生良好的心理品质。本文将详细探讨在课堂教学过程中心理学学科之美的具体体现。

关键词　美育　心理　实践

习近平总书记指出,要做好美育工作,坚持立德树人,扎根时代生活,遵循美育特点,弘扬中华美育精神,让祖国青年一代身心都健康成长。因此,广大教育工作者要进一步认识到美育工作的重要性和必要性。美育包括几个方面,如语言形式美、思想美、文化美、逻辑美、哲思美、科学理性实践美等。美育的目标是让学生懂得如何感受美、欣赏美、创造美,笔者从以下几个方面具体阐述在课堂中如何渗透与实践美育。

一、思想美

拿破仑曾说:"世上有两种力量:利剑和思想;从长而论,利剑总是败在思想手下。"17 世纪法国哲学家帕斯卡尔在《人是会思想的芦苇》中写道:"思想形成人的伟大,是人的全部尊严的所在。"由此可见思想的重要性。

高中生的生理、心理正处在变化发展时期,各种能力逐步提高,自我意识逐步增强。他们开始追求父母和教师影响不到的内部世界和社会活动。因此高中生人际交往的需求迅速发展,范围得以迅速扩大,而且交往的性质也发生了变化。一方面因为他们共处同一个时期,面临着同样的问题,有着彼此平等的地位和更多的共同语言;另一方面同伴之间的交往更能促成他们从同伴、从集体对自己的反映中发现自己、认识自己并进而完善自己，这也正是他们所期望的。同时，人际交往也能满足他们归属的需要、尊重的需要。高中生通过与同伴交往进行情感交流，使自己能被别人接受、理解、关心、喜爱，尤其是亲密的交往，能使自己得到心灵上的慰藉。随着信息时代的来临，高中生的交友方式发生了一定的变化，不少人钟爱网络交友。于是如何引导学生科学合理地使用网络，享受健康的网络生活，成为教师需要考虑的一大问题。为更好地让学生表达他们的观点和思想，笔者结合网络交往的主题，组织学生开展了辩论赛。例如，在"e 时代的交往"一课中，教学目标为积极探索 e 时代人们交往方式的改变，以及这种改变带来的有利和不利影响，笔者选择通过辩论赛这一方式达成教学目标，课前教师公布辩论赛主题：网络使人更亲近了（正方）还是更疏远了（反方），并每方选择了三名同学进行参赛者，其他同学作为观众。参赛者进行了充分的赛前准备，在课堂上呈现出有趣多样的观点，例如网络缩小了空间距离，促使了人们更好的交流和沟通，使得人们之间的关系更亲近了；认识新朋友更方便，借"关键词""标签"等发现一个个的小共同体圈子；网络这种虚拟的特点，为人们提供了一个袒露胸怀，抒发情感的空间……反方的同学持有不同的观点：线下交往更具有真实性；时间和空间的不同也可能引发我们和交流对象的距离感；网络的先天因素决定了它无法提供诚信发展的沃土，就是这样的虚拟性和欺骗性，造成人的心理戒备……观众虽然没有直接参与比赛，但很多同学也在赛后发表了自己的观点，辩论赛这一形式对于学生来说新颖有趣，可以激发他们的表达欲望，使他们感受到课堂中的思想之美。

高中阶段的学生正处在自我同一性探索和发展的重要时期，是探索人生意义和自身价值的重要阶段。自我同一性混乱、激烈的学习竞争、人际关系敏感等引发的心理冲突，对高中阶段学生树立正确价值观提出了更高的要求。与此同时，大多数高中生的价值观尚未明确且缺乏稳定性。因此，帮助学生越早地探索和明确自己的价值观，他们就能越早地明晰自己的人生路途和方向，也能为以后的专业选择和生涯规划奠定良好的基础。在生涯价值观探索一课中，教师设计了一个课堂活动"价值观大拍卖"，指导语如下："欢迎来到价值观商店，这里的每一张卡牌都代表着人们想要得到的东西，如温暖的家庭、一生的健康、三五好友等等，但是你必须要支付一定的费用，请注意，这个费用并不是真正的钱财，它代表的是你这一生的时间和精力。每个人有 5000 金币（不可转借），每张卡牌的底价为 1000 金币，每次出价以 200 金币为单位。竞拍开始后，每一张卡牌价高者得。"这样的情境设置让课堂更具趣味性，也能够更好地实现教学目标：通过价值观拍卖活动，学生辨析自己的价值观。学生在激励的竞拍之后，开始思考对自己来说真正重要的是什么，也在分享环节提出了很多有意思的观点，讨论与表达的过程中闪现着思想的火花。同学们也提到了活动中的一些反思，例如：每个人面临选择时，所做出的选择并不完全相同，价值观没有高低好坏之分；鱼与熊掌不可兼得，我们要学会从自己的取舍中了解、思考和澄清自己的价值观和人生态度，对于自己越是了解的同学也更能过好自己的人生；当明确自己的价值观后，我们要敢于抓住机会，一旦锁定了目标就要紧紧抓住，不要轻易放过。这些都是思想美的体现。

二、语言形式美

在课堂中的语言美可分为教师的提问和学生的回答两方面。问题是驱动教学的有效手段，教师要抓住基本问题、核心问题、关键设问，组成"问题链"，发展学科思维，牵动高层次思维，体现思维之美。而"对话"是课堂教学的基本特征，要创设教师、学生、文本之间和美对话的契机。引导深度对话，将学科专业知识、技能和美育教育融为一体，升华学生情感体验，体现对话和谐之美。教师的提问如何循序渐进，如何引导学生进一步探索自我并且有所发现，是每个教师应该不断摸索的事。例如在一堂关于生命的意义一课中，课堂全程以《心灵奇旅》这部电影为主干线，首先使用电影片段导入：主人公乔热爱音乐，有一天他终于得到了一个面试机会，他成功了，但是一个意外却让他不幸离世，他非常想回到地球但所有的尝试都失败了，他必须要帮助 22 号找到生命的火花才有机会重新回到地球。在此引出课堂主题：火花。教师提问：影片中的火花指什么？男主角生命的火花又是什么？学生回答：男主人公的火花是钢琴和爵士乐。教师再次提问：那么你们生命中的火花是什么？这一部分从电影男主角的火花钢琴、爵士乐入手，进一步解释火花的含义。火花指生命中带来意义感和幸福感的事情。接着播放第二个电影片段，男主角表演大获成功后却感到内心空虚并开始进行反思。教师进一步提问：乔对于生命的"火花"有了什么新的理解？学生回答：火花不仅是钢琴，而是他所有喜欢的事物，比如秋天时抓住的那片落叶、饥肠辘辘时的一顿饱餐、沉浸音乐时的享受、理发时候留下的锥子、一件新衣服、家人的相处时光、阳光和天空、傍晚夜晚和烟花、海边的浪花；火花是生命中的点点滴滴，只要我们珍视它们就能感到快乐；也可能是家人之间的亲情……这堂课中可以看出教师提问与学生对话的魅力所在，以影片为媒介，引导学生思考生命中的热爱之处，以及是否忽略了生活中的细微幸福，通过内省提高学生的幸福感。

课堂语言的形式也可以是多样的，不仅仅局限于口头表达，也可以是书面语言的形式。心理课堂中重视并鼓励学生表达所思所想，并且积极主动地与老师和同学进行交流,但挖掘学生的内心感受不是件容易的事情,需要教师精心设计课堂内容和安排。在一节关于孤独情绪的课程中,为了让学生分享自己的孤独感,教师首先进行了自我暴露讲述了曾经做过的一个感到孤独的梦,之后让学生进行分享,但考虑到孤独情绪具有私密性,很多学生不愿意在全班同学面前暴露,所以要求学生在便利贴上写下一个感到孤独的瞬间,并且匿名贴到黑板上,事实证明这种形式是有效的,大多数学生都积极参与了该活动并且下课后围在黑板前阅读其他同学的便利贴,当学生真实地表达了自己的情感后,他们会发现其实很多时候孤独感是类似的其他同学也都正在或者曾经经历,仅仅是这一发现就会削弱孤独感。

三、实践美

实践是解决问题的根本之道,有助于学生直接获得经验、感悟默会知识。教师要引导学生将所学的知识用于解决实际问题。

心理课的根本目的是通过各种活动让学生更多地认识自己,更好地理解他人,更快乐自洽地生活。高中生处于青春期,自我意识增强,很容易和父母之间产生冲突和矛盾,而且大多数高中生还未学会适宜的沟通方式,导致亲子之间的冲突愈演愈烈,于是笔者设计了一堂与沟通技巧相关的课。在"萨提亚沟通模式"一课中,教学目标为合理运用表达四步法表达需求和期待,化解人际矛盾。上课时,首先与学生共同探讨日常生活中经常出现的人际矛盾以及可能的原因,其次向学生介绍冰山模型,让学生理解行为反映了一个人的感受、观点和期待,最后引入非暴力沟通法及其四要素:观察、感受、需要和请求。在学生理解四要素的内涵后,组织学生两两进行模拟练习,让学生使用非暴力沟通法化解人际矛盾,将理论知识用于实践。

参 考 文 献

[1] 杨柳.浅谈新时代美育工作的核心要义与价值意蕴[J].甘肃教育研究,2022,(9):115-118.
[2] 陈立芹.创新心理健康教育方式助力高中生健康成长[J].高考,2023(29):159-161.

物理教学中开展"向美而行，以美育人"活动的探索

刘泽军

摘　要　物理学蕴含着丰富的科学美，本文旨在通过对物理中的美进行深入的挖掘、收集，并在课堂教学中充分展示物理学科的美学特征和美的意境，带领学生感知物理学所蕴含的美，教会学生理解这种美，使学生在学习物理时自觉地发现美、欣赏美、领悟美、创造美、分享美，激发学生的学习兴趣，提高课堂教学效率，促进学生的身心全面发展。

关键词　物理中的美　物理教学　策略

提到物理，学生最直接的印象就是——难，很少有人把物理跟美联系在一起。在教学中经常会发现一些学生对物理不感兴趣，认为物理抽象难学。造成这种现象的重要原因之一是物理教学忽视了对物理中的美的挖掘和展示，导致物理学习变得索然无味。所以学校开展了"向美而行，以美育人"教学实践，其目的是有意识地挖掘学科的美，把美育渗透到学科教学当中，培养学生的审美能力，激发学生的学习兴趣，让他们能主动、愉快地学习，提高学习效率。

一、物理中的美

罗丹有一句名言："美是到处有的，对于我们不是缺少美，而是缺少发现。"物理教学也是如此，物理中的美不像一幅画、一尊雕塑的美那样外显，而是融于物理知识和物理方法之中。这就需要教师提高自身的素质，对教学中的美进行深入的挖掘、收集，并在物理教学过程中充分展示，从而满足学生对美的需求，唤起

学生学习物理的兴趣·激发其求知欲。

物理中的美是一种科学美。著名物理学家杨振宁把物理的美分为三大类：物理现象之美·理论描述之美·理论结构之美。也有学者把物理之美分为研究对象之美·物理理论之美·以及物理实验和物理方法之美等。可以看出物理之美包含了物理研究的方方面面·所以在物理教学中很容易挖掘出与教学有关的美学元素。物理的美包括真实、简单、对称、合理、和谐、统一、严密、质朴等特性·本文将基于和谐、对称、简洁、统一等特征来探讨物理的美。

1. 物理中的简洁美

中学物理的许多物理量（如密度、压强、功率、电流、电场强度、电势差、电容等）是用两个物理量的比值来定义的·形式非常简洁；而各种物理规律能用数学形式严谨、简洁地表达出来。例如·牛顿三大定律将宏观低速领域中众多运动现象简明而完美地概括起来·使低速宏观领域的各种机械运动按牛顿定律井然有序地进行；爱因斯坦的相对论将相对性原理从力学扩展到整个物理学领域·使牛顿力学成为相对论的特例。相对论从复杂的自然现象中概括出简洁的规律·给人简明清晰的美感。

2. 物理中的统一美

客观事物和物理现象是千姿百态、千变万化的。因此·由它们构成的物理世界必然呈现出万紫千红的自然美·有关客观事物和物理现象的特性及运动规律的物理知识也必然是丰富多彩的。多样性来自不同事物的特殊性·但是客观事物之间又存在着内在联系·通过这种联系能构成统一的整体·这就形成了既千变万化又和谐统一的美。统一美·是人类永远追求的目标。例如·牛顿力学把所有物体的机械运动规律统一起来；麦克斯韦的电磁理论把电、磁、光的运动统一起来；爱因斯坦的相对论把牛顿力学与麦克斯韦电磁理论统一起来；德布洛意的物质波假设和量子力学理论把粒子运动和波动在新的层次上统一起来；原子、分子结构理论把宇宙万物统一起来；能量的概念涉及力、热、电、磁、光、原子等领域；质能关系把物质的质量、能量统一起来；各种守恒定律基于各种运动变化的统一等。当今物理学的理论、方法和手段在人类社会实践中正朝着综合化、整体化方向发展。庞大的物理知识群体·尽管其各部分在体系、内容、方法和发展诸方面都有其自身的结构·但越来越多的证据显示·它们又有着内在的联系。通过这种联系而构成统一的整体·从而形成多样统一之美。如果我们仔细观赏本世纪以来的物理学理论大厦·必然会被它那绚丽多彩和高度统一所感染·产生一种美不胜言的激情和享受不尽的美感。

3. 物理中的对称美

千百年历史的进化造就了无数完美对称的东西，使人们总乐于欣赏和追求各种各样的对称美。物理中的对称比比皆是，如时空对称方面有时间对称、空间对称、时间空间对称；直观形象上的对称有杠杆平衡时的左右对称、平面镜成像中物与像的对称、磁体的 N 极和 S 极对称、电荷的正负对称、电磁场在空间上的对称。这些对称都体现了对称美。而对对称美的发现和应用，促进了物理学的发展。例如，在电磁学的发展过程中，物理学家认识到电与磁是对称的，电荷有正负之分，磁体有南北极之分，电与磁之间有相似的作用力，而且通过长期的艰苦研究认识到电能生磁、磁能生电，从而使人类社会进入电气化时代。对电和磁的进一步研究，又认识到变化的磁场能产生电场，变化的电场能产生磁场，继而发现了电磁波的存在，使人类社会进入信息化时代。

4. 物理中的和谐美

和谐是指由于组成整体的各个要素相互间恰到好处而在整体上呈现协调美。和谐的美给人以恰如其分、浑然一体的美感。物理中的和谐美是由物理学揭示的有关物质存在、构成、运动及其转化的规律在整体上的和谐性产生的美感。古人以圆为美，哥白尼用圆形轨道建立了日心说的宇宙图像；开普勒行星三定律提出了行星运动的椭圆轨道，使行星运动具有多样性的美；而爱因斯坦的相对论解释了椭圆轨道的运动，运动的椭圆比静态的椭圆更具有动态美。

二、物理的美在教学中的作用

1. 物理中的美能引起学生学习物理的兴趣

学生是学习的主体，能否激发学生的学习主动性是教学成败的关键。从大量的教学实践来看，这种主动性与学习目的有关，但也与兴趣这种情感因素有密不可分的关系。从某种意义上来说，后者的作用更明显，因为来自理性认识的动力属于责任感形成的压力，而兴趣产生的动力是学生内心的爱所产生的自发力量。而这种动力在学习能够转化为探索未知世界的巨大动力。

2. 物理中的美能促进学生对知识的理解与掌握

凡是美的事物均符合事物发展的规律，代表事物发展的趋势。因此，物理的美体现着真，包含着真，而物理的美的作用可以概括为"以美启真"。物理学家韦尔在自然现象的规范中，总是力求把真与美统一起来，当二者不能兼顾时，总是选择美。他在《空间—时间—物质》一书中完成了引力规范理论后，自己认为不是真的，但理论的简洁对称美使他不愿放弃，多年后，当规范不变的形式被加进量子电动力学时，证明韦尔的选择是正确的。这种"以美启真"的作用机制是美感与理智的内在联系,在中学物理教学中真与美的联系处处可见:波粒二象性、电磁场理论、简谐振动、理想气体状态方程等体现出和谐统一美;牛顿运动方程、胡克定律、爱因斯坦方程等体现出简洁美;左右手定则、作用力反作用、正负电荷等体现出对称美等。这些美一方面可促进学生对知识的理解和掌握;另一方面可启发学生的创造性学习。例如,根据简洁和谐原则,在复习力学时,可通过同类问题的归纳和总结,理清内在联系,形成牛顿力学四大定律的有序结构,总结归纳解题的思路与方法,形成方法体系。还能启发学生应用原理公式解决实际问题时,不满足于老师或同学的现成结论,去探索更巧妙、更简单的解法,也还会自觉运用简洁和谐原则,去判断解题结果的正确与否,如果结论是繁杂的、缺乏简洁和谐的形式即产生怀疑而重新验证。这些创造性的学习活动可促进学生创造性思维的发展。

3. 物理中的美能提升教师情绪,提高教学效果

笔者认为,教学过程不仅是一个知识性活动过程,同时也是一个情感性活动过程。因为教学必须是合规律的,同时又是合个性的,是一个艺术创造的过程。所以在教学过程中,教师的情绪很重要,健康的情绪一方面来自教师对职业的理性认识,另一方面来自教师对美的感受。只有拥有健康的情绪,一个没有职业美感和物理学美感的物理教师,必定把年复一年的教学视为对知识的机械重复,感到教学单调乏味,进而产生厌倦情绪,反之,教师有了这两种美感,就会感到自己的教学犹如表演艺术家对艺术美的追求一样,永无止境。才能对教学工作产生极大的乐趣和热情,把自己的全部精力投入进去,深入细致地钻研教材,认真研究教法,掌握教学规律,努力挖掘教材所包含的理性之美;精心设计教学过程,使学生也充分感受到美。在课堂上当自己被教学美所陶醉时,学生的情绪也会被感染。这样美感与理智互相渗透融合在一起而产生"谐振"时,教学就能产生最佳效果。

4. 教学中可渗透美与善的辩证关系的教育,激发学生创造美的激情,达到以美育人

中学物理教材中涉及近百名外国著名物理学家,他们虽然国籍不同,所处的时代不同,个人经历不同,但他们追求真理,献身事业,实事求是的科学态度是相同的,大胆创新、勇于探索、百折不挠的科学精神是相同的,对自然之美,科学之美的感悟灵性是相同的,而他们真、善、美的天性是相同的。焦耳把毕生的精力放在热动当量的实验研究上;开普勒不顾贫病交加几十年观察天体运动,发现了天体三大定律;法拉第凭着对自然界存在对称性的直觉发现了电磁感应规律,通过这些生动的史实,激发学生爱美的天性,激励学生像科学家一样,把追求真、

善、美作为生活的理想,扬起生命的风帆,去发现美、欣赏美、追求美、表现美、创造美,达到以形悦心、以情感人、以美引善、以美育人的最佳效果。

三、物理的美在教学过程中的应用探索

1. 在备课时挖掘、收集物理所蕴含的科学理论之美的策略

在教学中,应挖掘、收集教材中物理的美,并将其展示给学生,让学生充分感受物理的美,同时应利用物理的美提高学生的思维能力、解题能力,培养学生的审美能力;要以认真的教学态度、良好的敬业精神、丰富的学识、执著的追求感染学生;要通过良好教学环境的营造、多媒体手段的应用,把学生带入美好的物理世界,让学生喜欢物理、热爱物理,主动地感受物理的美妙。总之,教师要启发和引导学生把对自然对艺术的审美热情推广到物理学习中,使之站在更高的科学位置上去俯视物理学,充分体验和发现物理美的简洁、对称、和谐和统一之美,由此激发他们对物理的热情和探索物理的激情,调动他们刻苦学习的精神,热爱物理,学好物理。

2. 在课堂教学中向学生渗透物理的美的策略

如何在课堂教学中使用"物理美"进行美感式教学,如何在新课改的要求下,利用美感教学来帮助学生提高对物理审美的眼界和标准,此类,对于教师的日常教学来说,均非常必要。新课程标准要求从知识与技能、过程与方法、情感态度与价值观三个方面培养学生,在物理教学中渗透美育正好契合了这一要求。但物理学本身不是美学,要想充分挖掘物理学之美并融入课堂教学中,关键在于教师要提高自身的素质,在课堂教学中要从各方面向学生进行物理的美的渗透。为此,笔者认为教师要做好以下几点。

(1)努力组织审美化课堂教学,增强课堂的审美效果。教师作为美育的组织者和施行者,在物理教学中起着主导作用。一般而言,组织审美化的课堂教学,主要从教学设计美、教学过程美、教学语言美、教态美、板书美等方面入手。教学设计美主要体现在教学目标的设定富有导向性和标准性,教学策略的选择富有多样性和创造性,教学方案的设计富有新颖性和可行性。教学过程美主要体现在引入新课时能激发学生的好奇心,引起学生的兴趣,教学过程衔接巧妙、过渡自然,把严谨、刻板的物理知识和富有情趣的生活实例结合起来,让课堂教学充满生机和活力,让学生回味无穷。教学语言美主要体现在课堂语言生动形象、风趣幽默、简洁透彻、精致含蓄、富有情感和感染力,能让学生展开想象。例如学生容易把振动图像和波动图像的意义混淆起来,教师可以把振动图像比作"记录一个演员的独舞过程的录相带",而把波动图像比作"某一时刻对所有舞蹈

演员拍的集体照",学生就容易区分了;教师还可以利用科学诗来教学,从而道出物理学如诗的意境,如毛泽东的"赤橙黄绿青蓝紫,谁持彩练当空舞"等诗句利用光的反射和折射现象描述的景色给世人以美的景观,体现了物理教学的语言美。教态美主要体现在教师使用优美和形象化的手势及姿态、鼓励性的眼神、自然诚恳的微笑等。板书美则主要体现在布局合理、条理清楚、言简意切、书写规范、字体漂亮、色彩美观和谐,以及板画生动形象、简洁深刻、准确美观等。另外,在课堂教学中,教师还要努力营造审美化的学习环境,例如,要注意仪表整洁、庄重,给学生以视觉美;以认真的教学态度、良好的敬业精神、丰富的学识、执著的追求感染学生;通过创造平等、和谐的课堂氛围把学生带入美好的物理世界,增强课堂的审美效果,让学生打心底喜欢物理、热爱物理,主动地感受物理的美妙。

（2）充分利用物理学家的美德,培养学生正确的审美观和高尚的情操。除了物理知识自身所蕴含的美之外,高中物理教材中涉及许许多多中外著名的物理学家,例如伽利略、牛顿、法拉第、爱因斯坦等,他们在探索物理学规律的艰辛旅程中,一方面总是伴随着对美的热烈追求,另一方面又强烈地表现出他们精神上的种种美德,他们的生平事迹就是一部绝好的美育教材。

在教学过程中,把物理学家勇于探索,实事求是的科学精神;视苦为乐,顽强拼搏的不屈精神;只图贡献,不求索取的奉献精神;坚持真理,并为捍卫真理不怕牺牲的献身精神等生动事例穿插讲授,可以启迪学生的智慧,引发学习的兴趣,陶冶学生的心灵,培养学生正确的审美观和高尚的情操,使他们成为身心健康、全面发展和有道德的人。

总之,在高中物理教学中渗透美学教育,可以激发教师的教学情绪并感染学生,从而引起学生学习物理的兴趣,促进学生对知识的理解与掌握,并有效地培养学生的创造性思维,满足学生的审美需要和美感追求,最终将审美行为转化成探索未知世界的巨大动力。因此,在高中物理教学中,如何更好地渗透美学教育,提高教师的教学水平,需要物理教师长期不懈地努力,才能让美学教育在高中物理教学中得到更好的发展。

参 考 文 献

［1］白凡.在物理教学中渗透美学教育[J].物理教学探讨,2010,28(5):29-31.

［2］江爱国.高中物理教学中的美育教学[J].教学月刊(中学版),2008,(3):42-44.

物理学中的艺术美
——"图形计"在物理教学中的应用研究

张青青

摘　要　物理教学中常利用图形来解题,其体现了物理的科学美。在日常教学中应坚持用图形的科学美熏陶学生,使他们在对真善美的追求过程中由衷地热爱科学,成长成为一个既有较高的科学素养,又有一定的审美能力的人。

关键词　图形计　物理教学　艺术美

物理学是研究自然界中最基本的规律的科学,它的美体现在内容和形式上,也体现在研究过程中。图形是物理教学实践中最重要的工具之一,它具有简约美、和谐美、有序美、对称美,能使复杂问题简单化、抽象问题具体化。建立有效可行的图形,是高效求解物理问题的关键。应把物理与数学融合起来,这有助于求解物理问题。这么做可以使学生从中获得美感,这种美感必然有助于他们的感知、活跃他们的思维,从而,美感成了学生学习物理的学习行为的内部诱因,促使他们学习的各种心理活动,激发学习兴趣,下面通过实例进行阐述分析。

一、利用图形解决动态平衡问题

所谓动态平衡问题,是指通过控制某一物理量,使物体的状态缓慢发生变化。分析动态平衡问题时通常有两种方法,即解析法和图形法。

例1　如图1所示,一个重力为 G 的匀质小球放在光滑斜直面上,斜面倾角为 α,在斜面上有一光滑的不计厚度的挡板挡住球,使其处于静止状态。现使挡板与斜面的夹角 β 缓慢增大,问:在此过程中,球对挡板和斜面的压力如何变化?

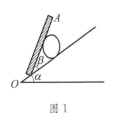

图1

解析:小球受重力 G、挡板弹力 F 和斜面弹力 F_N 作用而处于平衡状态,则 G、F_N、F 组成一个闭合矢量三角形,如图 2(a)所示。当挡板与斜面的夹角 β 逐渐增大时,力 F_N 的方向不变,力 G 的大小和方向都不变,而挡板对球的弹力 F 的方向则绕球心 O 逆时针旋转,依次变为 F_1、F_2、F_3 等,如图 2(b)所示。当挡板对球的弹力 F 变化时,斜面对球的弹力 F_N 也将变化。但 G、F_N、F 将不断组成新的闭合矢量三角形[见图 2(c)]。随着 β 增大,F 先减小后增大,当 $\beta=90°$ 时 F 取最小值;而随着 β 增大,F_N 却一直减小。

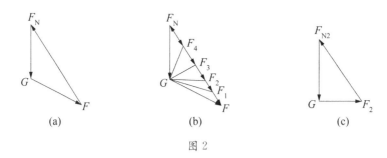

图 2

答案:球对挡板的压力先减小后增大,球对斜面的压力一直减小。

点评:① 从上述分析可以看出,物体因受到不共线的三个力的作用而处于平衡状态时,这三个力一定会组成闭合矢量三角形。解析法虽然也可以求解问题,但求解过程较繁琐,解析法多用于定量分析。而图形法直观,多用于定性分析。

② 解答此类动态平衡问题时,一定要认清哪些因素会保持不变,哪些因素会改变,这是解答动态平衡问题的关键。

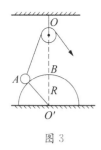

图 3

例 2 如图 3 所示,固定在水平面上的光滑半球,其球心 O' 的正上方固定一定滑轮,细线的一端拴小球 A,另一端绕过定滑轮。现将小球从图中所示的位置缓慢地拉至 B 点,在小球到达 B 点前的过程中,小球对半球的压力 F_N 及细线的拉力 F_1 的大小变化为( )。

A. F_N 变大,F_1 变小   B. F_N 变小,F_1 变大

C. F_N 不变,F_1 变小   D. F_N 变大,F_1 变大

解析:F_1、F_N 与 G 构成的矢量三角形与几何三角形 AOO' 相似,如图 4 所示。有 $\dfrac{F_1}{mg}=\dfrac{\overrightarrow{OA}}{\overrightarrow{OO'}}$,$\dfrac{F_N}{mg}=\dfrac{R}{\overrightarrow{OO'}}$。所以 $F_1=mg\dfrac{\overrightarrow{OA}}{\overrightarrow{OO'}}$,$F_N=mg\dfrac{R}{\overrightarrow{OO'}}$。

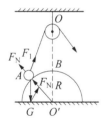

图 4

由题意可知,当小球缓慢上移时,$\overrightarrow{OA}$ 减小,$\overrightarrow{OO}$ 不变,R 不变,故 F_1 减小、F_N 不变。

答案:C。

点评:此题用矢量三角形无法比较大小,应利用力的三角形与空间几何三角形相似列出力的解析关系,进而分析求解问题。

小结:利用图形解决动态平衡问题就是对研究对象进行受力分析,根据平行四边形定则或三角形定则画出不同状态的力的矢量图(画在同一个图中),然后根据有向线段(表示力)的长度变化判断各个力的变化情况。

二、利用侧视图解决通电导线在磁场中的受力问题

有关通电导线在磁场中的受力情况的题一般给出的都是三维立体图,基于立体图作出的受力图不易看出力的方向以及夹角的大小,这时可以尝试画出物体的侧视图,这样可以给解题带来很大的帮助。

例 3 如图 5 所示,质量为 60 g 的铜棒长度 $a=$ 20 cm,铜棒的两端与长度 $L=30$ cm 的细软铜线相连,吊在磁感应强度 $B=0.5$ T,方向竖直向上的匀强磁场中。当铜棒中通过恒定电流 I 后,铜棒向上摆动,最大偏角 $\theta=60°$,g 取 10 m/s^2,求:

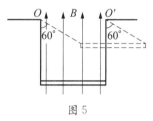

图 5

(1)铜棒中电流 I 的大小。

(2)铜棒在摆动过程中的最大速率(结果保留一位有效数字)。

解析:

(1)通以电流 I 后,铜棒因受水平安培力 F 的作用而摆动,达到最大偏角时速度为零,以通电导线的横截面作为受力面(见图 6),

则有 $mgL(1-\cos\theta)=BIaL\sin\theta$。

代入数据可得 $I=2\sqrt{3}$ A,方向水平向右。

(2)设当铜棒经过平衡位置,细软铜线与竖直方向的夹角为 α 时,铜棒的速率最大,则 $mg\tan\alpha=BIa$。

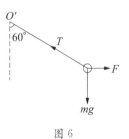

图 6

所以 $\tan\alpha=\dfrac{\sqrt{3}}{3}$,$\alpha=30°$。又由动能定理可得 $BIaL\sin 30° - mgL(1-\cos 30°)=\dfrac{1}{2}mv^2$。因此 $v=1$ m/s。

答案:(1)$2\sqrt{3}$ A;(2)1 m/s。

点评:对于通电导体在磁场中的平衡问题,要分析通电导体的受力情况,尤其是安培力,注意安培力的方向既垂直于磁场方向,又垂直于通电导体,因此解题的关键是画出通电导体受力时的侧视图。

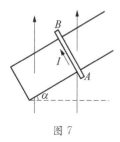

图 7

例 4　在倾角为 α 的光滑斜面上,水平放置通电导线 AB,电流方向为 $A \rightarrow B$,AB 的长度为 l、质量为 m,如图 7 所示。

(1) 若加上磁感应强度为 B 且方向竖直向上的匀强磁场,为使导线静止,导线中的电流强度应为多少?

(2) 若使磁场方向水平向左,为使导线静止,导线中的电流强度应为多少?

(3) 若使磁场方向垂直于斜面方向向上,为使导线静止,导线中的电流强度应为多少?

解析:

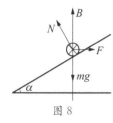

图 8

(1) 根据题意,电流方向为 $A \rightarrow B$,磁场方向为竖直向上,导线受到的安培力 F 的方向为水平方向,取导线截面作为受力平面并作受力图(见图 8),则可得到受力平衡方程式

$$\begin{cases} N \sin \alpha = F \\ N \cos \alpha = mg \end{cases}$$

利用安培力计算公式 $F = ILB \sin \theta$,这里导线和磁感线垂直即 $\theta = 90°$,代入上述公式可得 $ILB' = mg \tan \alpha$,解得 $I = \dfrac{mg \tan \alpha}{LB}$。

(2) 当磁场方向为水平向左时(见图 9),安培力 F 竖直向上(见图 10),故为使导线静止,斜面对导线的弹力必须为零,可得平衡方程 $mg = F = ILB$,解得 $I = \dfrac{mg}{LB}$。

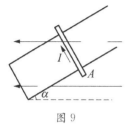

图 9

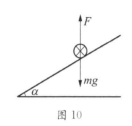

图 10

(3) 当磁场方向垂直于斜面向上(见图 11)时,安培力 F 沿斜面向上(见

图 12),可得平衡方程式 $mg\sin\alpha = F = ILB$,解得 $I = \dfrac{mg\sin\alpha}{LB}$。

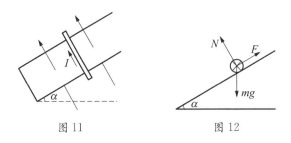

图 11   图 12

答案:(1) $I = \dfrac{mg\tan\alpha}{LB}$;(2) $I = \dfrac{mg}{LB}$;(3) $I = \dfrac{mg\sin\alpha}{LB}$。

点评:求解这一类题目的关键是找准安培力的方向。要牢记安培力的方向始终跟导线和磁感线相交决定的平面垂直,在此基础上使用左手定则,便可找出安培力的方向,而安培力的大小和导线跟磁感线的夹角有关,要通过图形找准此角。

三、利用等效图处理复杂的电路问题

解决电路问题的首要条件是正确识别电路图,搞清楚各元件之间的连接关系。当碰到比较复杂的电路时,应先将电路简化为等效电路,以便进行分析和计算。

例 5 把图 13 中的电路改成串并联关系明显的等效电路。

解析:电路中三条或三条以上的支路的交汇点称为节点,借助节点的规范化排列来画出等效电路的方法称为节点法。用节点法画等效电路图一般分为四步。

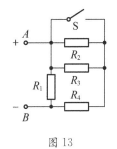

图 13

第一步,明确节点,标上字母(见图 14,若图中没有节点则为串联)。

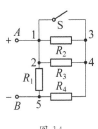

图 14

第二步,节点连线,可以合并。如果两个节点由一根导线直接连接,而电路图中导线的电阻可视为零,故可将两个节点合并,视为一个节点。如图 14 所示,S 断开时节点 1、节点 2 两个节点可视为一个节点(节点 12),节点 3、节点 4 两个节点可视为一个节点(节点 34)。

第三步,节点依次排列。将各个节点按电位高低即沿电流方向依次排列在一条直线上,如图 15 所示。

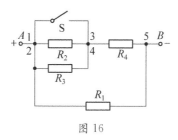

图 15

第四步，电阻对号入座。将各个电阻一一取出，对号接入图 15 所示的各节点之间，如图 16 所示。

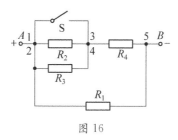

图 16

规范的等效电路即被画出。画出规范的等效电路后，可以进一步简化电路。由图 16 可知，当 S 断开时，R_2、R_3 并联后与 R_4 串联，然后再与 R_1 并联。当 S 闭合时，电路变成如图 17 所示的电路。

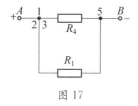

图 17

点评：节点法用于识别不规范的电路，不论导线有多长，只要其间没有电源、用电器，导线的两个端点都可以看成一点，据此可找出各用电器两端的共点。

例 6 在图 18 中，四个灯泡 L_1、L_2、L_3、L_4 的连接方法是怎样的？

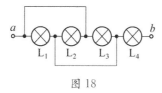

图 18

解析：

第一步，由图可知，节点有四个，分别标上字母 A、B、C、D。

第二步，如图 19 所示，节点 A、C 可合并为一个节点（节点 AC），节点 B、D

可合并为一个节点(节点 BD)。

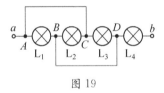

图 19

第三步,将节点沿电流方向依次排列在一条直线上,如图 20 所示。

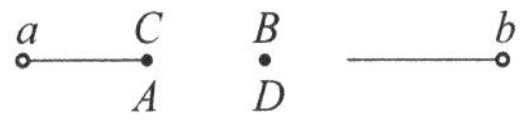

a · C B · b
A D

图 20

第四步,灯泡对号入座。L_1 在 A、B 间,L_2 在 B、C 间,L_3 在 C、D 间,L_4 在 D、b 间,作出的规范等效电路如图 21 所示。

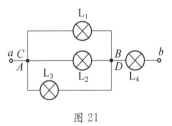

图 21

答案:电路的连接情况是 L_1、L_2、L_3 并联后与 L_4 串联。

点评:一个节点可以从导线的一处移到另一处,但不能越过电源、用电器。

参 考 文 献

[1] 唐辉明.电路图的等效处理[J].物理教学,2009,31(5):51-52.
[2] 威廉·威伦,贾尼丝·哈奇森,玛格丽特·伊什勒·博斯.有效教学决策[M].6 版.北京:教育科学出版社,2009.
[3] 沈风云,李玉林.物体平衡中的图解法[J].中学物理,2009,27(5):50-52.

让学生在课堂中体验化学教学的逻辑之美

吴虹颖

摘　要　教师应当有目的、有计划、有组织地进行课堂教学，在课堂教学中，教师要注重学科知识逻辑与学生认知心理逻辑的统一，设法缓解教材逻辑和学科知识逻辑的冲突，依托学科课程逻辑搭建学科单元教学设计，创设有逻辑的问题链，引导组织学生开展丰富的逻辑训练，引领学生经历一场"逻辑之旅"，感受"逻辑之美"。

关键词　逻辑　课堂教学　教材　学生认知　学科单元

逻辑的英语表达是"logic"，在英语词典中解释为思维方式、解释方法、做某事的道理、合乎情理的原因；现代汉语词典对"逻辑思维"的定义是指人在认识过程中借助于概念、判断、推理反映现实的思维方式，它以抽象性为特征，撇开具体形象，揭示事物的本质属性。因此逻辑简单来说，就是要讲"理"，这个理可以是实践事实，可以是科学真理。

科学事实、科学概念、科学理论组成了科学知识体系，并体现了不同的功能价值。但是不同自然科学分支的知识形成过程、途径、规律，知识应用的范围、领域各不相同，因此所需遵循的逻辑主线也是不同的。

在课堂教学中，教师应当有目的、有计划、有组织地引导学生学习科学知识，掌握技能，发展逻辑思维能力。教学分为教和学，教师对"教"的安排与学生对"学"的接受应实现逻辑上的统一，而通过组织有逻辑的教学，可以轻负高效地实现教学目的。这种课堂教学活动是以学科知识为依托，以创设的情境为背景，以素养提升为目的，致力于实现学生逻辑思维能力的发展。

一、注重学科知识逻辑与学生认知心理逻辑的统一

在高中阶段，学科知识逻辑与学生认知心理逻辑有时并不一致，因此教师需要在二者之间做平衡。教学设计需要关注教学目标、教学方法与学生心理发展

情况,既要顺应学生的认知心理逻辑,也要遵循学科的知识逻辑。基于学科逻辑,教材的呈现一般遵循由表象到本质,由概念到定理规律,由结果到原因的顺序。在对具体事物的经验认知方面,学校学生的经验思维还是有一定优势的。要让学生学完后有所得,这是教师需要达成的教学目标,也是教学设计的起点。课堂时空是有限的,因此,教学设计中最需要关切的问题是,如果学生的心理发展顺序与学科知识逻辑体系不相吻合,应当如何调和两者之间的矛盾?杜威先生的答案之一是经验。那么问题就转化为教师应基于经验指导学生的发展。学生经验的发展大体上可分成三个阶段:经历、体验、探索。杜威先生给出的另一个答案是教师对教材的组织,即使教材上呈现的知识逻辑是静态的,教师依然可以通过教学情境让学生获得动态的体验;至于知识的传递是以倾向于心理逻辑或是学科逻辑的方式发生的,则取决于教师对教学情境的具体安排。所以教师精心设计的学生能够兴致盎然地参与的教学活动是联结学科知识逻辑与学生认知心理逻辑的纽带,基于经验的教材重构可以调和学科知识逻辑与学生认知心理逻辑的矛盾,教师对教材的组织将决定学科知识逻辑与学生认知心理逻辑统一的成效。

例如,相关晶体的教学,如果从学科知识层面来说,我们既可以从微观层面来教学,牵涉到化学键的形成,晶体的堆积方式,也可以从能量和平衡的角度去解释晶体为何会形成,在活动的组织形式上,则可以选择模型拼插、实物观察、视频观赏、硫酸铜晶体制作等化学实验。还可以加入家庭实验冰晶棒棒糖的制作,在棒棒糖的制作过程中,学生可以体验溶解度的计算、过饱和溶液的配制、如何控温、晶种的制备、观察降温结晶现象,从蔗糖变为冰糖过程中晶体形状的变化等。这些活动围绕晶体这一个主题就像一根线一样,让学生把横向的多重学习方式串起来,通过思考与操作,最终将知识吸收并内化,学习方法和过程得到训练,创作情感得到体验。

再者,随着教学改革的深入、教育技术发展,课堂形式在进行翻转,教学方式和学习方式都在转变,越来越突显学生主体性,越来越重视开展"素养为本"的教学。教师可以尝试引导学生把学科知识点整合、内化、外显,让学生从感性辐射到理性,从学科本体知识辐射到多学科知识,从课堂活动辐射到课外活动,丰富学生学习途径,调动学习者积极性和主动性,使学生学会自我管理、自主学习,成为自己成长的主人。比方说,物理定律在高中化学基本理论教学中的迁移应用有很多方面:理想气体理论与伏伽德罗定律、牛顿第一定律与化学平衡状态、楞次定律与平衡移动原理、场强理论与电化学教学、库仑定律与原子结构;或者,教师也可以进行优秀书籍阅读指导和纪录片的观赏指导,如《科学发现者:化学》

《视觉之旅:神奇的化学元素(彩色典藏版)》《疯狂科学(彩色典藏版)》,杂志:《环球科学》《知识家》,BBC 纪录片《原子》和《化学史》等。这些多维度多方位的与化学学科融合是辐射式的。

二、缓解教材逻辑和学科知识逻辑的冲突

教材逻辑适合于全国所有的学生,具有普适性的内容是教学内容的主要构成部分,但是教材内容的编排并不一定完全符合学科知识逻辑,这就需要教师在教学过程中对教材内容进行合理加工,使其更加契合学科知识逻辑。学科教学必须使学生在学科方面发展至一定程度,或掌握学科基本知识,或了解学科基本框架,或运用学科知识解决实际问题等。这些目标的达成完全依靠对教材内容的组织设计是无法更好实现的,教师需要在教材内容的基础上适当补充一些符合学情的内容,即或者对原有的知识进行纵向延伸,或者对特定的知识进行横向拓展,以丰富原有的知识内容。那么,补充的依据是什么呢? ①教师要按照学科的内在逻辑,从学科知识体系的主干出发,按照特定知识点和其他知识点的关系及关联程度选择合适的知识素材,使所选择的内容符合学科知识逻辑,并在此基础上把学科知识内容有机地整合起来。②教师要按照学科的教学实践来决定要补充的知识素材。由于课堂教学时间有限,教师应结合学科知识逻辑和课堂教学实践逻辑,整合搜集到的素材内容并加以补充,使其和课堂教学的指导思想及实施思路在根本上保持一致。因此,教师设计教学时的教学逻辑是教师在深化理解或缓解教材逻辑和学科逻辑冲突等具体教学问题的过程中所遵循的相对稳定的依据。

例如:原子概念的建立从初中学习化学时就提出了,"原子是由物质都是由看不见的微小粒子构成",进入高中学习时,同样要帮助学生重新构建原子的科学概念,帮助学生在化学学习中对物质组成、结构及其变化进行宏观表征、微观表征、符号表征以及建立三者之间的联系的化学学科典型思维方式。

【提问】道尔顿的"原子"与德谟克里特的"原子"不同在哪里?

【提问】是看见了原子才承认它的存在的吗?

【提问】道尔顿提出近代原子论的实证依据是什么?

【证据1】质量守恒定律是俄国科学家罗蒙诺索夫于 1756 年最早发现的。

表明物质在化学反应时以某种方式重组,得到了具有新的性质的新的物质。

【证据 2】定组成定律:当两种或更多种元素化合形成化合物时,它们在化合物中总有确定的质量和确定的比例。

【资料 1】氢、氮、氧的简单化合物中元素的质量关系。

这些确定的质量意味着化合物是具有一定质量的微小粒子组成的？

【假设】1.有一定质量比的粒子在组合成化合物；2.假设每种化合物中各原子数为11∶1∶3.重新计算氢、氮、氧的简单化合物中元素的质量关系。

【资料2】氮氧简单化合物中元素的质量关系。

【小结】如有一定质量的氮，与其化合的氧的质量不是任意的值，反之亦然。

【资料3】碳氢简单化合物中元素的质量关系。

【结论】倍比定律：当两种元素化合形成不止一种化合物时，若其中一种元素一定，与其化合的另一种元素在不同化合物中的质量呈简单整数比。

【总结】道尔顿近代原子论。

【提问】C与N原子质量接近，单质的性质却相差很大。原子内部一定有我们不知道的"结构"……

【提问】怎么知道原子中带电微粒的排布与数目？

【资料1】前提条件——每种元素都是由微小的、相同的原子组成。每种元素的原子都有相同的质量，且已被测量。发现电子，电子带负电荷。原子电中性。

【资料2】汤姆孙葡萄干面包模型。

【提问】怎样像科学家那样思考实验？

【资料3】α粒子散射实验的现象。

【资料4】卢瑟福　原子结构行星模型。

看上去"原子"只是安静地呈现在教科书上的一段文字，但它的背后一定是有"故事"的。证据与逻辑是这个故事的关键词。我们需要带领学生经历这个浓缩的"故事"，这是科学教育的精华所在。

三、依托学科课程逻辑搭建学科单元教学设计

现阶段，教师在单元教学方面仍以课时为主，对学科课程整体上的把握略显不足。在平时的教学工作中，单元教学设计缺失现象普遍存在，同时教师也容易忽略单元教学目标设计的重要性，导致出现目标偏离课程标准、课程目标与单元目标关系模糊等问题。从培养学科核心素养出发，教师在进行课堂教学之前应尽可能地对课本内容进行规划整合。而无论基于何种标准来划分单元教学内容，教师都要把学科课程逻辑作为单元教学设计的基本依据。因为学科课程逻辑隐含着课程教学的基本思想，要实现课程教学的目标，教学内容的结构就需要依据课程逻辑来搭建。所以，教师要转换备课思路，按照核心素养—学科素养—单元设计—课时计划的流程来备课。此外，教学内容结构化是当今教学改革的

重要趋势。这里所说的结构化是指以合适的方式在新旧知识、新知识的构成部分以及新知识与学生生活经历之间建立关联。简单而言,只有当教师在进行单元教学设计时将学科课程逻辑融入其中,才能更好地培养学生的逻辑思维能力。

例如:一堂普通的《酸碱中和滴定》可以有三种不同的教学设计:第一种,开门见山直接介绍酸碱中和滴定的原理,然后依次是仪器的认识、酸碱指示剂的选择,这是一堂很常态的化学课,传授必要的学科知识点。第二种,从生活中的实例导入课堂,设问可以用哪些方法进行溶液酸碱性的测定? 学生尝试设计,课堂上每种方法都做介绍和讲解,当然重点是又回归酸碱中和滴定的原理学习、仪器认识和酸碱指示剂的选择。这是一种形式上的融合课堂。第三种,选取某一个生活中的实例,如洁厕灵中盐酸浓度的测定。学生课前先设计实验,课堂上在充分尊重学生实验设计的基础上,让学生验证自己的实验设计,通过对洁厕灵样品和洁厕灵 1∶100 稀释样品 pH 值测定的对比实验,让学生发现广泛 pH 试纸无法满足定量分析的精准度要求。改用 pH 计来测定,教师则能顺水推舟地引导学生复习回顾 pH 值的适用范围,同时让学生悟出使用 pH 计测定要尽量使用稀溶液,这也为后续本节课教学重点酸碱中和滴定终点判断的酸碱指示剂选择埋下伏笔。两个学生实验活动的设计,又间接回顾了强酸溶液稀释的简单计算,至此,完成了学习酸碱中和滴定是需要综合物质的量浓度溶液配制基础实验内容、滴定管量程范围、物质的量浓度、溶液的 pH 值、溶液稀释等基础计算的内容及了解进行实际测定操作过程中是有前期预备工作准备的,并非平时学生实验由教师直接提供待测稀溶液进行滴定操作,使学生感悟科学探究工作的严谨性。完成了前面的两个实验活动后,此时讲解酸碱中和滴定原理时,学生对于酸碱反应的本质即 $H^+ + OH^- \longrightarrow H_2O$ 理解就较为清晰透彻,然后通过利用关系式 $[C_{酸} = (C_{碱} V_{碱}) \div V_{酸}]$ 进行酸碱中和滴定的有关计算及计算的格式的学习引出酸碱中和的定义,学生也较能很快将概念理解。只不过此时学生内心却产生了很大的矛盾冲突,学生从前面的实验过程中获得了成功体验,原来生活中使用的洁厕灵中盐酸浓度可以如此简易地就通过化学仪器测量得到,因此在当教师给出测定的第三种方法滴定法及滴定分析对化学反应的要求时,就会有疑惑:既然可以用现代科技手段如此简单的测定溶液酸碱性,为何还要学习酸碱中和滴定? 学习酸碱中和滴定的意义何在? 为了解惑,在教学设计中增加了阅读活动,让学生简单了解滴定操作的发展简史和滴定方式的分类,让学生知道作为定量分析中的一种重要方法,滴定法起源于酸碱中和,在现代分析化学中却衍变出多种滴定方式。随后通过小组活动对于不同仪器精度的比较,了解滴定管的设计原则;通过手持技术演示实验和小组讨论了解中和滴定过程中溶液 pH 变化和指示剂使用原理。整堂课希望通过交流、讨论，加强学生之间的合作学习，通过实验培养学生的科学的态度和合作探究精神；通过创设问题情景，引导学生积极思维，激发学生学习化学的兴趣和求知欲望。第三种是深度融合课堂，是我们更希望出现的课堂。高中化学知识涵盖广，横纵向联系多，零碎的知识多。因此，化学是一门学生普遍感觉难学，教师感觉难教的课程。在课堂教学时要针对一个主题，把学科前后的知识点梳理列出，深化对主题的认识。这一层面主要是知识的融合，是纵向的。

四、创设有逻辑的问题链

教学过程中，应根据学生的认知发展规律，以问题为中心，让学生围绕问题展开知识的拓展，倡导学生独立进行学习。高中的理科学习对学生的逻辑思维能力及自主思考能力要求较高，因此在教学过程中，教师应让学生在解决问题方面的能力得到提升。有逻辑的问题链既要符合课型研究的要求，又要将具有内在关联的系列问题有机组合，使问题层层递进。教师需要明确学生应该学什么、能够做什么，以及怎样做才能实现教学目标，进而在细致分析的基础上设计问题链。有逻辑的问题链能够帮助学生了解知识的来龙去脉，体现知识领域之间、方法之间的关联，达成教学目的，促使学生在积极主动的探索中达成学习目标。

例如：化学反应速率书上的概念：通常用单位时间内反应物浓度的减小或生成物浓度的增加来表示。单位：$mol/(L \cdot s)$、$mol/(L \cdot min)$、$mol/(L \cdot h)$ 等。教学活动时，可以这样设计来学习化学反应的速率，带着学生像科学家一样思考和探究，将概念构建起来。

【陈述】化学反应速率指化学反应进行的快慢程度。

$$v = \Delta\_\_ / \Delta t。$$

【提问】物理中有学习过线速率、角速率，物理中 $\Delta\_\_$ 指的是哪些物理量？化学反应速率中 $\Delta\_\_$ 又是指哪些变化的物理量？以实验室制取氢气为例举例说明。

【实验】试管 A：1 粒锌粒，5 mL 盐酸溶液；试管 B：2 粒锌粒，10 mL 盐酸溶液。

【现象】在相同时间内，观察到试管 B 中产生气体明显多于试管 A。

【提问】你认为哪支试管中反应速率快？

【陈述】通常用单位时间内反应物浓度的减小或生成物浓度的增加来表示化学反应速率。

浓度:强度量,与物质的数量无关,不具有加和性。

质量、体积等:广度量,与物质的数量成正比,具有加和性。

总之,正如普通高中思想政治选择性必修 3 中所总结的:"澄清概念、准确判断、严密推理、清理矛盾、合理论证、辨识错误、纠正错误,是逻辑思维的题中之意。"而且,逻辑思维对高中生来说非常重要。由于教学时间和课堂容量有限,所以教师应精选逻辑知识,提炼逻辑专题,适度组织学生开展丰富的逻辑训练,从识到用,引领学生经历一场"逻辑之旅",感受"逻辑之美"。需要指出的是,学生逻辑思维能力的提升需要在不断训练甚至重复训练中逐步实现。因此,对具体案例的分析应该贯穿每个教学环节,让学生在对逻辑的"识"与"用"中多走几个来回,多一些小结与反思,加深对逻辑思维的认识,巩固对逻辑思维的运用。

我眼中的化学美

吴晓韵

摘　要　化学之美在于其多样性和奇妙性,还体现在其对生活的影响上。本文从物质、结构、变化、理论、形式多角度论述化学之美。

关键词　化学　美

罗丹曾说:"生活中不是缺少美,而是缺少发现美的眼睛。"化学也可以很美丽。

化学拥有物质美。我们的身边存在着形态各异、色彩斑斓的化学物质,它们美丽的外表使大千世界变得丰富有趣。白色的食盐晶体规整,蓝色的胆矾晶体纯净,紫色的萤石显得神秘,嫩绿色的硅孔雀石显得清新,火红的玫瑰石英晶体显得热情,棕色的缅甸碧玺显得高贵,结晶的硝酸钾显得奇异,神奇的铋晶体色彩艳丽……这些化学物质无一不表现出形态美。这些美丽的物质吸引着我们的眼球,常常让我们眼前一亮,忍不住为之赞叹。有的物质成了个人的装饰品,更多的物质发挥着它的社会功用价值。五光十色的霓虹灯把现代都市的夜晚打扮得繁花似锦。具有天然石魅力的漂亮树脂精度高、亮度好,具有不易磨损、不易刮伤、颜色丰富、形状效果多样、环保自然等优点,可用于家具、木质地板、金属防腐等方面,也可以制作工艺品。中国制造的世界上最薄的不锈钢可以用手撕,被广泛用于从航空航天到手机生产在内的一系列现代领域之中。被誉为"黑色黄金"的碳纤维是国际认可的现代高科技领域的战略新材料,既能满足人类对于生活质量的逐步提高的需求,也是科技不断进步的保证。各种化学产品美化着社会、美化着生活、美化着人类自身。在拓展课中,笔者组织学生在实验室制备了胆矾晶体。笔者先展示提前制备好的胆矾晶体,然后让学生上网查找资料、讨论实验方案、准备实验用品,自己动手制作,整个过程大约耗时五天。每位学生都成功制备了胆矾,感受到了制作化学物质的乐趣。这种教学方式有助于借助化学的物质美,激发学生的学习兴趣,拓展学生的眼界。

化学拥有结构美。"结构决定性质",结构美是物质美的内在反映和决定因素,不同物质的形态取决于它的结构。核外电子的运动状态与宏观物体不同,不能计算,也不能预测它们的运动轨迹,只能通过电子云的方式描述它们在原子核外空间出现的几率。这些电子也不是杂乱无章的分布和运动。我们最终也发现不同的电子云有不同的形状和伸展方向,有球形对称的 s 电子云,有纺锤形的 p 电子云,还有花瓣型的 d 电子云……似乎进入了一个繁花的世界。晶莹华贵的钻石是一种硬度最高的宝石品种,是经过琢磨的金刚石。在金刚石晶体中,每个碳原子以共价键跟另外四个碳原子结合。同一碳原子形成的四个共价键中,任意两个键之间的键角为 $109°28'$,五个碳原子形成一个正四面体结构。金刚石中每个碳原子位于正四面体的中心,跟它成键的四个碳原子位于正四面体的顶点,这种正四面体向空间方向发展,构成一种坚实的、彼此链接的空间网状结构。这种结构不容易受到外界挤压而破坏,因而具有非常高的硬度,被广泛应用于光学研究、地质勘探、石油钻井及各种加工工具的制造。现代电子技术的发展和应用能够令人惊异地显示出物质的微观结构,STM 扫描隧道显微镜图像已能使我们从清晰的照片中领略到原本肉眼不可见的化学的结构美,让学生赞叹不已,让学生深刻认识到物质的内在结构与外在性质之间的密切联系。利用化学的结构美,能让学生学会从不同层次认识物质的多样性,从元素和原子、分子水平认识物质的组成、结构、性质,形成"结构决定性质"的观念,从宏观和微观相结合的视角分析与解决实际问题。

化学拥有变化美。化学变化是化学美的根源,物质美是化学变化的最终表现。短暂又美丽的节日焰火华丽绽放时,在一些金属盐灼烧的过程中,产生赤橙黄绿青蓝紫的火焰,把夜幕装点得格外美丽。悬挂一小粒胆矾的晶体置于饱和硫酸铜溶液中,几天后你会发现它长大变成了一块形状规则、湛蓝透明的美丽晶体。闻名于世的桂林溶洞、北京石花洞、娄底梅山龙宫,都是由于水、二氧化碳与碳酸钙的反复作用、缓慢侵蚀而创造出来的杰作。锌与硝酸银溶液的发生置换反应,不断地、不断地生长的银树,像冬日里雪花、像树挂(由于银的密度较大,所以不断的向下生长),生成的银树越长越大,生命勃发,长成了茂密的森林(由于反应在硅胶中进行,能把生成的物质固定住)。铝热反应发出耀眼的光芒,放出大量热,使铝熔化,加快了反应速率,使生成的金属以熔融态出现,伴随着自蔓延的现象,常用于冶炼高熔点的金属、焊接钢轨和定向爆破等。古诗文中也有"青,取之于蓝,而青于蓝"、"千击万凿出深山,烈火焚烧若等闲"、"停车坐爱枫林晚,霜叶红于二月花",诸如此类的诗句无一不在描述化学变化中的美。这些化学的变化美,很容易抓住学生的眼球,让学生惊叹,让学生能认识到物质是运动和变化的，知道化学变化需要一定的条件，并能遵循一定规律；认识化学变化的本质特征是有新物质生成。

化学拥有理论美。化学的理论美是化学的"内在美"。它不是美的自然现象的客观形式，而是美的自然现象的客观内容。这是一种不显山不露水的美。科学本身就是真善美的统一，真的科学理论总是和美的自然界的表现形式相一致。化学理论在保证了理论的科学性与正确性的基础上，体现了理论的简明、和谐之美。质量守恒定律中描述"在化学反应中反应前各物质的质量总和等于反应后生成的各物质的质量总和"，它是自然界最普遍、最重要的基本定律之一，是人们认识自然和利用自然的有力武器。俄国化学家门捷列夫总结了前人的创造，根据自己的已有材料和审美经验，按照元素的原子量和化学性质之间的相关秩序，排出了第一张元素周期表，揭示了元素性质周期性变化的规律。这种和谐的规律突出表现在每种元素在周期表中的位置和它的物理性质、化学性质协调一致，使周期律在周期表上表现出美妙的周期和循环。整个元素周期律就像一组优美动听的交响乐。化学的理论美还包括物质结构理论之美、动态平衡理论之美、氧化还原理论之美等，它们形式简洁、包容有序、和谐统一。通过化学的理论美，能让学生认识到化学变化有一定限度，是可以调控的，且能让学生学会多角度、动态地分析化学变化，运用化学原理解决简单的实际问题。

化学拥有形式美。化学用语是国际化学界统一规定的用来表示物质的组成、结构和变化规律的表达形式，是学习化学时的专用工具。化学用语包括元素符号、离子符号、电子式等化学符号，最简式、分子式、结构式等化学式，热化学方程式、离子方程式、氧化还原反应方程式等化学方程式，以及原子结构示意图、离子结构示意图、轨道表示式、电子排布式等化学图式。化学用语之美是化学最典型的形式之美。例如，"CH_4"表示甲烷，即一个甲烷分子，也表示一个甲烷分子由一个碳原子和四个氢原子构成，还表示甲烷分子中碳元素和氢元素的质量之比为 3∶1。又如，甲烷的电子式"$H\!:\!\overset{H}{\underset{H}{\overset{\cdot\cdot}{C}}}\!:\!H$"，可以清楚地看出碳原子和氢原子最外层的电子数，也能清晰地看出碳原子和氢原子是如何通过共用电子对构成甲烷分子的。这样的符号把抽象的结构形象化，体现出化学用语的对称美。再如，氢气与碘蒸气反应生成碘化氢气体用化学反应方程式"$H_2+I_2 \rightleftharpoons 2HI$"来表示。该反应在相同条件下既能从左往右进行，又能从右往左进行，属于可逆反应。可逆符号"$\rightleftharpoons$"的使用，形象生动地表明了反应进行的两种方向，有助于学生理解化学平衡的建立过程。化学用语中渗透的和谐、对称、简约的形式美，可以帮助学生建立认知模型,体验化学中的理性之美。在使用化学用语的过程中,学生能够获得良好的审美体验。

　　每一门学科都有其内在的美丽,化学这门自然科学中客观存在美——极致的美,华丽的简约,内敛的大气,细腻的坦荡。化学给世界带来变化,我们则利用化学为生活服务,体验化学之美,感受化学的魅力。当学生在充满诗意的"美"的世界中时,会获得一种爱的、幸福的、感恩的体验,从而去努力追求自身的高尚志趣和情操,提升人生境界,使科学素养和人文素养融合得到落实。

参 考 文 献

［1］张磊.让学生在化学学习中发现"美"[J].教育,2019(6):58.
［2］普通高中化学课程标准[M].北京:人民教育出版社,2020.
［3］房喻,徐端钧.普通高中化学课程标准解读[M].北京:高等教育出版社,2020.

核心素养视域下高中生物学美育策略

桂　俊

摘　要　本文提出了核心素养视域下在高中生物学学科教学中开展美育教育的四个策略,分别是依托情境感悟生命之美、探究问题体会思维之美、任务驱动践行探究之美、关注社会崇尚责任之美,希望对高中生物学学科教师挖掘和整合生物学中的美育内容,以美育人、以美化人、以美培元,全面发挥生物学课程的育人功能起到借鉴作用。

关键词　核心素养　高中生物学　美育

《关于全面加强和改进新时代学校美育工作的意见》(简称《意见》)明确指出,美是纯洁道德、丰富精神的重要源泉,美育是审美教育、情操教育、心灵教育,也是丰富想象力和培养创新意识的教育,要充分挖掘和运用各学科蕴含的丰富美育资源,有机整合学科的美育内容,树立学科深度融合理念。于漪老师说:"教育的魅力,就是在追求真善美的过程中,让学生自己开始懂得道理,体验到,分辨出。"《普通高中生物学课程标准(2017年版2020年修订)》(简称《课程标准》)指出生物学作为自然科学中的一门基础学科,是树立社会主义核心价值观、落实立德树人根本任务的重要载体。生物学学科教师在教学中要在核心素养视域下,充分挖掘和有机整合生物学中的美育内容,以美育人、以美化人、以美培元,全面发挥生物学课程的育人功能。而研究核心素养视域下在高中生物学学科教学中开展美育教育的策略,对生物学学科教师在教学中落实立德树人的根本任务具有重要的参考意义。

一、依托情境,感悟生命之美

"生命观念"是生物学学科素养之首,它汇总了生命世界中的自然法则,教师要积极探究生物学课程中的美育资源,主动创设情境,引导学生形成生命观念,感悟生命之美。

1. 生命世界中的和谐之美

和谐在中国美学中指"和而不同",无论是细胞生命活动中物质、能量和信息变化的统一,还是人体通过一定的调节机制完成复杂的生命活动和适应多变的环境,抑或人与自然和谐共处的理念,都蕴含着和谐之美。正如费孝通先生的那句名言:"各美其美,美人之美,美美与共,世界大同",生物学课堂中展示的生命世界其所展现的正是一种和谐之美。

2. 微观世界中的结构之美

在裸眼无法企及的微观世界里,组织细胞的结构、色彩、排列秩序有一种奇异的美感。科学家们借助显微镜、扫描仪、光学放大成像仪这些研究仪器,为大家展现了一个常人无法触及的奇妙的微观世界。教师、学生都可以在网络中搜索到一些显微摄影的照片,这些作品帮助观看者建立了一种直观的感受,通过观赏这些生物内部的分子结构,观看者能更好地了解其复杂的内部运作机制,科学家为显微镜头下的生物着色,让显微镜下不但有科学,还有艺术,我们倾听、欣赏着这美景,试着去理解和尊重这些生命。

3. 诗歌典籍中的自然之美

庄子曾说:"天地有大美而不言","大美"就是指自然之美。中国优秀传统文化中埋藏着诸多生物学原理,例如,"远芳侵古道,晴翠接荒城"描述了演替的景象,"忽如一夜春风来,千树万树梨花开"描述了生物与环境间的关系,"螳螂捕蝉黄雀在后"描述了捕食关系,"待到重阳日,还来就菊花"描述了植物与节气的关系,这些佳句无不描绘了自然之美。

二、探究问题,体会思维之美

《课程标准》提出将学生科学思维的发展聚焦在以下三点:质疑是思考的视角、实证是判断的尺度、逻辑是论辩的准绳。教师要将科学思维的培养融入课堂教学之中,培养学生的科学思维,充分达成生物学课程的教育目标。

1. 教学中的质疑之美

爱因斯坦曾指出提出一个问题往往比解决一个问题更为重要,在高中生物课堂中通过创设情境使学生针对特定情境提出可探究的生物学问题是发展学生科学思维的有效途径。例如,在有关基因选择性表达导致细胞出现差异化的教学中,笔者引导学生提出为何同样是受精卵发育而来的蜜蜂,有的发育成蜂王,有的发育成工蜂;在模拟性状分离比的实验中,让学生思考为何每个桶中不同颜色的小球数量一定要相等,但甲桶内的小球数量和乙桶内的小球数量不一定相等。

2. 科学史中的逻辑之美

科学史可将我们带入科学家所处的社会历史背景中，展示了科学家面临困境或问题时，是如何论证并得出结论的。例如，现代遗传学中有关遗传物质的探究就历经了一条较为漫长的求证之路，从格里菲斯和艾弗里的肺炎双球菌转化实验，到赫尔希和蔡斯的噬菌体侵染细菌实验，科学家在实验结果与结论之间进行了严密推导。学生在学习科学史的过程中，可了解科学概念的形成和发展过程，体会科学史中的逻辑之美。

3. 思维导图中的系统之美

思维导图是一种思维形象化的方法，可以让思维更加清晰有序，并进一步激发思维的深化。教师可以利用思维导图梳理各生物学事实间的逻辑关系，在概念梳理的过程中建立模型，感悟思维之美、系统之美。例如，在教学中教师可以引导学生绘制"内环境"相关思维导图，在绘制过程中学生对"血浆""组织液""淋巴"之间如何相互转化，如何调节保持稳态有了进一步的认识。

三、任务驱动，践行探究之美

科学探究为学生提供了学习所需的直接反馈和亲身体验，可帮助他们理解生物学观点和重要概念，了解科学知识的发展过程。科学探究既是学习内容又是学习方式，教师可在教学中通过任务驱动发展学生的科学探究能力。

1. 模型建构中的直观之美

高中生物学教学常使用生物模型，实物教具比数字化图像更直观和更具有启发性。例如，通过 DNA 分子双螺旋结构模型，学生能加深对 DNA 能够存储海量遗传信息的理解；通过模拟天敌捕食对桦尺蛾种群基因频率的改变这一实验，学生可进一步理解自然选择对种群基因频率的影响；通过制作真核细胞的结构模型，学生可进一步建立细胞结构与功能观、细胞局部与整体观。

2. 科学发展中的精神之美

科学的发展离不开科学家们锲而不舍的坚持，也离不开科学家们的合作。教师在教学中可通过科学家的故事引导学生感受科学家所具有的科学精神。例如，屠呦呦已近 90 岁高龄，尽管她已荣膺诺贝尔医学奖、国家最高科学技术奖等无数荣誉，但她和她的团队并没有因此停下探索的脚步；从三系到两系，从杂交稻到超级杂交稻，袁隆平凭着献身科学、坚韧不拔、团结协作、不断创新的科学精神，为粮食安全、消除贫困、造福民生作出了杰出贡献。

3. 实验设计中的严谨之美

生物学是一门实验科学，应设计并实施恰当可行的方案，但在实际操作过程中这并不容易。例如，在探究影响酶活性因素的实验中，自变量变化梯度的设置直接影响实验的精确度；为了保证各试管中反应进行的时间一致，需要进行合理分工，科学安排实施步骤。应培养学生严谨的态度，对人对事秉持严谨之风。

四、关注社会，崇尚责任之美

培养学生的社会责任意识是生物学学科核心素养培养的重要方面，也是立德树人在生物学教学中的重要体现。

1. 中国故事中的情怀之美

生物学教材中选编了很多有关中国科学家研究进展和研究成果的事例，这能激发学生的民族自豪感，让学生形成为国奋斗的家国情怀。例如，2017年世界上首个体细胞克隆猴"中中"在中国科学院诞生，人类由此掌握了可以短时间内获得大量基因型相同且与人类亲缘关系相近的动物模型，学生的民族自豪感在学习过程中油然而生。

2. 主题项目中的健康之美

生物学教材中有大量与尊重生命、关爱他人有关的内容，可以帮助学生建立健康生活、关爱他人的社会意识。例如，学习了神经兴奋在突触传递的过程和生理机制后，学生可分析滥用兴奋剂和吸食毒品对人体生理和精神的危害，从而远离兴奋剂和毒品，并成为健康宣传员向他人宣传毒品的危害；学习糖类、脂类的相关知识后，学生可明白节食的危害；学习遗传病的类型和发生机制后，学生可意识到环境控制和人为干预的重要性。

3. 宣传参与中的实践之美

《课程标准》提出要进行科学实践、参与建议讨论、积极参与行动等要求，教师可鼓励学生基于生物学基本观点参与各类实践活动。例如，在学习人类活动与物种灭绝关系的相关知识后，学生可以结合相关主题开展有关保护生物多样性的演讲或宣传活动，如开展"地球日""爱鸟周""世界环境日"等主题班会；在学习"把饭碗端在自己的手里，装自己的粮食"的相关精神后，可以宣传我国在育种领域取得的成就，并在校园中开展"光盘行动"等。

总之，高中生物学教师可以在核心素养视域下以学科知识为载体，在高中生物学学科教学中开展美育教育，将美育教育融入日常教学，以美育人、以美化人、以美培元、全面落实生物学课程的育人功能，真正落实学生的学科核心素养。

参 考 文 献

［1］中共中央办公厅、国务院办公厅. 关于全面加强和改进新时代学校美育工作的意见

[DB/OL]. (2020 - 10 - 15)[2024 - 04 - 29]. http：//www. moe. gov. cn/jyb_xxgk/moe_1777/moe_1778/202010/t20201015_494794. html.

[2] 郭泉真. 于漪：美是不功利——美育访谈录(三)[EB/OL]. (2020 - 06 - 09)[2024 - 04 - 29]. https：//www. jfdaily. com/staticsg/res/html/journal/detail. html? date＝2020-06-09&id＝294508&page＝08.

[3] 中华人民共和国教育部. 普通高中生物学课程标准(2017 年版 2020 年修订)[M]. 北京：人民教育出版社,2020.

[4] 刘恩山,曹保义. 普通高中生物学课程标准(2017 年版)解读[M]. 北京：高等教育出版社,2018.

生命的分工协作之美

于万玲

摘 要 基于生物单个细胞内、多细胞生物不同细胞之间及不同系统之间的分工协作,探讨并感悟生命的分工协作之美。

关键词 分工协作 美

一、分工协作必须遵循的原则

一个运行良好的有效组织,内部既要分工明确,又要互相沟通、协作,以达成共同的目标,即组织中的各个职能单元应当以促成目标为划分的出发点,每个职能单元的连接应当是系统的、有机的,而不是简单的、随意的。

二、生命的分工协作之美

小至一个细胞,大到一个复杂的生命体,都能通过分工与协作完成一系列生命活动,体现出生命的分工协作之美。

1. 细胞内的分工协作之美

细胞是生物体结构和功能的基本单位,典型的细胞结构包含细胞质膜、细胞质和细胞核。通过电镜下的亚显微结构照片,可以观察到细胞质含有多个细胞器。细胞器是细胞质中相对独立的功能单位,动物细胞主要包含线粒体、内质网、高尔基体、溶酶体、中心体、核糖体等细胞器,植物细胞主要包含线粒体、内质网、高尔基体、核糖体、叶绿体和大液泡等细胞器。动植物的细胞器既有相同之处,也有不同之处。

细胞内的各结构既分工明确,又相互合作,共同完成细胞的各项生命活动。胰腺细胞合成和分泌消化酶的过程就是一个典型案例。消化酶是一类可水解糖类、脂肪、蛋白质等物质的酶,由胰腺细胞合成,分泌到消化道中发挥作用。科学研究明确了胰腺细胞分泌消化酶(分泌蛋白)从合成到分泌的整个过程如下:内质网上的核糖体以氨基酸为原料,在 mRNA 指导下合成一段肽链。随后,这段肽链转移到内质网加工成较为成熟的蛋白质。然后,内质网膜鼓起、出芽形成囊泡,包裹着要运输的蛋白质,离开内质网到达高尔基体。囊泡与高尔基体膜融合后,成为高尔基体的一部分(类似小泡并入大的囊泡);其中的蛋白质进入高尔基体,在高尔基体中进一步修饰后,进入新的运输囊泡。囊泡沿细胞骨架运动到细胞质膜,与质膜融合,并将蛋白质分泌到细胞外。整个过程中需要的能量主要由线粒体提供。

核糖体、内质网、高尔基体、线粒体、细胞骨架、细胞质膜等多种细胞结构共同参与消化酶的分泌过程。各细胞结构各司其职,共同完成消化酶的合成和分泌,体现了细胞作为生物体结构与功能的基本单位,各细胞器间既有分工,又有协作。

2. 个体内不同细胞间的分工协作之美

除单细胞生物外,绝大多数生物是多个细胞构成的个体。同一生物体的不同细胞所具有的细胞器各不相同,绝大多数生命活动需要细胞之间进行分工合作。比如,植物的根细胞通常生活在土壤中,不能接受光照,也不能进行光合作用,因此没有叶绿体结构,它所需要的有机物可由叶肉细胞进行光合作用合成,并通过筛管细胞运输至根细胞;植物的叶肉细胞进行光合作用的所需的水分和营养物质需要根毛细胞从土壤中吸收,然后通过导管细胞运输至叶肉细胞,供同化器官(叶)进行有机物合成时使用。营养物质和水分的运输及利用体现了高等植物不同细胞之间的分工与合作。

3. 动物体内不同系统间的分工协作之美

动物能适应复杂多变的外界环境,特别是恒温动物,其能通过调节应对环境变化,使机体内部环境保持相对稳定,并完成复杂的生命活动。

以跑步为例,首先由神经系统中的大脑来发出指令,通过外周神经传送指令到运动系统各器官,接着全身筋络和关节的伸缩带动肌肉和骨骼的伸缩完成每个动作,运动系统在加快工作的同时需要更多的氧气供应,主要由呼吸系统肺来提供,肺的最大肺活量是固定的,要获取更多氧气,必须加快呼吸。从肺部交换得到的氧气被输送到血液里,由循环系统运输,从而让我们的体内运动系统拥有更多氧!氧气和营养物质的运输又离不开血液循环系统的保障,心脏是循环系统中最重要的器官,就像一个水泵,是我们人体血液运行的动力来源。跑步时,心跳加快,加快了各种物质通过循环系统的运输。由以上看来,人在运动时,身体各个器官几乎同时密切协同配合。

跑步这一常规运动,神经系统、运动系统、呼吸系统、循环系统等共同参与,既体现了各系统间的分工，也体现了各系统间的互相配合、互相协调。

三、比较法感悟生命的分工协作之美

生命中的分工与协作之美，与工业社会的分工与协作相比较，高下立现。工业社会的效率来自于分工与协作，生产产品的零部件不可能全部由某个部门，或者某个区域完全提供，因为每个区域的优势不同，无分工的工业生产效率会低下，成本会升高。解决的办法就是分工协作的社会化大生产模式，这样按标准化生产的专业工厂应运而生，这就是工业社会的主要特征，也是全球工业国际化的基础。

随着国际形势的瞬息万变，人类越来越关心一个命题，即国际化进程会越来越快，还是步伐在逐渐放缓，大家各持己见。我认为，国际化进程要提速，必须强调各国、各产业链之间的分工与合作。在所有国家、所有地区实现工业全产业链几乎是不可能的，只有有效的分工，彼此间无缝的协作，才能构成一个有机的世界整体，就像高效运行的生命体一样。而目前国际关系中呈现的是斗争中的合作、合作中的斗争，虽然有分工，也有协作，但是无法做到互相配合、互相协调、互相促进，甚至为了本国自身利益而损害他国利益的现象屡见不鲜，"人类命运共同体"愿景的实现仍然任重道远。

相比人类世界的分工与协作，生命体内部的分工与协作堪称完美。

基于学科核心素养的高中生物学
教学美育渗透研究
——以"细胞衰老和死亡是自然的生理过程"一节为例

缪　倩

摘　要　美育是一种能够塑造人格、激励精神、温润心灵的素质教育,其在教育改革中的重要性日益凸显。高中生物学蕴含传统文化美、案例意象美、现代科学美、结构-功能美、进化-适应美、稳态-平衡美、物质-能量美等,在学科教学中开展美育渗透有利于学生学科核心素养的形成。

关键词　学科核心素养　高中生物学　美育渗透

美育是通过审美媒介构建审美活动,从而树立正确的审美观念、培养审美能力、完善审美心理,进而塑造人格、激励精神、温润心灵的一种素质教育。

由于美育可以使人具有健康的审美态度、审美能力、审美趣味和审美品味,具有感知美、体验美、欣赏美和创造美的能力,以美育人的观念自古有之,且中外学者对美育的追求、研究和实践也从未间断。近年来,国务院办公厅发布的《关于新时代推进普通高中育人方式改革的指导意见》,教育部颁布的《普通高中生物学课程标准(2017 年版 2020 年修订)》(简称《课程标准》)等指导性文件明确指出:普通高中应以努力培养德智体美劳全面发展的社会主义建设者和接班人为指导思想,强化包括美育在内的综合素质培养;普通高中生物学课程教学内容应注重经济、科学、医药、食品、工农业生产、生态、文化及美学等方面的价值等。由此可见,随着教育的不断改革,美育工作的重要性日益凸显,在各学科中渗透美育已成为一种必然的趋势。

虽然现有的研究通常将美育窄化为关于艺术技法的教育,或局限于艺术类、文史类学科,但不可否认,生物学也蕴含着丰富的科学美、自然美,如结构-功能美、进化-适应美、稳态-平衡美、物质-能量美等。以"细胞衰老和死亡是自然的生理过程"一节为例,学生可以通过渗透美育的生物学学科学习,逐步形成生命观念、科学思维、科学探究精神和社会责任意识等学科核心素养。

一、教学案例对应课程标准

"细胞衰老和死亡是自然的生理过程"一节为高中生物学教材根据《课程标准》新增添的内容,属于必修1"分子与细胞"模块第5章"细胞的生命进程",内容要求为大概念2"细胞的生存需要能量和营养物质,并通过分裂实现增殖"中重要概念2.3"细胞会经历生长、增殖、分化、衰老和死亡等生命进程"下的次位概念2.3.3"描述在正常情况下,细胞衰老和死亡是一种自然的生理过程",学业要求为"举例说明细胞的衰老、死亡等生命现象(生命观念、科学探究、社会责任)"。

本节教材通过系列生物学事实的描述,聚焦"细胞的衰老是细胞生命进程的自然规律"以及"细胞的死亡是细胞客观存在的生理活动,在生命延续中具有重要的价值"两个核心概念,达成"通过实例学习,说明细胞衰老和细胞死亡是一种自然生理过程(水平2)""通过案例分析,阐述细胞不同死亡方式的生理意义(水平2)"的学习目标。该节内容的具体编写思路如图1所示。

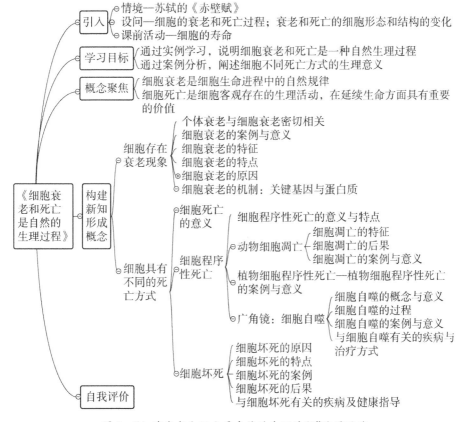

图1 "细胞衰老和死亡是自然的生理过程"编写思路

二、教材编写引入美学意境

1. 传统文化美

中国传统文化源远流长，博大精深。教材在编写时引入了诸如"寄蜉蝣于天地，渺沧海之一粟。哀吾生之须臾，羡长江之无穷""幢幢云树秋，黄叶下山头""不知明镜里，何处得秋霜""花随玉指添春色，鸟逐金针长羽毛"等诗词，以及刺绣等传统手工艺，由此可增强语言逻辑和文学美感，提升可读性和人文气息。

2. 案例意象美

细胞存在衰老现象，这是生物体为延续生命而存在的自然现象，是细胞重要的生命进程之一。教材在编写时选用植物细胞衰老形成秋叶的美景并配以插图，启示要以积极的态度面对细胞衰老的自然现象。

3. 现代科学美

科学研究没有终点，现代科学生机勃勃。教材在编写时介绍了获 2002 年诺贝尔生理学或医学奖的秀丽隐杆线虫研究、获 2009 年诺贝尔生理学或医学奖的端粒和端粒酶研究以及获 2016 年诺贝尔生理学或医学奖的细胞自噬研究等，以此展示前沿科学的研究成果和无穷魅力。

三、教学内容蕴含美育素材

1. 细胞衰老蕴含结构-功能美

结构决定功能，结构与功能相适应。结构是功能的基础，不同的结构具有不同的功能；功能是结构的外部表现，在一定的条件下反过来影响结构。

虽然细胞衰老抽象、微观、不易感知，但在此过程中细胞会表现出衰老的特征，出现形态结构、物质代谢的变化，而这些退行性变化则会切实影响细胞的功能，进而对生命与健康产生影响。

例如：老年人记忆衰退、行动迟缓、出现皱纹的直接原因是神经细胞、肌肉细胞、表皮细胞衰老，细胞核内染色质收缩，细胞分裂能力逐步降低甚至丧失，同时细胞质膜结构流动性减小，使物质运输功能降低，细胞内水分减少，细胞萎缩，体积变小所致；老年人白发生成的直接原因是毛囊中的黑色素细胞衰老，细胞中酪氨酸酶活性降低，使合成黑色素的功能下降；老年人皮肤上长出"老年斑"的直接原因是皮肤细胞衰老，妨碍细胞内物质交流和传递，使细胞内色素逐渐积累的结果；叶片变黄脱落的直接原因是叶片细胞衰老，细胞中叶绿体被破坏，叶绿素含量下降，使细胞光合作用和呼吸作用的效率下降。

2. 细胞凋亡蕴含进化-适应美

生物生活的环境是多种多样且多变的,生物只有适应环境才能生存,适应是进化的必然结果。细胞凋亡是动物中最常见的细胞死亡方式,受遗传信息控制,具有程序性。细胞凋亡对于机体发育和适应环境有着重要的意义,体现了生物的进化。

例如:蝌蚪发育成成体蛙时,尾部的细胞发生凋亡直至完全消失,有尾与无尾的不同形态,有利于蝌蚪、成体蛙分别适应水生和陆生生活;鸡爪、鸭掌在胚胎期都有蹼状结构,但发育过程中鸡爪间的蹼状结构由于细胞凋亡而逐渐消失,鸡爪和鸭蹼的不同形态,有利于鸡、鸭分别适应陆地和水生生活;小鼠胚胎发育中,趾间细胞发生凋亡,形成分开的五趾,不仅利于小鼠出生后的生活活动,同时为生物进化提供了证据;脊椎动物神经系统发育过程中产生过量神经元竞争肌肉细胞所分泌的神经生长因子,只有接受了足够量神经生长因子的神经元才能生存并与靶细胞建立连接,其他约 50% 的细胞则发生凋亡,这样的机制不仅实现了营养物质的有效利用,同时也保证了神经信息的精确传递。

3. 细胞增殖和凋亡蕴含稳态-平衡美

生命系统是一个开放且动态地实现平衡的系统,稳态是生物生存的条件。现代生命科学已经证明,生命活动普遍存在稳态现象,且这种动态稳定是有序、平衡且在一定范围内不断变化的。

细胞增殖和凋亡是自然的生理过程,是细胞客观存在的生理活动,在生命延续过程中对稳定细胞生活环境、平衡细胞数目具有重要的作用。

例如:细胞凋亡可以清除生物体衰老、病变、受到环境伤害、被病原体感染的细胞,从而维持多细胞生物体内部环境相对稳定,抵御外界各种因素干扰,实现自身保护;多细胞生物体每天都产生数量巨大的新细胞、同时也有大量的细胞程序性死亡,或由将大鼠的肝部分切除会导致肝细胞加速增殖、停止给大鼠注射刺激肝细胞增殖的药物会导致肝细胞大量凋亡的实验,可以说明机体可以通过细胞增殖和细胞凋亡这两个相互对立、相互协调的过程来实现细胞的自然更新,维持细胞数目的相对平衡;细胞凋亡不足可能导致肿瘤的发生,细胞凋亡过剩可能导致阿尔兹海默症、再生障碍性贫血、早年衰老综合征的发生,说明细胞凋亡的异常会使器官和组织失衡过分生长或萎缩,进而导致疾病。

4. 细胞自噬蕴含物质-能量美

细胞的生存需要物质和能量。物质是能量的载体,能量是物质变化的动力,生命活动过程就是物质合成与分解、能量储存与释放的过程。细胞自噬在真核细胞中普遍存在,指细胞通过溶酶体(如动物)或液泡(如植物、酵母菌)降解自身没有功能或者衰老的内部结构组分,是细胞加速物质代谢和能量转化的重要手段,对维持细胞内的正常生理活动具有积极的意义。

例如:当细胞处于外界营养匮乏或受到外界伤害时,可以通过将细胞内的膜重排,形成具有双层膜并裹挟随机或特定底物的封闭囊泡自噬体,细胞自噬降解一些非必要的成分或细胞结构,如各种蛋白质、细胞器,以此获得维持生存所需的物质和能量,渡过难关;通过对肿瘤迁移、浸润与肿瘤干细胞分化的研究发现,异常的细胞自噬虽然能够抑制肿瘤生长、发挥免疫清除作用,同时也有可能为肿瘤细胞提供额外的营养和能量。

四、美育渗透导向核心素养

1. 由情境事实感知观念美

生命观念是指对观察到的生命现象等进行解释,是经过实证后的观点。而观念由概念支撑,概念由事实建构。在进行生物学教学时,可以依据情境事实建构概念,再经归纳、抽象和概括,建立和形成对生命活动本质的认识,这有助于感知观念美。

例如:通过罗列"红细胞生存 120 天就死亡""肠道上皮细胞平均 1~2 天便更新换代一次""白细胞生命周期""蝌蚪尾部细胞死亡""小鼠胚胎趾间细胞死亡""叶片季节性脱落""被病原体感染的植物细胞死亡""导管的形成""叶片形态塑造""伤口组织部位的细胞死亡""缺血组织部位的细胞死亡"等一系列生物学情境与事实,引导学生进行比较和分类、抽象和概括,自主建构"细胞具有不同的死亡方式""细胞程序性死亡和细胞坏死两种细胞死亡方式的区别""细胞的死亡是细胞生命过程中客观存在的自然生理现象"等概念,从而感知科学的自然观、人生观、健康观,并以此指导探究生命活动规律,解决实际问题。

2. 由图表曲线体验思维美

科学思维是指尊重事实和证据,崇尚严谨和务实的求知态度,运用科学的思维方法认识事物、解决实际问题的思维习惯和能力。思维是形成概念的工具和途径,主要体现在建构概念的过程中,或者应用概念分析问题和解决问题的过程中。在进行生物学教学时,可以采用真实案例的图像资料、用研究数据制成的图表,这有助于体验思维美。

例如:通过展示"满头白发的老人"图、"儿童早衰症患者"图、"叶片组织衰老脱落"图、"正常细胞和衰老细胞的对比"图、"细胞衰老特征"示意图、"白细胞凋亡电镜照片"图、"细胞凋亡案例"示意图、"细胞凋亡过程"示意图、"细胞坏死过程"示意图、"酵母细胞的自噬"图,以及"不同年龄人的肺成纤维细胞分裂次数"

表、"不同细胞的寿命和分裂能力"表、"物种寿命与体外培养时细胞分裂次数的关系"坐标曲线等，引导学生自主分析和总结，从而体验基于生物学事实和证据的归纳与概括、模型与建模等思维方法，并以此探讨、阐释生命现象及规律。

3. 由研究史料体验探究美

科学探究是指发现现实世界中的生物学问题，针对特定的生物学现象，进行观察、提问、实验设计、方案实施以及对结果进行交流与讨论。探究过程即为研究过程，研究结果和结论即为概念。在进行生物学教学时，可以借由研究史料中的研究过程、方法、现象和结果，再经观察、思考、分析、推理、总结，形成概念，这有助于体验探究美。

例如：通过阅读"细胞体外培养生长情况研究""影响细胞衰老的年龄因素""不同细胞的寿命与分裂能力之间的关系""细胞衰老的机理研究""早衰的多莉""细胞凋亡机制的实验研究""秀丽隐杆线虫与细胞凋亡研究"等研究史料，引导学生亲历探究过程，从而增强对自然现象的好奇心和求知欲，掌握科学探究的基本思路和方法，提高实践能力和合作能力，欣赏科学研究的魅力与乐趣，欣赏科学家坚持不懈、求实创新的科学精神。

4. 由社会议题创造责任美

社会责任是指基于对生物学的认识，参与个人与社会事务的讨论，作出理性解释和判断，解决生产生活问题。责任是学科价值的重要体现，生物学学科有着特有的社会责任体系。在进行生物学教学时，可以通过运用学科概念参与社会议题，再经理性思维，形成深刻的认识和正确的价值观，这有助于创造责任美。

例如：通过关注"老龄化"的社会问题，引导学生不仅要从传统的价值观来思考关爱老年人的原因，还应通过对细胞衰老和个体衰老的学习，了解衰老细胞所具有的结构和功能方面的特征，知道当人老了，无论是身体机能还是精神状况都会变差，对环境、对生活的适应能力都会减弱。我们关爱他们，是因为他们不如以前能适应生活、适应社会。当然关爱老年人不能仅停留在情感上，还应还表现在一些针对性的实际行为和措施上，从而创造具体的行动来承担、履行责任，使之内化于心、外化于行、行胜于言。

生物学是一门研究生命现象和生命活动规律的科学，是自然科学六大基础学科之一，也是当今科技发展的前沿和主流。高中生物学学科承载的美育资源非常丰富，在生物学学科教学中渗透美育对于学生学科核心素养的形成也具有显著的作用，值得在不断的教学实践中进一步探索深化。

参 考 文 献

［1］中华人民共和国教育部.普通高中生物学课程标准(2017 年版 2020 年修订)［M］.北京：

人民教育出版社,2020.

［2］赵云龙,周忠良.普通高中教科书·生物学·必修1·分子与细胞[M].上海:上海科学技术出版社,2021.

［3］张新时.普通高中教科书·生物学·必修1·分子与细胞[M].上海:上海科技教育出版社,2020.

［4］赵云龙,周忠良.普通高中生物学教学参考资料·必修1·分子与细胞[M].上海:上海科学技术出版社,2021.

［5］朱正威,赵占良.普通高中教科书·生物学·必修1·分子与细胞[M].北京:人民教育出版社,2019.

［6］汪忠.普通高中教科书·生物学·必修1·分子与细胞[M].南京:江苏凤凰教育出版社,2020.

［7］刘恩山.普通高中教科书·生物学·必修1·分子与细胞[M].杭州:浙江科学技术出版社,2019.

［8］吴成军.生物学学科核心素养的教学与评价[M].上海:华东师范大学出版社,2020.

［9］朱正威,赵占良.普通高中教科书·生物学·必修1·分子与细胞·教师教学用书[M].北京:人民教育出版社,2019.

［10］付尊英,刘广发.普通高中教科书·生物学·必修1·分子与细胞[M].北京:北京师范大学出版社出版,2020.

基于美育的信息技术教学

陆莉莉

摘　要　由于操作性强,信息技术学科往往被认为是一门技能操作型学科,而忽略了其所蕴含的人文和美育价值。信息技术教学可以对技术之美进行探索,用技术诠释美,用技术创造美。只有将美育教育融入信息技术教学,才能避免唯技术论,探寻技术之美。也唯有如此,学生才能在课堂上感受美并表达美,进而激发学生的学习兴趣,提高课堂教学效率,并促进学生的身心全面发展。

关键词　美育教育　信息技术教学　策略

美育结合了审美教学与美感教学,通过教育提升认识美、理解美、欣赏美、创作美的能力,是新时代培养德智体美劳全面发展的社会主义建设者和接班人的重要着力点。美育,自古以来都是学家们所追求的,因而我们学校提倡"尚美课堂",就是崇尚用美的形式和规律展开教学,让学生获得审美体验,培蕴审美情趣的课堂。尚美课堂需要实施审美化教学,将教学元素转化为审美对象,创设愉悦的情绪美,产生学习上的"高峰体验";挖掘丰富的内容美,培养崇高的审美理想;借助直观的形式美,获得身心协调与愉悦;利用积极的思维美,迸发创新思维的火花。由于操作性强,信息技术学科往往被认为是一门技能操作型学科,而忽略了其所蕴含的人文和美育价值,这不仅不利于学生信息技术核心素养的形成,而且阻碍了学生的全面发展。而要解决这个问题,信息技术教学可以对技术之美进行探索,用技术诠释美,用技术创造美。

一、创设情境之美

苏霍姆林斯基曾说:"感知和领会美,这是审美教育的基础和关键,是审美素养的核心。"因此,在信息技术学科的教学中,教师要为学生创设美的情境,营造美的氛围,让学生从中感知美,获得美的体验。例如,在教授 Python 时,笔者将使用 Python 中的 turtle 库绘制出来的各种优美的图形作为情境，让学生在欣赏美的同时感受代码的魅力，激发学生学习 Python 的兴趣；在教授字符编码时，请学生解密"100100111011001101111……1100100"，得到的结果是"I love you motherland"（我爱你，祖国），学生由此体验到了二进制数字 0 和 1 的美妙之处。

二、发现技术的便利之美

信息技术的使用可以大大提高日常工作的效率，在中小学的教学中，此类例子比比皆是。例如，期中考试结束后，班主任需要对班级学生各科的成绩进行分析，而这使用 Excel 中的简单操作即可实现；在校运会中，使用 Word 中的邮件合并功能，能快速生成数量众多的证书，点击合成按钮后，原本需要几个小时才能做好的工作，瞬间就完成了；在项目"交通数据利抉择"中，海量数据只需要几行代码就能整理完毕，再用几行代码就能完成数据分析并以可视化的形式呈现于眼前。因此，教师要意识到这种快捷与便利之美，引导学生发现并享受这种美，以便学生在今后的学习中自行探索这种美。

三、享受技术解决问题之美

技术解决问题之美不言而喻，要花很多时间和精力才能解决的问题，如果能合理运用技术，短时间内就能解决。例如，问题一：公鸡每只 5 元，母鸡每只 3 元，小鸡 1 元 3 只，现在用 100 元买 100 只鸡，求公鸡、母鸡、小鸡各有几只？问题二：模糊数字是 465?7?6，它是 144 的整数倍，这个数字是几？问题三：在印度有一个古老的传说，舍罕王打算奖赏国际象棋的发明人——宰相西萨·班·达依尔。国王问他想要什么，他对国王说："陛下，请您在这张棋盘的第 1 个小格里赏给我 1 粒麦子，第 2 个小格赏 2 粒，第 3 个小格赏 4 粒，以后每一个小格都比前一个小格加一倍。请您把这样摆满棋盘 64 格的麦粒赏给您的仆人吧！"国王觉得这样的要求太容易满足了，于是命令给他这些麦粒。当仆人把一袋一袋的麦粒搬来并开始计数时，国王才发现即便把整个印度甚至全世界的麦粒都搬来，也满足不了宰相的要求。那么，宰相要求得到的麦粒到底有多少呢？这些问题可通过使用 Python 编写程序解决，既快又准确，而且可以把算法归类，问题一和问题二使用的是枚举算法，问题三使用的是累加算法。在解决这些问题的过程中，学生可体会技术解决问题之美，从而激发他们学习编程的兴趣，感受到 Python 是如此美妙的编程语言。

四、搭建台阶，助力教学，创设愉悦的情绪美

高中信息技术的学习是有一定困难的，特别是新教材，难度陡增。初中预备班有信息科技课程，但是初一到初三的课程中均没有信息科技。高一信息技术必修一就有人工智能的章节，这对于高一学生来说是有一定难度的，困难既能激起斗志也能磨灭激情，我们学校的学生在学习上受到的挫折比起其他学校的学生可能要多一些，因而对自身的学习能力是不自信的，特别到了人工智能的编程环节。所以，在教学上，我注重注释语句的解读，也注重同学们养成注释语句的习惯，这能大大提高编程的效率。针对学校学生学情，人工智能章节的"人脸检测程序""鸢尾花识别程序"等开发，我均采用重点语句填空的方式解决，同学们首先需要在注释的帮助下读懂语句，才能补充代码解决问题，虽然难度下降了，但是算法的思想、编程的要领都能掌握。在此基础上再提出一些新的问题，例如：在完成"人脸检测程序"的基础上，实现性别的识别，如果是女性绘制绿色的框，如果是男性绘制红色的框。需要用到之前学过的分支语句和色彩的三原色，同学们经过一番思考，可以自主完成。同学们解决问题之后的喜悦之情，我还历历在目，这是一种获得感、成就感。有些同学遇到一些困难，但觉得自己离成功不远了，即使已经下课仍久久不愿离开机房，这就是愉悦的情绪美的魅力。

五、合作学习，美美与共

合作学习是一种通过小组或团队形式组织学生进行学习的策略。合作学习的核心是让学习者共同完成某项学习任务，可以是共同解决某个问题，也可以是共同研究某一个专题等。在合作学习的过程中，学生为了达到小组学习目标，可以采用对话、商讨等形式对问题进行充分论证。学生学习中的合作活动有利于发展学生的思维能力，增强学生的沟通能力及对学生个体之间差异的包容能力，实现各美其美、美美与共。

信息技术新教材是基于项目式的学习方式，每一章节都有一个项目，有些项目适合独立完成，有些项目需要合作完成。例如：在项目活动"搭建小型物流信息系统"中，有同学需要完成下单和派送模块的程序设计，有同学需要完成运输和接收模块的程序设计，有同学需要完成签收和查询模块的程序设计。无论是哪一个模块都有一定的难度，需要小组成员头脑风暴、群策群力，一次一次突破难关，才能圆满完成学习任务。

项目学习中，要想实现小组的合作学习，首先在组员分配上需要合理安排。每个小组需要有善于领导的核心人，有擅长思考的智多星，有务实的实干家，有

善于交流的外交型人才,还要有信息汇总小能手,小组中成员各有优势,各司其职,挖掘每个学生的潜质,使其得到充分发挥,达到各美其美。最后在实现共同目标中,整合资源,实现美美与共,我们的项目学习才能结出完美成果。

陀思妥耶夫斯基说:"这个世界需要美来拯救。"美可启智,美可怡情。教育既是一门科学,也是一门艺术。课堂是传授知识的学堂,更是展示充满活力和魅力的教学艺术的神圣殿堂。只有将美育教育融入信息技术实际教学才能避免唯技术论,探寻技术自身之美,才能使教师的技术升华为技艺。也唯有如此,学生才能从课堂上感受美并表达美。

参 考 文 献

[1] 王东.尚美课堂的基本特征和建构路径[J].江苏教育研究,2017,(11):47-50.

[2] 赵建华,李克东.协作学习及其协作学习模式[J].中国电化教育,2000,(10):5-6.

第六章　基于健康与美育的学科教学之美

基于学科核心素养的高中健美操美育渗透探究

许　莹

摘　要　在新课程、新教材实施背景下，要求体育教师将关注点从单一的技能掌握转向学科核心素养的培育，落实立德树人，将德育渗透到课堂及教学的方方面面。本文主要从如何将健美操教学中学科核心素养的培育与学校"向美而行，以美育人"的办学理念相结合，将美育更好地融入课堂教学中去等方面进行探索。

关键词　学科核心素养　健美操　美育

《普通高中体育与健康课程标准》的正式颁布，让体育教师真正关注到学科核心素养在体育课堂教学中的重要性，体育课堂的目标也从对知识的了解、技能的掌握转变为学科核心素养的培育，在教会技能的同时更要关注育人价值。学校一直秉承"向美而行，以美育人"的办学理念，倡导将"美"融入课堂教学、校园环境等方方面面，力求学生在学校中能够时刻感受美的教育、进行美的表达。在新一轮的课程与教学背景下，如何将新课程、新教材、新理念进行重组并在健美操课堂上加以实施，如何将学校"向美而行，以美育人"的办学理念更好地融入课堂教学中，对笔者的教学思维与方式的转变、教学设计与实施能力的提升都提出了巨大的挑战。

一、聚焦学科核心素养的健美操美育教学特征分析

《普通高中体育与健康课程标准（2017 年版 2020 年修订）》指出，要着力发展学生的学科核心素养，坚持德育为先，培养德智体美劳全面发展的社会主义建

设者和接班人[1]。新课标明确指示教师要将更多的关注点放在素养教育上，让教学的着力点真正做到推动学生全面发展[2]。下面笔者以高中"体育与健康"体操类运动模块中的健美操项目为例，对健美操教学包含的美育进行分析。

健美操属于《普通高中体育与健康课程标准（2017年版2020年修订）》必修选学体操类运动。它是融体操、音乐、舞蹈于一体，可展示形体美、动作美、韵律美、音乐美、编排美的一项运动，包括徒手健美操和轻器械健美操等。核心素养导向下的健美操教学，不仅要求学生对健美操知识与动作技能进行一定程度的掌握，还要求教师帮助学生在学习健美操过程中能够通过正确的身体姿态大胆自信地展示动作，不断提高认识美、体验美、感受美、欣赏美和创造美的能力，完成会感受、会想象、会创造三个阶段的转变。

二、挖掘高中健美操课堂教学中的美育渗透

健美操与"美"息息相关。健美操美育课程不仅仅是技术传授，还要让学生在学习中培育良好的审美素养，因此，教师在教学中要充分挖掘健美操"美"的部分，让"美"渗透到课堂教学的方方面面。

（1）认识美。在健美操课堂中，通过对健美操比赛或艺术作品的欣赏，从视觉、听觉等多种角度让学生产生强烈的审美感受；通过健美操基本知识的学习，对健美操项目有了进一步的了解，从而认识和体验健美操的"美"。例如，在"健美操：爵士动作组合"教学中，教师可以先播放一段精彩的爵士比赛视频，让学生在观看的过程中通过形态美、动作美、音乐美、服饰美等方面产生强烈的美感共鸣，同时，通过视频初步了解"什么是爵士"，激发学生学习爵士动作的兴趣，以便更好地进行动作学习。

（2）践行美。学习运动技术、掌握运动技能是体育教学的主要目标之一。学科核心素养的提出，要求学生对知识技能掌握的过程从"学会"转变为"会学"。在健美操教学中，要培养学生主动学习的能力，并将课堂中学习的内容用于生活实践，在实践中提高感受美、欣赏美和鉴别美的能力。例如，在"健美操：爵士动作组合"教学中，教师可以组织学生以小组为单位根据视频内容自主探究学习动作，并布置课外作业，让学生将课堂学习的内容用于课后锻炼，培养终身体育的意识。

（3）创造美。学科核心素养导向下的健美操教学，要求体育教师在教学中关注学生的学习过程，强调学生不仅要"学会"，还要能"迁移与创造"[3]，能够将所学的知识进行整合以解决实际遇到的问题。在健美操教学中，教师可以创设情境，设计有挑战性的学习任务，让学生通过合作交流、探究实践来创新学习内

容,完成会感受、会想象、会创造三个阶段的转变,让课堂"活"起来。例如,在"健美操:爵士动作组合"教学中,教师可以创设"校园爵士舞大赛"的展示情景,鼓励学生以小组为单位,将学到的爵士动作组合进行重新编排,通过动作的重组、队形的变化、音乐的重新选配等,编排出新的爵士动作组合,以优美的姿态和动作进行展演,促进学生感受动作美、体验成就感,激发学生创造性思维。

（4）传承美。新课标明确指出学科教学的逻辑起点是学科核心素养的达成,因此,在健美操课堂教学中,教师要求学生不仅要"会做"还要"会教",学生在从教师那里学到的知识技能教给他人,在教的同时巩固强化自身知识技能,达到学有所思、学有所用。例如,在"健美操:爵士动作组合"教学中,学习小组可以将组内编排的爵士组合动作教授给其他的小组,实现学习资源共享。同时,学生将在健美操课堂中学到的课堂文化、身体姿态、技术动作等一直保持下去,养成良好的运动习惯,也是传承的体现。

三、核心素养下高中健美操美育课堂教学中的实践策略

新课程、新教材的全面实施,要求健美操教师要基于学生立场,优化健美操课堂教学模式与策略,构建情境化、结构化的课程内容,引导学生在复杂真实的情境中能够运用结构化的知识和技能解决问题,让学生认识美、体验美、感受美、欣赏美和创造美,实现教学育人的全过程。

（1）目标引领任务驱动。在进行健美操单元教学设计时,教师要将"向美而行,以美育人"的教学理念融入教学目标中,并基于目标设计驱动型问题,引导学生在解决问题、完成任务的过程中建立理论知识与技能的联系,激发学生的"美育"意识,完成学科核心素养的培育。

（2）创设情境关注结构化。教师在进行健美操教学设计时,要围绕教会、勤练、常赛的根本任务开展学习过程。在教学中,教师要关注结构化,将教学内容进行加工处理,重新组织和构建教学内容;创设真实的教学情境,给学生提供机会将所学的知识技能应用到日常情境中,学生在教学情境中感受健美操之"美"。

（3）开发资源提供支持。在健美操教学过程中,教师要不断挖掘健美操资源,如图片、视频、辅助教具等,给学生提供一定的资源支持,激发学生的学习动机,引导学生向"探究性"转变,在探究中不断发现健美操之"美",将美育活动逐渐变成课堂教学的重要组成部分。

参 考 文 献

［1］中华人民共和国教育部.普通高中体育与健康课程标准(2017 年版 2020 年修订)［M］.

北京:人民教育出版社,2020.

[2] 张金莉.新美育时代小学美术学科核心素养教育初探[J].试题与研究,2022(25):60-61.

[3] 李荔,许莹,许静,等.指向深度学习的健美操模块教学设计的思考与实践[J].体育教学,2021,41(8):15-17.

从"探秘国宝——千里江山图"中
浅析的美术学科之美

黎美君

摘　要　美术教育是学生形成正确的人生观和价值观不可忽略的重要部分,尤其是美术欣赏教育,能带领学生在"美"的海洋中尽情遨游。如何解读美术学科中的美? 本文以"探秘国宝——千里江山图"为例,引领学生去感受美术学科之美。

关键词　内容美　色彩美　德育美

何为美? 这个词的含义是什么? 关于美学和谈美的文章和书籍有很多,却从未见有专文或专著对"美"这个词在日常汉语中使用的情况、次数、含义的调查、分析和说明。从字源学来看,根据《说文解字》:羊大则美,认为羊长得很肥大就"美"。这说明,美与感性存在,与满足人的感性需要和享受(好吃)有直接关系。

"何为美"? 如果是指"什么是美",即"什么东西是美的",则是一个有关审美对象的问题,即什么样的具体对象会被认为是美的? 或者说,具备了什么样的一些条件(主观的或/和客观的),对象就会是美的,就会成为"审美对象"或"美学客体"。朱光潜先生曾说:"美是客观方面某些事物、性质和形态适合主观方面意识形态,可以交融在一起而成为一个完整形象的那种性质。"是指人的主观情感、意识与对象结合起来,达到主客观在"意识形态"(应为"意识状态")即情感思想上的统一,才能产生美。绘画作品、建筑、自然风光等等,如果没有人去欣赏,就失去了美的价值。综上所述,美是能够引起人们愉悦或使人感到和谐、快慰或让人产生爱(或类似爱)的情感、欣赏享受感、心旷神怡感或有益于人类、社会的客观事、物的一种特殊属性。通常我们所说的美以自然美、社会美以及此基础上的艺术美、科学美的形式存在。

高中美术鉴赏课程的目的是引导学生感知美、理解美、表现美、创造美,是走着一条"向美而行 以美育人"的道路。笔者以"探秘国宝——千里江山图"一课为例,分别从以下几方面浅析美术学科蕴含的美。

一、内容美

《千里江山图》是北宋画家王希孟绘制的青绿绢本设色画,是中国青绿山水画扛鼎之作,现藏于北京故宫博物院。全卷画长 11.91 m,比著名的《清明上河图》还要长。作品描绘了宋代的锦绣山河,人称宋代版的国家形象纪录片,也被誉为宋朝版的航拍中国。全幅气势连贯,如同音乐般起伏韵律。粗看有延绵千里的气势,细看有人间烟火气的生趣。细细品味会发现它不是一副简单的青绿山水画,它是北宋郭熙所提倡的山水画要有可行、可望、可游、可居的真感境界,更是宋徽宗梦寐以求的理想世界。画中的每一处景观都可以单独截取成另一幅完整的画,可见它的不重复性和多样性。画中山体雄秀,据后人考证该地貌以江西庐山最为典型;开阔的水域,则是庐山脚下的鄱阳湖一带。岸边人群三三两两,有的在院子竹篱笆处活动,有的则身披蓑衣、笠帽。山间小径旁绿树成荫,这些植物有竹子、樟树、桂树等,也能表明画家接触的南方树种和编织物较多。此外,画中还有多个瀑布群,最突出的是双瀑与四叠瀑同时出现,据后人研究它具有相当的唯一性,这是只有在仙游九鲤湖才能看到的自然景观。此外,画中还有相当多为人文景观,不同种类的船舶,有客船、渔船、双体船、货船、小舟等等;不同样式的房屋建筑,有瓦房、茅草屋、寺观、水磨坊、酒家、农舍、书院、小渔村等;不同样貌的桥梁,山间小桥、跨江长桥、拱桥、亭桥等,以上景观丰富了画面,彰显了它的内容美,让我们在画中看到了大宋的江山和人民,也从中让学生明白我们常说的一个道理"艺术来源于生活,又高于生活"。美术作品的美是作者主观判断加上客观景物的巧妙结合。此外,这些内容也是极为珍贵的,它让我们更直观的看到宋朝的人文景象,对于历史研究也有着重要的参考价值。

二、色彩美

在分析画面色彩这一环节,首先,抛出问题"画面的主要颜色有哪些?"并请学生回答。大多数同学会说蓝色、绿色、棕色、白色,之后是教师解答。这些颜色在中国画颜料里都有它们的名字,分别是石青、石绿、赭石、蛤白。之后,再提问"为什么要用这些颜色?"此时,笔者给了一张真实的山川自然的照片让学生与《千里江山图》中的山川做对比。不难发现,古人遵循了"近山为绿,远山为青"的师法自然的作画原则。远山为青是因为空气的厚度改变了远处山林的绿色,泛出青山的色彩。最后,再提问"这张画已经流传了近千年,为什么它的颜色还是那么明艳辉煌?"其实是因为画中的石青是蓝铜矿、石绿则是孔雀石,这些矿石在当时都是上等的宝石,因古代开采技术有限,开采得不多就更为珍贵了。因此,学生了解了画中颜色基本都是从宝石或药材里面提取而来的,跟我们现在使用的管状颜料不一样。我们今天看到的原作的这种光泽感,其实就是宝石透出来的美。而画面里的那米粒大的人物衣服的白色颜料也需要千年的砗磲化石。画中的色彩来之不易,我们不去分析就不会了解到它的美,它的美来源于自然之美,是生活中可以发现的美。那么,作者这样做的用意又是什么呢?笔者认为它所象征的就是帝皇心中渴望的江山永固,千年不会褪色。所以,这幅画中不仅有宝石的璀璨,更有画师的心意。

三、德育美

在美术鉴赏的过程中,非常重要的一个环节是了解创作过程和画面背后的历史故事。有时候一件作品第一眼看上去平平无奇,但在了解了它背后的故事之后便会重新认识它,甚至喜欢它。下面通过了解《千里江山图》的创作过程及历史故事,分析它是如何传递德育之美的。《千里江山图》这幅画诞生于北宋一位18 岁天才少年之手,这个人就是王希孟。当时,艺术皇帝宋徽宗从几百名画工中看中了王希孟的艺术潜力,便亲自教授其绘画技艺,在此期间,他给了王希孟一个艰巨地任务,就是用半年的时间绘制出大宋的锦绣河山。

在学习内容这一环节,可以看到《千里江山图》的内容丰富程度,这是一位18 少年希望在皇帝面前好好表现自己的艺术才能,所以,在画面中一遍遍做着加法,把毕生所学所见都表现在画中,并且非常工整精细,米粒大小的人物放大看也栩栩如生!正如陈丹青老师所言:"在《千里江山图》中,我分明看见一位美少年,他不可能老。他正好十八岁。长几岁、小几岁,不会有《千里江山图》……",从中让学生看到同龄人身上地那种刻苦。在色彩这一环节,除了让学生了解到颜料来源且需反复提取,也要让学生了解到画面中所有的颜色都不是一边染成,画面一共是五层关系,相当于半年的时间画了五遍,一些局部更是要通过多次层层分染才能达到理想的效果。加之颜色受光线的影响,晚上作画颜色失真。因此,真正能画画的时间并不多,但王希孟仍然一丝不苟,画面的每一处都是精心刻画。最终,王希孟是如期的完成了这样一幅千里江山的壮美景象,这其中的艰辛不言而喻。由此可以看出,都说王希孟是天才,这一点不能否认,但天才背后也离不开他的勤奋好学,在题拔中可以看到王希孟"数以画献,未甚工",也就是好几次给皇帝去献画,但皇帝都不满意。可见这样的一位天才少年也有不被认可的那一天,但是他并没有就此放弃,而是一直以这种"未甚工"的状态来磨炼自己,最终成就了这幅《千里江山图》,并得到了皇帝和我们后人的认可。此后再在年龄上做文章,同为 18 岁的同学们在自己的学业上又该怎么做呢? 我想千年前的王希孟同学正是告诉了同学们一个道理,那就是好好学习、勇于实践,是金子总有发光发亮的那天! 至此,巧妙地将德育教育融入美术日常教学中,更好的帮助学生实现全面发展。

从美育的角度看运动竞赛教育模式

倪春华

摘　要　运动竞赛教育模式是一个以学生为中心的体育课程模式，要求学生人人参与，学生通过竞赛学习技能、知识，激发学生的学习兴趣，塑造健美的形体，增强社会责任意识、团队合作意识、提高主动学习、合作学习的能力等。教师深入挖掘此教学模式中的美育元素，在平时的排球专项教学中逐步渗透，让学生感受排球运动的美，感受运动的快乐，提高审美鉴赏力和创造力，培养拼搏精神，提高核心素养。

关键词　运动竞赛教育模式　美育

高中女生在体育课程实际教学中，由于运动技能和身体状况水平的差异，身心发展特点，在课堂上表现各不相同，一些学生学习兴趣高，表现积极主动，一些学生运动积极性不高，表现出冷漠的态度。运动竞赛教育模式是一个以学生为中心的体育课程模式，学生通过相互帮助、合作学习、在经历运动过程中更加投入。运动竞赛教育模式的教学就是要求人人参与的一种在竞赛过程，学生通过竞赛学习技能、知识，增强社会责任意识、团队合作意识、提高主动学习、合作学习的能力。深入挖掘运动竞赛模式中的美育因素，在排球专项教学中逐步渗透，能让学生更好地感受排球运动的美，感受运动的快乐，提高审美鉴赏力和创造力，培养拼搏精神，体现健身育人的价值，有利于学生体育核心素养的培养。

一、运动竞赛教育模式概述

一种新型的课程教学模式，它的全称为运动教育的课程和教学模式（sport education curriculum and instruction model，SEM），由美国体育教育家西登托普提出。运动竞赛教育课程模式是以小组合作形式为特色进行体育教学的一种课程模式，其以游戏理论为主要的概念基础，倡导运动竞赛教育可以成为一种体育教学课程模式。在此模式教学中，学生通过组内同伴互助合作学习体育知识，提高运动技能,获得参加体育运动的能力,在组间游戏比赛中体验运动员、裁判员等各种角色工作,充分完整地享受这项运动,实现全民运动的目的。

1. 运动竞赛教育模式的目标

运动竞赛教育模式的目的是向学生提供一个更完整,更现实的运动竞赛过程,使学生成为一名充满热情的运动参与者,获得运动技能的提高和运动文化修养的提升。有能力的运动者指:能熟练掌握参与运动的技术,能在运动中理解并运用战术和策略,有丰富知识的参与者;有文化修养的运动者指:能理解并遵守传统体育的礼仪和规则,通过团队讨论竞赛的相关问题,分析赛况,制定应对策略,理解竞赛的精神,拓展视野;有热情的运动者指:重视和发掘运动实际的意义,维持良好的运动水平,积极渴望和他人分享运动经验,养成终身运动的习惯。

2. 运动竞赛教育模式的特征

运动竞赛教育课程模式的基本结构反映了竞技运动的制度化形式,包括赛季、入会、正式比赛、计分、决赛和庆典六个特征。

(1)赛季:运动竞赛教育课程模式打破了现有的体育教学单元,而把一个教学周期称之为赛季,并按教学项目来命名,例如"篮球季"。每个赛季又分为练习期、季前赛期、正式比赛期、季后赛期四个阶段。每个时期有不同的学习内容,各个阶段是互相衔接的。

(2)入会:在整个赛季的开始,每个同学都要加入一个团队,并在整个赛季中,都在这个团队中和同伴一起学习,一起参加比赛,体验不同的角色,发挥自己的作用,捍卫自己团队的荣誉。

(3)正式比赛:竞赛是运动竞赛教育课程模式的主要学习情境,各种比赛始终贯穿于整个赛季。为了保证每位同学都能参与比赛,比赛往往通过渐进的或分等级的形式来完成。每个赛季的比赛没有淘汰,大家都努力争取能最后的比赛中展现自己。

(4)计分:由于整个赛季中不同的比赛以及不同的角色体验,每节课都有不同的教学目标,每个同学,每个团队的表现及成绩将被记录,这些记录贯穿于整个赛季,是每位同学学习的积累和回忆,也为最后的成功提供有力的数据。

(5)决赛:决赛的目的是给学生提供努力的体验,体会运动的乐趣超出比赛本身。

庆典:运动竞赛教育课程模式中的庆典体现了运动的节日气氛。通过回顾学习比赛的历程,奖励优秀的团队和个人,使运动的传统和文化得到宣扬。

二、美育概述

美育是审美教学与美感教学的结合,通过教育提升体验美、感受美、欣赏美和创造美的能力,从而使我们具有美的理想、美的情操、美的品格和美的素养。这是新时代培养德智体美劳全面发展的社会主义建设者和接班人的重要着力点,在"立德树人"方面发挥着独特的、不可替代的作用。

我国社会主义学校的美育是为建设社会主义精神文明和培养学生心灵美、行为美服务的。通过美育可以促进学生的德、智、体的发展。它可以提高学生思想,发展学生道德情操;它可以丰富学生知识,发展学生智力;它可以增进人们的身心健康,提高体育运动的质量。

三、运动竞赛模式中的美育教育

1. 技术和战术融合之美

运动竞赛教育模式中,学生整个的学习过程是通过大大小小不同的竞赛来完成的,需要学生在提升自身的基本技术基础上,和同伴一起加强战术练习,只有互相之间的默契配合,才能夺得比赛的胜利。排球运动是不借助任何助器械击空中的球的运动,而且击球的时间相当短促,学生必需在有限的时间内,快速判断来球的速度、力量、角度、落点,迅速移动到有利接球位置将来球击向目标位置,每一次的成功击球都是一次速度与智慧的完美结合。排球的技术环环相扣,也是实现战术的前提条件。发球是比赛的开始,也是进攻的开始,目的是直接得分或最大程度破坏对方的接发球质量。接发球是否到位,直接影响全队进攻战术的实施。接发球到位的情况下,二传队员能组织起预先制定的战术,不到位的情况下,大多数情况只能组织调整进攻。进攻战术的完成需要二传队员和进攻队员具备相应的组织能力和进攻能力。拦网是防守的第一道防线,要抑制对方的进攻就需要较好的拦网技术和配合,以及和后排防守队员的配合。好的防守是组织反击的基础。战术和技术之间的相适应性和相融合性也是排球运动的魅力之一。学生积极参与练习和比赛中,亲身经历运动的全过程,深深感受到排球运动的技术美和战术美,从而激发起对排球运动极大的热情。

2. 个性与团队融合之美

运动竞赛教育模式教学,整个教学过程(赛季)的开始阶段时,每位同学都要加入一个团队,并在整个学期的教学过程(赛季)中,都在这个团队中和同伴一起学习,一起参加比赛,体验不同的角色,发挥自己的作用,捍卫自己团队的荣誉。排球专项教学中针对排球运动的特点,将学生分成人数相等的若干队,每名队员都有自己的个性,在整个团队中担任不同的角色,承担着不同的任务。根据分工的不同,参加比赛的队员,根据比赛要求,承担着防守、二传、主攻等不同的位置任务,而不参加比赛的队员承担着总务,后勤,裁判,教练等各项工作。队里的同学会有不同的性格,张扬的;内敛的,顽强的,细致的等等,由这些性格各异的队员必须融合成一个整体,一起参与整个学练的过程,互相帮助,共同提高,为了相同的目标齐心协力,完成每一场比赛,这样有分工,有合作,既有队员个性的展示,又有团队高度的融合,充分体验和享受了排球运动之美。

3. 健康与精神融合之美

排球运动兼有娱乐、健身、竞技为一身,习练中不仅能够提升身体综合素质,还可以培养团结协作,顽强拼搏,坚持不懈的体育精神。

运动竞赛教学模式在排球专项教学中应用,教学的过程是以身体练习为基本手段的教学过程,是提高学生身体素质,是发展人的健康美的过程。在教学的第一堂课,老师采用多媒体教学让学生观看排球比赛的视频,让学生从视觉上感受排球运动的整体美,学生从内心感叹排球运动的美,从而激发起学习兴趣,主动参与到学练中。在教学中教师以正确优美的示范动作,严格要求学生进行技术动作的练习,提高学生的速度、力量等身体素质和排球技战术,塑造学生健康完美体型,促进学生认识美和鉴赏美的能力。

排球教学过程常采用结对练习、分组练习、教学比赛等练习手段,这些都需要同学之间的互相协作,团队比赛中,学生的每一次击球就是为了给队友以更好的进攻,获得团队的胜利,同学们在一学期的练习和比赛中,克服个人英雄主义,患得患失的缺点,为了共同的目标,团结协作,互相鼓励,集体责任感进一步增强。在比赛中经常会看到同学们击掌、拥抱,欢呼,呐喊,表现出亲情、友好。排球运动的练习和比赛,不但有效地发挥了学生的体能和技能,而且培养了学生互帮互助、团结协作的集体主义精神和顽强拼搏、奋发进取的竞争意识。学生在思想上、情感上、情操方面得到陶冶,达到外在美和内在美的有机统一。

四、结语

运动竞赛教育模式兼顾了技能与兴趣的共同发展,通过异质分组,在公平竞争的原则下,逐渐减少运动不佳同学对运动的恐惧感,增加参与运动的机会,享受运动的欢乐。教师在运用此模式进行排球专项教学时,发掘排球运动的美感效应,为学生的学习创造一个良好的教学环境,让学生感受到节奏美、技战术美、精神美等,教师在教学中要加强规则意识教育,创设改变规则和场地要求的比赛,力求让每一位学生都能体验排球运动的乐趣,积极参与学练,提高运动技能,培养学生的审美能力,塑造优美的形体、优秀的意志品质和思想品德。促进学生综合素质的全面提高。

参 考 文 献

[1] 申婧雯.试析如何在体育教学中渗透美育教育[J].当代体育科技,2020,10(28):105 - 108.

[2] 杨红梅.体育教学中渗透美育教育之我见[J].科普童话,2019,(22):81.

[3] 杨继宏.谈体育教学中的美育教育[J].山西青年,2018,(21):278.

[4] 周剑.体育教学中的美育[J].湖南教育(B版),2018,(6):47.

[5] 杜香当.体育中的美育教育[J].当代体育科技,2017,7(36):211,213.

[6] 贾兹水.体育教学中的美育渗透[J].教育科学论坛,2016,(8):43 - 44.

创学科教学之新，成体育之美

胡遵欣

摘　要　随着生活水平的日益提高，人们对美的追求越发强烈，所以美的教育也日益受到重视。教育要为每个孩子均衡而充分的发展服务，要求德育、智育、体育、美育、劳育五育并举，各学科要形成合力，共同打造符合时代要求、全面发展的高素质人才。所以，在体育学科中培养体育之美是一个有意义有价值的课题。本文从体育学科的教学出发，重点阐述了培养体育之美的路径与方法。希望通过对体育之美的进一步探索，让学生了解美的意识，提高对美的感受与鉴赏，同时也能运用这些运动之美提高自己对体育锻炼的兴趣，养成良好的运动习惯，形成终身体育，快乐体育的目标。

关键词　体育　体育之美　美育

自古以来，体育作为一种特殊的社会文化现象，被人们广泛接受，并且随着社会的进步与发展，越来越受到重视。体育课是使学生获得健美的体态、健康的体质、旺盛的生命力和高尚的精神品质。学校体育培养出来的人在身体和精神方面达到美的境界。美育不仅可以把体育运动变得更加丰富多彩，富有生机，而且可以以美的形象，美的旋律去影响感染人，使学生在美的享受中，感受美育和体育之间的关系。

一、体育之美的内涵与研究范围

体育之美是指在体育运动中，身体的各感官在受到充分刺激的前提下，获得的一系列基本本体的感受。它是一种现实美，是在人类社会现实生活的特殊实践过程中产生的，具有自然美和社会美的形象性、感染性、社会性、创造性等诸多属性。自身对于体育之美的感受可以通过后天锻炼来提高，特别是高中阶段的学生，提高将更为明显，也是本文探讨的主要对象。学生通过学习如 NBA 篮球比赛中各个篮球明星技术动作,有效激发着自身感官和神经系统,从而产生对速度、力量、柔韧、耐力的震撼、惊奇和赞赏,体育之美也随之产生。

二、追求身体的美

身体是人的物质性支柱,身体质量的好坏直接关系到学生的素质和形象,作为身体教育的学校体育课在追求自己的目标时,身体美是首当其冲的,如学校的各种体育类比赛,我们可以看到勇于展现自己的学生会展示出他们的身体美,这就要求体育课要引导学生既要在身体的内核上,又要在外形上朝着健康美的方向发展。在指导思想上参照美学的研究成果,制定好学科认知,不要忽视本质,误认为把舞蹈等内容引进体育课堂就是注重了体育美,不仅仅是舞蹈这一种活动形式,而是任务一种体育活动形式都能进行美的教育,关键是抓住身体内外都朝着健康的方向上发展,使学生显示出活泼、大方、矫健的青春朝气。

三、发现体育之美的重要性

我们需要在体育教学中培养学生表现美、感受美、创造美的能力,就要充分挖掘体育教材中蕴含的美的重要性,以便更好地在教学中实施体育之美。

1. 美育在学校体育教学中的重要性

学校要塑造合格发展的人,美育教育不可缺,更应渗透于各学科教育教学之中。首先表现在学生的形体美。强硕的体格、健美的姿态、高雅的气质,这些都是学生向往的体育之美。从运动角度可以感受到的形态美,在身体的活动规律和基本形态方面表现出强健、匀称、挺拔、朝气、力量、阳光等美的特征。从行为角度可以感受到协作美、挺拔美、刚健美、高雅美等,进而产生自信和自强的人生态度。

2. 从体育项目的学习中获得美的重要性

体育运动项目都有各自不同的美:百米飞人项目产生速度之美,足球、篮球项目产生自由奔放之美,乒乓球、羽毛球项目产生小巧灵动之美,重竞技项目产生力量之美,等等,学生通过这些项目的学习,从中感受到刚柔并济、潇洒劲健、惊险刺激等感受的综合体现,并逐渐使这些体育项目技能向技艺形象发展,使这些项目的美得到深化,进而使之成为自己的一种生活方式。

3. 从身体素质的发展中获得美的重要性

身体素质发展是体育之美产生的基础,身体素质包括速度、力量、耐力、柔韧、灵敏等素质,学生阶段一定要重视这些身体素质的提高,如果无法把这些素质提高到一定高度,是无法产生体育之美的。学生通过身体素质的练习,既可以感知速度、力量、灵敏、协调性等素质单一纯粹的美，又可以体验这些素质复杂综合的美，从而为自己深入学习奠定良好的基础。

4. 体育教师形象美的重要性

体育教师要注意自己的形象，除了应以自己的优美、行动的高雅、衣着的整洁，思想的进步、作风的正派，给学生以美好的感受外，还应在上课的示范中特别注意。再次，应注意结合体育教学对学生进行美的教育，讲授一些基础的美学知识，帮助学生建立正确的世界观、价值观和审美观，并在示范动作准确的前提下力求把动作做得轻松、优美，达到能吸引学生产生兴趣的目的，也为学生掌握技术动作创造良好的条件。另外，更重要的是要鼓励学生在运动中尝试美的内在体验和自觉的审美意识，并将内心体验的美和外形观察的美结合起来。

四、培养体育之美的路径与方法

理解了产生体育之美的诱因，体育教师应当通过体育课这一主阵地进行有效渗透。具体讲就是要从教学内容、教学常规、教学方法、教学手段、教学评价等方面来进行渗透，利用体育之美来开拓学生感受美、观赏美和表达美的能力，激发学生对体育课的兴趣，从而增强课堂教学效果。

1. 从教学内容中渗透体育之美

在体育教学内容的选择上，教师可以选择一些新颖、有针对性的教学内容。如在教授足球的内容时，教师选择"足球游戏"来进行练习，老师可以先讲述足球发展的起源和历届世界杯的精彩进球以及学生已知的和未知的成名球星。

2. 从教学常规中渗透体育之美

体育课的教学常规是实施教学的重要保证，教师要求的整队快静齐、队伍的整齐划一，上课遵守纪律，体现着阳刚之美、朝气之美、精神之美、纪律之美，这些都是为了营造上课氛围的和谐、老师应该从美的角度去让学生体会这些课堂常规，从而使学生能自觉维护这些体育之美。

3. 从教学方法和教学手段中渗透体育之美

（1）教师要注意讲解示范之美。在体育教学中，讲解示范是向学生传授体育知识、技术和技能，完成教学任务的主要环节，是体育教学中最基本、最直观的一种教学方法。教师讲解时语言表达的技巧与艺术；示范时的坚定从容、轻松自如、娴熟优美，能使学生受到最直观的理解和掌握技术动作，提高课堂教学效率。

（2）教师要注意创设课堂情境美。如篮球热身时，可以设计多样的运球技术动作，使学生在练习时能有积极的感觉，达到感受美、有趣美的目的，又有助于教学的展开。又如，健美操时，设计一个让学生相互合作自我创编的环节，让学生更直观的了解。来使课堂充满生机的美，让学生练而不厌，学而不倦。

（3）教师要注意运用多媒体之美。现代教育已进入到多媒体时代，体育教师应在课堂上利用多媒体播放一些精彩的体育比赛集锦让学生观看，让他们从中感受到刚柔并济、潇洒劲健、惊险刺激等艺术形象在运动员身上栩栩如生，淋漓尽致地体现，从而提升学生对体育美的欣赏与向往；还可在课堂上利用多媒体拍摄不同学生的技术动作过程，让学生观看与学习，通过对动作美、技术美的追求，来提升学生的自我学习能力。

（4）从教学评价中渗透体育之美。教学评价是课堂教学的重要环节，是促进学生更好学习的重要手段，在课程改革中越来越受到重视。在教学评价中渗透体育之美，教师要注意采用多元评价的方法。如比赛中，学生完成一次漂亮的过人，教师适时语言评价：惊呆了，××球星都做不出你的动作。可以让学生在美的心理体验中，自信满满；练习中，同学之间相互合作，相互促进，教师要鼓励学生相互评价，把自己优秀的一面的体验分享给队友，同时也提高了学生体育之美的鉴别和评价能力；思考中，学生自我反思，教师要积极引导学生自我评价：我可以吗？我能做的更好吗？只有通过这样的评价，才能使学生从自身角度去意识到形体美、运动美和情感美。

五、结语

体育中含有大量的美育因素，体育是实施美育的重要手段之一，人们在崇尚美，追求美的过程中认识到，体育不仅是锻炼身体的重要手段，也是美化自身的必要手段。运动能力越强，运用体育之美的效果越明显。通过体育，可以促进人的身体之美与精神之美的最佳结合，在日常教学中体育教师要提高自身素质和美学修养，勇于探索，不断挖掘体育教学中美的素材，才能有效激发学生体育之美的意识、情趣和价值观，让学生提高自我的审美价值，才能造就具有生命旺盛、精神高贵、智慧卓越、情感丰满的全面发展的高素质人才。

第二部分

"基于铸根立魂　发现德育之美"
研究报告

第七章　发现理想之美

在"四史"教育中培育新时代高中生

高　瓴

摘　要　青少年阶段是人生的"拔节孕穗期",学校在开展"四史"教育活动后,通过问卷调查和访谈的方式,了解学生"四史"学习现状。学校创造性地以"三间课堂"为抓手,让"四史"学习融入学校教育日常,激发学生学习"四史"的兴趣,增强学生的思想定力,引导学生将在"四史"学习中汲取的精神养分化为强大的担当动力。

关键词　新时代高中生　"四史"教育　铸根立魂

2020年初,习近平总书记在"不忘初心、牢记使命"主题教育总结大会上首次提出学习党史、新中国史、改革开放史、社会主义发展史("四史")。就学校教育而言,"四史"进入学校是深入贯彻学习"四史"不可或缺的重要一环。教师应积极主动地向学生宣讲中国共产党自诞生以来领导中国人民实现"中国梦"而不懈奋斗的革命史、建设史、改革史。在课堂中,教师应讲好红色故事、中国故事,以生动的案例打动学生,以多彩的形式亲近学生,以深刻的教训教育学生,以巨大的成就鼓舞学生,从而达到事半功倍的效果,充分发挥"四史"育人的重要作用,使新时代高中生坚定自己的政治信仰,真正将自己的命运和国家的发展结合在一起,为成为中国特色社会主义的接班人和建设者奠定基础。

学校在开展"四史"教育活动后,通过问卷调查和访谈的方式,了解了学生的"四史"学习现状以及"四史"学习在课堂教学及课外教育中的影响,总结出的问题主要有:学生大多不喜欢课堂教育形式下的"四史"学习方式;成功渗透"四史"学习的只有政治、历史和主题班会课;学生对"四史"的学习缺乏主动性;学校的

"四史"学习形式缺乏创意,对学生的吸引力不足;"四史"学习的课外渠道比较狭窄。

一、问题分析

(1) 部分学生学习"四史"的主动性不高,对"四史"的理解不深。目前,"00"后是高中生的主力军,由于受信息技术和一些社会潮流快速更替的影响,多数学生更愿意将时间和精力投入对新事物的触及和探索中,在他们看来,"四史"学习与他们相去甚远。在这种认知偏差的引导下,部分学生对"四史"缺乏学习兴趣,出现学习"四史"积极性不强、主动性不高的问题。

(2) "四史"的理论性较强、实践性较弱。从宏观上看,"四史"体系庞大,内容呈现点与线的逻辑关系。学习"四史"要求学生做到知、情、意、行相统一,可学生学习"四史"的主要途径却是课堂教学,因缺乏丰富的实践活动,学生的学思践悟不足,"四史"学习的实际效果显得不够理想。

(3) "四史"教育的载体比较单一。学校开展"四史"教育的方式仍然过分依赖传统的课堂、实践、文化等,对新时代出现在高中生中喜闻乐见的新形势、新样态、新技术学习运用不足,"四史"教育的方式、载体缺乏足够的新颖度和吸引力。

二、问题解决

德育处以立德树人为中心任务,以"三间课堂"为抓手,让"四史"学习融入学校日常教育,坚持理论学习和实践教育相结合,教育引导学生深刻理解中国共产党为什么"能"、马克思主义为什么"行"、中国特色社会主义为什么"好",从而帮助学生树立崇高理想,进一步坚定理想信念,厚植爱国情怀,为实现中华民族伟大复兴贡献力量。

(1) 第一间"课堂":在主题学习课中,了解光辉历程。"四史"教育首先是认知教育。当下的学生,由于年龄、生活等诸多因素的影响,对党史、新中国史等不太了解,"四史"教育的目的就是要拉近学生与历史的距离,让学生与历史进行积极的对话。因此,学校"四史"教育的一个基本教学逻辑就是从讲党的历史知识开始,和当代中国政治紧密联系,告诉学生中国特色社会主义的本然和应然,增强学生对中国特色社会主义的道路自信、理论自信、制度自信和文化自信。第一间课堂就是从倡导学生自学开始,鼓励学生认真学习团委推荐的学习资料,如《中国共产党党章》《点赞青年英雄》《中国力量》等,组织党章学习小组成员学习《论中国共产党历史》《中国共产党简史》等。积极参加"青年大学习"系列网上主题团课,观看优秀党史主题影视作品,如《觉醒年代》《理想照耀中国》等。还有其他相关视频学习资料,如团中央出品的《我要的人生》《初心不忘——青年党员篇》《我是共青团员》,以及团市委出品的主题微党课《站起来》等,把个人自学贯穿始终。在此基础上,学校德育处组织了系列专题学习:开展了"青年、责任、担当"升旗仪式;邀请复旦大学计算机学院特邀党建组织员刘其真教授为全体师生作了题为《中国共产党执政是历史和人民的选择》的专题讲座;开展"立德树人共担当,五育并举促成长"的"理想信念"主题教育课评比;还组织全校班主任和辅导员开展庆祝建党 100 周年的系列主题教育课等活动,通过这些主题学习课,从建立学生的正确历史观着眼,使学生在心灵洗礼中传承红色基因,为实现中华民族伟大复兴而努力奋斗。

(2) 第二间"课堂":在竞赛展演课中,感悟历史脉搏。在学习"四史"基础知识的同时,德育处组织开展各种竞赛和展示活动,以赛促学、以赛促用,补足学生的"精神之钙",筑牢学生的"灵魂之柱",扩大"四史"学习教育活动的覆盖面和影响力。首先,全校的"学四史"黑板报展示评比活动拉开帷幕,通过黑板报最直观地展示学生学习"四史"的体会和感悟;其次,开展了"新时代好少年·红心向党"主题征文演讲活动,积极动员学生广泛阅读红色经典文艺作品、革命先辈回忆文集、英雄模范故事、红色书信等,并以征文、朗诵、演讲的形式谈感想体会,交流思想,分享收获。在庆祝建党 100 周年之际,开展了"承红色基因、传革命薪火"红色小故事创编展演活动,各班学生展示了《遵义会议》《王二小》《建党伟业》《赵一曼》《五月的鲜花》等经典红色故事,通过演绎红色故事这一艺术表现形式,充分发挥学生的主体作用,让学生在亲身参与中感悟每一个角色的平凡和伟大,铭记中华民族不可磨灭的红色记忆,激发学生的爱国热情。除了学校组织的各类竞赛展演之外,还组织学生积极参加市(区)组织的各类"四史"教育竞赛活动:组织高一年级学生参加区"诵读中国"活动,经过师生们的紧张学习和排练,高一 2 班的《有一页历史》获得区二等奖,高一 1 班的《有一首歌叫没有共产党就没有新中国》获得区三等奖。还有部分学生参加了"中文自修杯"上海市中学生"爱我中华"征文活动,多位学生获奖。

(3) 第三间"课堂":在探访实践课中,传承红色精神。学习"四史",基础在于"认知",关键在于"践行",在学习和竞赛之后,通过实践活动教育学生铭记党的关怀、了解发展成就、增强奋斗意识,增进对党的感情。将"四史"学习教育融入各类社会实践活动中,通过"经典打卡""今昔对照"等方式,感受从"站起来""富起来"到"强起来"的历史性飞跃;通过实地体验等方式,深入了解具有历史转折意义的重大事件、重要成就;通过"红色走读"等方式,进入革命纪念馆等进行学习考察,深入考察马克思主义的传播及革命先辈追求真理、坚守信仰的事迹,让青年学生成为"四史"故事的撰稿人、"四史"影像的摄影师、"四史"传播的UP主。习近平总书记在考察杨浦百年变迁和浦江风貌时提出了"人民城市人民建，人民城市为人民"的重要理念，为学习贯彻总书记重要讲话精神，学校开展了"追寻红色足迹，传承红色精神"的师生滨江行走活动，民星中学师生沿着滨江这条红色路线，一路前行，一路感悟。之后，不仅组织学生团员参观了《陈望道纪念馆》等红色地标，还让学生积极参加了区组织的踏寻杨浦红色足迹、追溯建党百年历程——杨浦区"寻访杨浦红色地标"主题活动，完成一张寻访地标专属名片，展示活动分享。践行"四史"的活动开阔了学生的视野，树立了学生的历史观，增强了学生的文化自信和历史使命感。

三、问题反思

（1）让"四史"教育在回应学生之需、回答时代之问中焕发生机活力。"四史"教育要以针对性地解答学生的思想困惑和疑虑为重点，注重从"四史"的阐释中回应高中生关注的社会现象和热点问题，增强高中生对"四史"的认知和认同。教师应敏锐洞察，主动了解学生的所思所想，让"四史"教育有针对性，只有同"纬度"才能同"温度"，只有"同频共振"才能"引发共鸣"。

（2）观照现实生活，提升"四史"教育的幸福感、获得感、满意感。学校对"四史"教育目标的设置，体现了对"人"的关照，而不是脱离学生实际、缺乏现实温度。将"四史"教育作为满足高中生美好生活需要的重要支撑，化解高中生思想浮躁、情绪焦虑、精神空虚等问题，激发高中生对现实生活的美好追求和奋进姿态，使学生在接受"四史"教育中体验到幸福感、获得感、满意感。

（3）挖掘各类活动蕴含的"四史"教育元素，让形式为内容服务。"四史"教育应立体化展开，即校内结合校外、线上结合线下、理论结合实际、生活结合学习等。学校党政班子、德育处、共青团、学生会以及班主任队伍应联合校外各类教育机构，加强多维育人的协同联动。给予学生情境体验和实践活动的机会，发挥了活动育人的作用，让形式为内容服务，为立德树人服务。

润物细无声
——在主题活动中传承红色文化

周　焱

摘　要　注重真正有效地传承红色文化,以隐性校园文化和显性主题活动为传承红色文化的策略,将红色文化植根于校园的每一处,在理论上找到坚实的支点,真正贯彻教育"立德树人"理念。

关键词　红色文化　隐性校园文化　显性主题活动

教育部在《中小学德育工作指南》中提出要贯彻"立德树人"教育理念,加强中小学理想信念教育、社会主义核心价值观教育,加强革命传统教育,传承红色文化。红色文化是中华优秀传统文化的一部分,而要真正有效地传承红色文化,则需要设计更科学有效的传承方法,要将红色文化植根于校园的每一处,将红色文化进校园落实到实处。

一、红色文化的内涵

红色文化是中国共产党人重要的文化基因,它反映了中国共产党人的独特精神世界。作为一种历史文化,它的形成离不开对中国优秀传统文化的吸收。习近平总书记曾经指出:"中华文化积淀着中华民族最深沉的精神追求,包含着中华民族最根本的精神基因,代表着中华民族最根本的精神标识,是中华民族生生不息、发展壮大的丰厚滋养。"在习近平新时代中国特色社会主义思想的引领下,在实现中华民族伟大复兴的实践中,如何不断增强文化自信,深入挖掘中华优秀传统文化的内涵,特别是红色文化的深刻内涵,是新时代赋予我们的新课题。

二、学校传承红色文化的策略

建立红色校园文化,规范学生在日常生活中的行为举止,具有隐性教育功能,与动态的红色教育活动、比赛相结合,营造浓厚的校园红色氛围,是学生感知红色文化的绝佳途径。

1. 注重隐性校园文化,发挥阵地作用

校园基础设施作为红色基因传承的载体,对身处其中的学生具有教育的作用。为了让学生能够随时随地地和红色文化亲密接触,学校采取了一系列措施:首先精心设计校园中的红色文化走廊、楼道;其次积极办好学校宣传栏、黑板报、班级黑板报,加大红色文化在其中的分量。上述校园红色文化是静态的,而当学生积极参与校园建设时,校园红色文化就具有了动态性。比如,开设红色文化橱窗,让学生对橱窗负责管理、及时更新,发挥学生的主体性,让红色基因在学生身上"动"起来。春风化雨、潜移默化、循序渐进、耳濡目染,让学生时刻感受红色文化,让满满的正能量丰盈生命。

2. 开展显性主题活动,传承红色文化

"活动育人"是中小学德育六大实施路径之一,《中小学德育工作指南》要求各中小学要精心设计、组织开展主题明确、内容丰富、形式多样、吸引力强的教育活动,以鲜明正确的价值导向引导学生,以积极向上的力量激励学生,促进学生形成良好的思想品德和行为习惯。

(1)思想教育。在革命战争年代形成的红色文化,是我们党的传家宝。利用学校日常学习及生活渗透红色教育,利用每周一的升旗仪式、每周的校班会课,包括午间广播等,对学生进行熏陶式的思想教育。例如,开展"学习新思想,做好接班人"民星中学"党史""四史"学习交流大会,以及"传承红色基因,汲取前行力量"党支部书记思政课等系列活动。

(2)活动渗透。学校加强学生的思想教育之外,更是把思想教育渗透到各种主题活动之中,通过开展多种多样的受学生欢迎的比赛、活动渗透红色教育,学校结合重要历史时间节点,积极组织开展各类纪念活动,让学生从心灵深处感悟和领会红色精神;组织了"学四史"黑板报展示评比活动;参加了区"诵读中国"经典诵读活动;参加了上海市中学生"爱我中华"征文活动;开展了"承红色基因、传革命薪火"红色小故事创编展演活动等。师生同登台,讲红色故事,演红色小品,讲述自己的梦想,分享红色的收获,丰富多彩的学习活动能够引导学生重温革命过程中感人至深的故事,感受革命先烈的革命精神,为学生根植红色信仰,筑牢精神防线,让红色主旋律在生机盎然的春日校园里铿锵奏响。

(3)实践感悟。通过亲身实践体验,学生在实践活动中完成了很多有意义的事情,增强了对红色文化、红色精神的感悟。学校将"四史"学习教育融入各类社会实践活动中,通过"红色走读"等方式,进入革命纪念馆等进行学习考察;开展"追寻红色足迹，传承红色精神"的师生滨江行走活动；组织学生团员参观"陈望道纪念馆"等红色地标，积极参加区组织的踏寻杨浦红色足迹"寻访杨浦红色地标"主题活动，既陶冶了道德情操，又强化了对红色文化的体验，有助于学生传承红色基因，形成正确的价值观和人生观。

三、学校对传承红色文化的思考

红色文化承载了中华文化的内涵和精髓，它代表的是永不过时的革命精神。学校德育处制定的《向美而行上海市民星中学德育校本课程规划》在理论上找到了坚实的支点，对今后的工作进一步指明了方向。

（1）活动常态化。活动是德育的主要形式，要在学校的红色文化教育活动已经形成惯例的基础上，结合学校特色，形成自己的特色活动。

（2）内容系列化。红色文化教育活动要形成内容上的系列化。内容的系列化是指，从学校红色文化教育的总体目标出发，有目的、有步骤地将主题教育活动设计成目标明确、主题紧密联系、内容成组成套、活动形成序列的系列活动。

（3）目标层次化。学校的红色文化教育要针对不同年龄段的学生提出具有层次的教育要求，高一年级应立足于认知和领会，高二年级应立足于认同和理解，高三年级应立足于感悟和践行，使红色文化的传承环环相扣而又层层深入。

共青团对"三全育人"工作的实践与思考

许　莹

摘　要　随着"三全育人"综合改革的不断推进,"三全育人"将贯穿到学校共青团工作的全过程和各环节。本文从"三全育人"视角探讨学校共青团工作的育人路径,通过政治引领、团组织建设和各类实践活动等方面构建育人体系,实现全员、全过程、全方位育人。

关键词　共青团工作　三全育人　思想政治教育

2022年,上海市杨浦区教育局关于印发《杨浦区教育综合改革示范项目实施方案(2022—2025年)》的通知提到,要以"五育融合"为基础,探索形成全员、全过程、全方位的"三全育人"杨浦实践。"三全育人"即全员育人、全过程育人、全方位育人,是中共中央、国务院《关于加强和改进新形势下高校思想政治工作的意见》提出的坚持全员、全过程、全方位育人(简称"三全育人")的要求。"三全育人"的出发点是培养人,特别是培养德智体美劳全面发展的社会主义建设者和接班人。在庆祝中国共产主义青年团成立100周年的大会上,习近平总书记对共青团提出殷切希望,强调共青团要坚持为党育人,始终成为引领中国青年思想进步的政治学校。共青团作为党的助手和后备军,要牢牢把握培养社会主义建设者和接班人这个根本任务,引导广大青年在思想洗礼、实践锻造中不断增强做中国人的志气、骨气、底气,让革命薪火代代相传。

一、民星中学共青团对"三全育人"工作的实践

民星中学团委多年来一直严格按照学校党组织和上级团组织的工作要求,以习近平新时代中国特色社会主义思想为指导,结合学校办学特色,将"立德树人"这个根本任务摆在首位,贯彻始终,加强中学生思想引领,进一步转变思想观念,夯实基层基础,担负育人责任,做好育人工作,着力在中学生共产主义学校、学生社会实践、志愿服务等工作上探索与创新,积极投身各类大赛,实现多方面、

多角度、多层次育人。

1. 强化政治引领，当好"引路人"，实现全员育人

1) 主题教育铸就爱国情怀

民星中学抓住重要时间节点开展主题活动。组织开展了雷锋日活动、"缅怀先烈 铭记历史"主题教育活动、铭记"九·一八"系列活动、纪念"一二·九"抗日救亡运动活动等。组织开展"走进百年团史·聆听红色故事""学党史"主题教育实践活动，带领青年团员参观杨浦（沪东）共青团简史陈列室，举办艺术节文艺汇演及各项赛事等。不仅如此，学校还邀请校外的专家为学校学生开设讲座，如邀请了复旦大学刘其真教授和教育局工委讲师团成员刘瑞雪老师分别作了《中国共产党执政是历史和人民的选择》《学党史，继续新的长征》讲座等。学校还通过线上的方式对学生进行教育。组织团员和积极分子利用课余时间收看《九一八思政大课》《天空课堂》和《党课开讲啦》并撰写心得体会，鼓励监督学生全员参与网上党史学习小程序"百问出真知"和网上主题团课"青年大学习"。通过校内、校外、线上、线下等多种方式，引导学生坚持正确的政治方向和价值导向，树立正确的世界观、人生观、价值观，号召广大青年以奋发有为的精神面貌在新时代，面临新任务、新挑战，踔厉奋发、担当作为，在新征程上干出新业绩、做出新贡献。

2) 仪式教育把握人生方向

每年6月，举行高三毕业典礼暨18岁成人仪式，通过师长嘱托、颁发成人纪念物、宣誓等环节来增强仪式感，给学生留下难忘回忆和思想印记。每周举行"国旗下成长"升旗仪式，弘扬爱国主义情怀。在5月和12月举办入团仪式，在团旗下进行入团宣誓，明确团员的责任和义务。

3) "青马工程"做好政治启蒙

学校积极推进班级团支部政治学习-校级党章学习小组-区级中学生共产主义学校三级教育培养体系建设。从班级层面到学校层面再到区级层面，充分发挥班级学生、学校导师和区级专家在学生思想政治教育方面的作用。

2. 夯实基础工作，发挥"组织力"，实现全过程育人

1) 规范团组织建设

根据群团规范化建设具体要求，切实完善团组织各项规章制度，依托"智慧团建"系统，对照团支部建设指标，集中开展团支部整理，使共青团工作实现"有组织、有队伍、有阵地、有制度、有职责、有任务"，发挥团组织团结、带领、服务青年学生的吸引力、凝聚力和战斗力。按照"入团十步曲"做好积极分子和团员的培养和发展工作，从提交入团申请书到举办入团仪式，明确发展流程，让学生走好团员发展的每一步。

2) 完善"一心双环"组织格局

"一心双环"指的是以共青团组织为中心,以学生会组织为学生自我服务、自我管理、自我教育、自我监督的主体组织,以学生社团及相关学生组织为外延。定期召开团委学生会例会和团支书例会,对近期工作进行总结反思并布置下一阶段的工作,规范团学运行机制。发挥共青团在学生组织中的核心地位和作用,支持和引导学生社团规范发展,积极开展各类校园活动,如运动会、广播操比赛、艺术节等,锻炼学生的能力,加强学生干部团队建设,提高学生干部的综合素质,增强团委对学生的影响力。

3. 指导开展实践活动,提高"战斗力",实现全方位育人

1) 积极开展各类校园活动,全覆盖参与区级各类活动

学校积极开展各项校园比赛活动,如篮球比赛、足球比赛、广播操比赛、运动会、科技节、艺术节、书法绘画比赛等。广泛宣传动员,鼓励学生参与"未来杯"、"请党放心,强国有我"青春宣言征集、"'云'游上海、'云'游杨浦"微视频大赛、夏令营、主题征文和演讲比赛、庆祝建党一百周年经典影片讲演比赛、社团风采展等各类市(区)级活动。通过校内与校外、线上与线下各类比赛活动,使学生能够在实践中收获书本外的知识与感悟。

2) 指导参加社会实践和志愿服务

学校积极组织开展志愿服务活动,充分利用社会资源,与民星二村居委会、星益养老院、殷行街道、上海体育学院等建立合作关系,引导学生走出学校,如走进殷行社区当垃圾分类达人、做游泳馆志愿者,与民星二村的老人共度腊八节,参与社区卫生打扫,组织学生参与孝亲敬老服务活动、当上海体育学院博物馆志愿者、做爱心暑托班等志愿服务,在志愿者活动中学习和传承雷锋精神,坚持"从我做起,从身边的小事做起",养成良好的行为习惯,在社会实践中接受教育,成长成才。通过参与丰富的社会实践活动,落实"三全育人",培养学生的德育素养,实现育人价值的有效拓展。

二、民星中学共青团践行"三全育人"工作的思考

针对"三全育人"工作的不足之处,结合学校德育工作要点,制定以下措施。

(1)"全员导师制"借力,牵手学生成长。将共青团工作落实到导师工作中去,充分发挥导师的引领作用,引导学生走好入团的每一步,做学生学习上的良师、生活中的益友。

(2) 家校联合,提升育人深度。进一步凝聚家校双方的力量,挖掘家长资源,增强家长参与孩子成长的意识和能力,引导孩子逐步向共青团靠拢,更好地协同学校做好育人工作。

第八章　体现价值之美

"价值澄清模式"在友善班集体建设中的应用

唐费颖

摘　要　针对学生为求赞誉而行善、接受他人帮助却不懂得感谢的问题,采用"价值澄清"这种新的德育模式,在学生中开展"友善需要回报吗?""怎样让友善传递下去?"的讨论,引导学生学会尊重、学会关爱和帮助他人,以实际行动践行社会主义核心价值观。

关键词　社会主义核心价值观　友善　价值澄清模式

班上曾发生过这么一件事:小 A 是班长,平时乐于助人,和同学相处得很好。小 B 在主持、朗诵方面有特长,但苦于没有机会展示特长。在运动会、艺术节召开前,小 A 向老师推荐小 B 担任主持人、参加朗诵,小 B 发挥得很好。班级QQ 空间中,小 A 表达了小 B 是因为自己的推荐才能崭露头角的事实,而小 B 回复道:"机会总是留给有准备的人。"

自中共中央办公厅印发《关于培育和践行社会主义核心价值观的意见》,中央宣传部、中央文明办印发《培育和践行社会主义核心价值观行动方案》以来,学校不断组织开展活动,班级也在创建"友善"班级,着力把培育和践行社会主义核心价值观的要求具体化,但在创建期间仍发生了小 A 为求赞誉而行善,小 B 接受他人帮助却不懂得感谢的事件,说明培育和践行社会主义核心价值观方面还有很多工作要做,学生之所以不能付诸行动,是因为在价值认同上根基不稳,没有将认知认同、情感认同升华为行为认同。

一、价值澄清模式的内容及基本原则

20 世纪 60 年代,美国纽约大学教授路易斯·拉思斯等创建了价值澄清模式这种新的德育模式。

1. 价值澄清的过程分为如下七个步骤涉及三个方面的内容

1)选择

(1)自由选择。只有在自由的选择中,才能根据自己的价值观行事,被迫的选择是无法使这种价值整合到其他价值体系中的。

(2)从多种可能中选择。提供多种可能让学生选择,有利于学生对选择进行分析思考。

(3)对结果深思熟虑的选择。对各种选择都作出理论的因果分析、反复衡量利弊后的选择,在此过程中,个人在意志、情感以及社会责任等方面都受到考验。

2)珍视

(1)珍视与爱护。珍惜自己的选择,并为自己能有这种理性选择而自豪,看作自己内在能力的表现和自己生活的一部分。

(2)确认。以充分的理由再次肯定这种选择,并乐意公开与别人分享,而不会因这种选择而感到羞愧。

3)行动

(1)依据选择行动。鼓励学生把信奉的价值观付诸行动,指导行动,使行动反映出所选择的价值取向。

(2)反复地行动。鼓励学生反复坚定地把价值观付诸行动,使其成为某种生活方式或行为模式。

2. 采用价值澄清法的基本原则

(1)避免说教、批评、灌输,不要把焦点集中于对或错上面。

(2)促进学生反思自己的行为,要让学生独立负责地做出决定。

(3)不要强求学生有问必答。

(4)主要是营造气氛,目标是有限的。

(5)主要帮助学生澄清自己的思想和生活。

(6)避免空泛的讨论,要及时结束讨论。

(7)不要针对个人。

(8)教师不必对学生的话和行为都作出反应。

(9)不要使学生迎合教师。

（10）避免千篇一律[1]。

二、价值澄清模式下"友善"的选择及行动

1. 价值澄清模式下"友善"的选择

根据价值澄清模式的理论，笔者把小 A、小 B 之间的矛盾当作案例让学生在班会课上展开小组讨论，结论如下。

【生 1】如果的确是小 A 帮助了小 B 的话，那么小 B 应该感谢小 A 而不是说"机会总是留给有准备的人。"

【生 2】对，给别人机会也是友善的一种形式，小 B 应该感谢小 A。

【师】对，友善的确应该被肯定，从这个角度来说，小 B 应该感谢小 A；但是，友善需要外界的肯定吗？ 没有人知道、得不到肯定就不友善了吗？ 请大家思考："友善"需要回报吗？ 怎样让友善传递下去？

【生】个人层面：行善应该是自愿的、无偿的，收获的是内心的富足，而不是为了经济报酬或他人的肯定，否则就是功利的；而受益者应抱着感恩的心态说声"谢谢"来肯定行善人的付出，这是最起码的礼仪。相反，冷漠与冰冷，只会消磨施善者的美好初衷和道德热情。

【师】怎样让友善传递下去？（通过阅读《善待高尚》一文来启发学生）

《善待高尚》：2006 年，在德国留学的中国人杨立在骑自行车旅行的过程中捡到一个装有几千欧元和几张信用卡的皮夹。他将皮夹送到当地市政厅后，连姓名都没有留下就悄悄离开了。德国人费了很多周折才找到他，并且要按规矩给他 500 欧元奖金和一枚荣誉市民奖章。杨立想"无私地"谢绝，德国人却严肃地对他说："'施恩不图报'并不是你们中国人眼中的个人问题，可以说，你拒绝我们的请求，已经相当于在破坏我们的价值规则。那些奖励你可以不在乎，但你必须接受，因为那不仅仅是对你个人的认可，也是整个社会对每个善举的尊重。尊重善举，是我们每个公民的责任，也让我们有资格勉励更多的人施援向善。"[2]

【生】社会层面：完善制度设计，建立一个"德福一致"的制度导向，通过社会组织的形式、运作的机理以及基本权利、义务的安排等方式来昭示这种价值准则，努力使行善的人有所得，使行善者得到精神上的肯定，这能激发其他潜在想要行善的人，并形成一种可持续发展的道德风尚。

2. 价值澄清模式下"友善"的行动

1）尊重是友善的第一要义

就当下的中国社会而言，强调公民个体之间相互尊重有着极为重要的现实意义。当前，随着城市化进程的不断推进，我国的公共生活领域不断得以拓展，

来自不同民族、不同地区、不同领域的社会成员在同一时空中不断相遇，个体之间的差异也因此不断得以呈现。那么，究竟应该以何种态度来面对既缺乏天然的血缘联系，也缺乏共同生活经历的他者？这是一个极为重要的现实问题。从跨过代沟，尊重父母开始，应学会求同存异，努力学会在内心深处接纳与自己的生活方式不同的其他社会成员，在社会生活中相互合作。

"学会商量，有话好好说"活动：学生往往能和同学、朋友和风细雨地交谈，但对父母却会使用冷暴力，甚至隐瞒实情、欺骗父母。究其原因，学生往往不认同父母的教导，进而产生不尊重父母的行为，要求学生反思和家长交流时自己的不妥之处，学会控制自己的情绪，用求同存异的方式与他们交流。

姓名	不妥之处	改进后

2）关爱和互助是友善的理想诉求

就日常生活而言，尊重与宽容不需要付出太大的代价，但关爱和帮助他人则需要道德主体超越个人功利，向与自己没有利害关系的人提供实实在在的帮助。因此，设计"微心愿"（学会合作、共同进步）活动，从帮助身边的人做起，针对学业水平测试，不少同学存在理科薄弱、基础不扎实等问题，每位学生写出学业上的"微心愿"，由大家认领、学会合作、共同进步。

姓名	心愿	认领人姓名	实现方式	成果

友善不只是道德的善良意志，它更具有实践性的品质，是一种去做应当做的事情的德性，是行动者的友好善意。关爱和帮助他人是友善的最高境界，也是最能考验人性的道德要求。

三、结语

当前,在社会主义市场经济条件下,不同的社会利益关系造成了现实社会中价值主体的多元。价值观形成于多样化的社会环境,带有社会的影响、时代的烙印,因此具有多样化的特征。价值追求越是多样化,越要强调社会主义核心价值观的主导作用。

社会主义核心价值观要真正发挥作用,必须融入社会生活,让青少年在实践中感知它、领悟它,通过价值认知、价值评价、价值选择等活动不断改变青少年的价值结构,把社会主义核心价值观的要求变成青少年的日常行为准则,进而形成自觉奉行的信念理念,引导青少年在时代大潮中建功立业,成就自己的宝贵人生。

参 考 文 献

[1] 檀传宝. 德育学原理[M]. 北京:北京师范大学出版社,2007.

[2] 中国新闻网. 湖北日报:德行义举应有合理的补偿[EB/OL]. [2013-10-25]. https://www.chinanews.com/sh/2013/10-25/5426110.shtml.

浅谈高中生诚信教育中的困境

梅华荣

摘 要 诚信教育是学校德育的重要一环,高中生在日常的学习和常规活动中,在诚信方面的表现并不尽如人意。学校在这一方面投入的教育力度并不小,但收效甚微,无法从根本上真正提高学生的诚信意识。高中生甚至某些教育工作者对诚信的认识与理解往往停留于"信守诺言""言必信,行必果"的层面,对"诚信"二字的理解并不完全,甚至有所偏颇。作为教育工作者,需要全面认识诚信的内涵和本质,分析高中生诚信现状,探究高中生缺失诚信的多重因素,并探索有效落实诚信教育的方法和措施。

关键词 诚信意识 学校教育

诚信在中国传统文化中占有重要的一席之地。《左传》中有言:"信,国之宝也。"《论语》中记载孔子曾言:"足食,足兵,民信之矣。"可见,一个国家对外要维护信用,对内要建立信誉,这样才能树立国家的威望和公信力。孔子也曾感叹:"人而无信,不知其可也。"战国时期的《春秋谷梁传》也曾鲜明地指出:"言而不信,何以为言!"可见,诚信是为人的必要条件。如何使诚信真正烙印在学生的思想意识中是摆在教育工作者面前的棘手问题。

一、高中生诚信现状分析

有些高中生缺失诚信主要表现在以下几个方面。

(1) 上课不认真听讲,抄袭他人的作业或运用各种科技设备搜题查阅标准答案,考试时自己抄小纸条或同学之间传阅小纸条。

(2) 为了逃避体育课或社会实践活动,自行开具或伪造家长、医院请假条。

(3) 在各类试卷和回执上代替家长签字,欺瞒家长自己的真实成绩或故意夸大各类缴费金额。

（4）违反校纪校规时，向家长和学校欺瞒自己的错误行为。

（5）在各类计划小结、反思或与师长的问答中，轻易定下目标或许下承诺，但在实际行动上却屡教不改。

二、高中生缺失诚信原因探究

有些高中生身上有缺失诚信的外在表现，作为教育工作者不能武断地判定学生品质的高下，需要综合多方面的因素全面探究其中的原因。

（1）社会大环境中不诚信的现象比比皆是。这种不诚信的社会风气致使学生对自身及同学中的不诚信言行或视而不见或见怪不怪。

（2）家庭教育中诚信意识的培养缺乏。有些家长一味强调孩子的成绩，对孩子的"为人"并不重视。有些家长本身常常不愿意信守诺言，答应孩子的事常常食言，自己喜欢赌博，夫妻之间恶意相向等。还有些家长会在孩子逃避学校任务或活动时替孩子说谎。有的家长还会赞同甚至教授孩子一些故作聪明的不诚信行为。家长的这些不恰当的行为使高中生对不诚信的行为有一种无所谓的态度，对自己身上的各种责任更是漠视看淡。

（3）学校教育中灌输式手段集中。一味强调升学率而忽视德育、美育、体育等方面的情况已经不多见，但学校在试图传播诚信思想时，往往从比较大的角度、比较高的层面宣传，更多的是对学生提出各方面的要求，而对学生的内在需求关注不够。在传播教育的过程中，诚信变成了一个抽象的概念或空洞的口号，内容一成不变、老生常谈，与学生的实际心理状况相去甚远，与当下真实的社会生活结合度不高。在教育中，过多地使用灌输式教育，使学生难以在现实的学习与生活中找到共鸣，无法对自己的生命体验起到积极的有意义的作用。

（4）多方对"诚信"内涵的理解普遍不全面。社会、家庭、学校往往强调"信"的重要性。因为信是"诚信"最直观的行为表现和检验标准，说话算话、一诺千金，这些都是诚信的外化体现。但在做到"信"之前，更需要做到的是"诚"，即心意真诚。"诚"这一方面的教育和引导，在日常生活中是比较匮乏的。

三、高中生诚信教育的方法措施尝试

"诚信"这个词，要分"诚"与"信"两个方面来看，诚于中，信于外。诚是一种内心自觉，唯有心意真诚，才能更好地信守约定。在上一部分，高中生诚信缺失的四个原因中笔者仅从第三、第四个原因入手思考和尝试了如何使诚信意识真正走入高中生的内心，成为一种内心的自觉意识，进而外化为一种主观的自觉行为的方法和措施。

（1）日常教育中，教育工作者需引导学生真正认识和理解"诚信"的内涵，强调以往被忽视的"诚"。教育工作者可以列举古人对诚信的深刻认识。例如，孔子论诚信，有一句"言必信，行必果"的名言，但之后还有一句令人惊愕的话："硁硁然小人哉！"孔子认为言行一致并不一定代表诚信品格，他强调了"诚"的重要性：假如承诺并非出自本心所愿，假如约定不符合正义，那么这样的诺言就未必值得信守。教育工作者还可以创设一些情境，或设计一些可引起高中生进行理性思考的论题，例如，假如在被迫情况下对坏人做出了违心的承诺或做了坏事顺从了错误的约定，这些诺言和约定是否要遵守等。教育工作者还可以与学生一起分析未能信守承诺或约定时遇到的最大阻碍是什么。是约定超出了学生本身的能力水平，还是答应别人某些事时仅仅是碍于面子或人情不好意思拒绝，抑或是被迫做出的承诺，或是在具体执行过程中遇到某些棘手的难题等。分析清楚这些状况后，告诫学生在下一次做出类似决定时要注意以上情况。

（2）学科教学中渗透诚信教育，尤其引导学生重视"诚"与"信"的异同点及关系，引导学生关注和思考以往被忽视的"诚"。高中语文学科有一篇选自《新序》的《延陵季子将西聘晋》，文章强调诚信不仅是对他人严守承诺，还要不欺骗自己、不欺己心，这是信守诺言更高的境界。诚信是一种对外的守信行为，更是符合道德及精神世界的内在准则，每个人都必须有自己的心灵精神准则。作为普通人，我们可能没有古代先贤那么高的道德标准和思想境界，但是教师可以提醒学生，在与别人约定某件事之前，首先需要诚实面对和尊重自己的感受，明确是否是自己真实的愿意，然后再思考是否符合某些规则标准。唯有先向内对自己诚实，才可能有动力自觉遵守对外的约定。

（3）心理健康教育中渗透诚信的内心准则和外在表现。对高中生进行诚信教育。首先，教师要做到诚挚不说假话。教育者在学生面前不做高高在上的成人，有时要学会故意暴露自己的缺点和问题，和他们分享自己在成长过程中的点滴感受和蜕变，坦言自己的遗憾和后悔；学会不停询问学生的感受和想法，并且不急于表达自己的想法，抓住某些契机让学生诚实面对自己，想明白对与错；学会不强迫学生做连自己都无法接受或无法认同的事，找到适当的时机时再把自己的思考、自己的感受毫无保留地告诉他们，让他们自己决定该如何处理。教育工作者在面对学生时的真诚态度，是潜移默化引导学生诚实于自己的感受本心，做出符合精神道德准则的守诺行为的重要一环。其次，允许学生诚实表达自己的感受。例如，学生抄袭作业，教师不要急于让学生承认错误，而是要耐心询问学生做出抄袭行为的真正原因。学生道出了真实原因，教师想办法帮助学生一起面对克服，传授一些有效的解决方法。学生在被理解的前提下，更愿意改正自己的不妥行为。最后,在各项常规活动中渗透诚信意识。例如,主题班会、主题教育课引导学生诚实说出自己的想法,组织学生结合某些现实中的两难境地围绕诚信话题展开辩论赛,开设无人监考考场,组织学生观看相关的影视作品展开头脑风暴式的集体讨论,在艺术节等活动中表演相关小品等。

诚信是每个人的立身之本,诚信教育是家庭、学校、社会教育中极其重要的一环。作为教育者的父母、老师,应先从自己出发为人处世真诚守信,再鼓励高中生学会真诚面对和表达自己的感受,对自己负责,从而渐渐将对他人、对家庭、对社会的诚信思想内化一种意识形态和价值观,最终在行为上成为一种自然的习惯。

展和谐班级　育友善氛围

金军俊

摘　要　以班级创建为契机,在高一班级开展"我身边的天使"主题系列活动,通过抽签确定观察对象、记录优点等方法营造和谐友善班级氛围。该活动得到学生和任课老师积极响应,期间班级氛围良好,好人好事增多。活动成效良好,增进了师生、生生之间的关系。

关键词　和谐友善　班级活动　师生关系

开展和谐友善的班级活动可以使班级成为一个和睦的大家庭,其间包含了师生、生生间的和谐。在此基础上,每个人都可以在和谐友善的教育氛围中愉快地学习,在和谐友善的人际关系中健康成长。

经过考虑笔者决定结合学校班主任工作特色——班级创建,将高一第一个学期班级创建项目定为创建"和谐友善班级"。班级开展的第一个和谐友善班级活动是"我身边的天使"主题系列活动。

一、活动经过

1. 召开班委会

利用课余时间,笔者将活动目的告诉了全体班级委员,并交流了笔者的初步构思,即全班每个同学通过抽签的方式确定一个同学作为观察的对象。之后的一段时间内,在不告诉对方的前提下对其进行善意的观察,尽量发现对方在学习、生活上的优点并记录下来。如果对方有不足之处,可以用恰当的语言进行善意的提醒。在截止日期前,每个"天使"分别将观察到的对方的优点汇总到班主任处。班主任将"天使"们捕捉到的优点以海报形式张贴到班级板报上,并且在班会课上进行交流。同学对这个活动表现出极高的热情,并积极出谋划策。他们觉得仅仅在同学之间开展这个活动还不够,这只能增加同学之间的了解。如果能够让任课老师一起参与进来会更加提高同学们参与活动的积极性。同时,班委也认为邀请任课教师会更有利于此次活动的顺利开展。于是，课代表立刻分头代表班级去邀请任课教师参与这次活动。经过班委的努力，邀请了一些能够长时间接触本班同学的任课老师参与到活动中来。活动过程中有一个难题就是保密问题。同学之间一旦将观察的对象公开，活动就失去了意义。所以笔者要求全体班级委员首先带头保证活动的保密性。他们都表示不但自己要做到，同时也要发挥自身的力量带动周围的同学做到。

2. 召开全班动员会及活动启动

当笔者在班中召开活动动员会并宣布要开展为期三周的"我身边的天使"活动时，全体同学一致赞成，眼神中尽显好奇与期待。笔者宣读了活动的方法与过程后，活动便启动。每个同学依次在装有班级同学学号和部分任课老师名字的袋中随机抽取一张，笔者在另一张纸上做好记录，确保只有笔者和"天使"本人知道观察的对象。

3. 活动期间

在每个"天使"确定自己的观察对象后，班中的确发生了不少好人好事，有时笔者会提醒某位"天使"认真观察并做记录。笔者还常常分别与那些参与本班活动的任课老师进行交流，听取他们对他们要观察的同学的看法。当然笔者也会悄悄地询问那些观察老师优点的同学有何收获。全体同学都分别找笔者汇报了观察对象的优点，笔者一一做好记录。当然有些同学还对观察对象提出了些许建议，笔者稍做修改，用委婉的言语记录。事后选择恰当的时机、利用私下交流的机会再转达给他们听。

4. 活动总结会

为了给这个活动画上圆满的句号，笔者开展了一堂有任课教师一起参与的主题班会。当写有每位同学优点和闪光点的海报被张贴出来时，每位同学都迫不及待地要围拢过去看看别人眼中的自己到底是怎样的。同学们都在纷纷议论、猜测谁是自己身边的"天使"。笔者在全班面前朗读了"身边的天使"对他们的评价。听到对自己的表扬，每个同学脸上都洋溢着笑容。观察任课老师的同学对老师的评语也完全体现出了老师们的爱岗敬业，以及对学生的关怀。之后笔者请出"天使"们与观察对象见面。他们或点头致意，或微笑致谢，更有激动的还会上前拥抱。班级的气氛顿时达到了高潮。

5. 活动成效

此活动结束后，当本班任课教师以满腔热情传授班级同学知识时，学生都相应地配合老师的教学，尊重教师，不断与教师进行交流、沟通。班级同学会在笔者的引导下充分发挥自己的潜力，积极参与各项校、班活动。同学们之间也学会处理好班级中的人际关系,注意自己的一言一行,规范自己的行为,摆正自己在集体中的位置。

二、反思

利用高一班级刚刚组建的契机开展诸如"我身边的天使"之类的活动,不但能在最短的时间内消除同学之间的陌生感,拉近师生之间的距离,营造和谐友善的班级氛围,还能让学生了解别人眼中的自己和平时自己都没意识到的闪光点,从而增强学生的自信心,充满希望地去迎接新的学习生活。笔者相信在今后的学习生活中每个学生都会展现出自己最好的一面,因为他们知道背后有双友善的眼睛在观察着自己。

第九章 感悟文化之美

缘文释道
——高二文言文《延陵季子将西聘晋》教学后的思考

王东丹

摘　要　怎样把学生的道德品质培养和素质教育渗透到语文教学中,把教书和育人、解文和释道有机结合? 本文围绕高二课程中的一篇文言文进行了教学思考与实践,借用古代先民崇高的道德标准潜移默化地引导学生,启发学生从言行和细节中见人品,提升自身素养标准,增强传统文化认同感。

关键词　关键词　文言文教学　教学方法　素质育人

于漪老师说:"语文教师应树立鲜明的'育人'目标,'教文'要纳入'育人'这个大目标。要善于缘文释道,因道解文,力求把思想教育与语文训练结合起来,水乳交融,使学生在思想上受教育,感情上受熏陶,语文能力获得有效提高。"张中行老先生在《散文教学小议》中讲到高中文言文教学,把学文言文的目的概括为吸取文化知识、欣赏作品和学习写作技巧。然而值得注意的是,现行的文言文教学普遍以积累文学文化常识为首要任务,遇上较长篇目串讲多花上三两节课,教师就唯恐耽误教学进度再不在思想精神层面多花些许时间,往往匆匆带过了事,其他更无暇再论。

反观自己 12 年的教学时间里,与学生纠缠最多的也是文言字词的背诵,名家篇章语段的默写,几乎很少和学生在文言文主旨思想上有专注深入的探讨。原因很简单,我们就是高考指挥棒的忠实粉丝,文言文的最大得分点在此,难免不趋之若鹜。然而,近些年笔者在对这样的教学模式游刃有余后多了些思考的时间，于是不免也于传道授业中有了惑。这惑和吴非先生在《致青年教师·凝望前辈站立的姿态》中所述很是有共鸣："我有时很奇怪，按习惯的认识，旧时代的教育没能普及，教学方法相对比较落后，学校管理极其简单，为什么却培养出了那么多有用的人才？当年小学毕业生的语文素养，无论听说读写哪一方面，水平甚至比现在的一些大学生还要高，这是怎么回事？因而我想了解旧时代的教育，想了解旧时代的教育是如何继承传统的，想知道那个时代的教育，特别是一些杰出教师的教育教学方法，还有哪些是值得我们继承和学习的。"

这个惑使笔者对古代的教育家和一些经典的文言文就很感兴趣了，时常会去读读古代有关教学理论和方法的著作，如传道授业的《论语》和《大学》，关注韩愈的教学理念等。如果说在古代这些千古文章的字词理解不是学习的难度更谈不上重点的情况下，什么才是它的学习方向所在？无疑就是语言和思想。这样的想法也让笔者在教学中不断试验，勇于尝试一些文言文不一样的教法。在对《延陵季子将西聘晋》一课教学设计的几次改动中让笔者对这一问题又重新有了一番思考。

思考核心是对于教学目标设计的改动问题，以往教这节课，对于情感态度价值观的定位是以体悟季子"不欺心"的精神品质为最高境界。而此次的教学笔者把这一层面的认识作为最低标准，并且把其上升到体悟"君子之风"盛行的古代先民社会的精神文明这一思想高度。由于教学目标的深化，就一下牵带了其余几个方面教学设计和教法上的更动。原本按常规不用一课时就能把文言知识点贯通的文言小短文，硬生生又多出了一个课时。

首当其冲变化的就是用导语激趣的侧重点：孔子，我们称他为"孔圣人"，是因为他的学识、道德品质高于常人，其实孔子发现有一个人，自己也赶不上，非常想拜他为师，但是他晚生了 20 年，当孔子找到那个人，想向他学习的时候发现他已经辞世了。孔子非常伤心，他慨然地为这个人写下了历史上非常有名的十字碑文，"呜呼有吴延陵君子之墓"。这段导语之前的目的是激发学生对季子这个人物的兴趣，现在我追问学生孔子在"十字碑文"中对季子的评价是什么？让学生把重点放在"君子"二字上，并为引发体悟"君子"的内涵埋下伏笔。

之后为了让学生继续思考"季子君子之风"的内涵，笔者把在解决文言文字词学习时一些学生自己的质疑又拎出来，"为什么徐君已经死了季子还要把价值千金的国宝挂在坟头？被人偷取怎么办？"顺藤而下提问："请同学们来设想一下季子除了挂剑而去之外还有别的做法了吗？"这个问题看似简单，但其实是引导学生用归谬法进行分析，无论是学生提出季子只需在坟头烧个木刻的宝剑之类的迷信做法，还是继续强嗣君之所难，抑或再找徐君的遗孀赠剑，甚至干脆因拒生怒拂袖而去的提案都没能让他们自己满意。究其原因无非在文中对话和动作所反映的季子的性格上。宝剑"非赠"而是因为之前"心许之"时就已经是徐君而非我季札的东西了，我只是把东西还给人，即使不能是本人，也要"致之嗣君"，如果不给出去就是自己"爱剑违心"。季子要做的不是送徐君宝剑这件事，而是要践行自己"不欺心"的君子之风。关键之处是宝剑一定要送出，而且必须是真宝剑，至于是送到谁手里还是挂在坟墓的树上都只是不重要的形式问题了。这一问题的设计就是让学生研究探讨文本信息，通过讨论理解季子被称为"君子"的真正可敬之处，就是在于他是可有其他选择的情况下义无反顾坚持"君子之风"的。

季子的"不欺心"是诚信的典范，当时的时代有君子如季子"脱千金之剑带丘墓"，徐人见了也不过"嘉而歌之不忘故"，而我们如今物质高度文明的时代却为什么连做助人为乐的好事也要三思而行呢？从事多年教学研究的步根海特级教师就曾说过："从学生的发展而言，他们作为一个社会的人，如果没有传统文化的积淀是不行的。这不仅是为了说话时有文化气，而且对他们气质的形成、对事物的认识判断与审美意识思想情操的提高都有益处。因此二期课改提出适当增加文言诗文的观点。"国家一级编剧沙叶新博文中也说："一般来说，尤其今日，受过古典诗文熏陶的人，大多不坏；即便坏，也不会极坏，这是因为古典诗文充满了人文情怀和道德教诲。长期浸染其中，当然会受到良好的影响。"可见如果不深刻挖掘文言文的思想内容，仅就词论词，就句论句，看起来似乎重视了语文基础知识，实际上鸡零狗碎，肢解体分，语言文字表情达意的生命力受到极大损害，这恰恰是削弱了语文知识的表现。

想要引起学生思想方面的深刻体悟，就要打破了以往只关注季子一个人的道德品行的教学模式，而是要论及文中所提及的所有人并且要推而广之到当时的整个社会。季子是成人之美的君子；嗣君是不受无名之禄的君子；从者是有所为有所不为的君子；徐君是不夺人所爱的君子。在如此一个君子之风盛行的时代，就不难解释为什么徐人只是对季子做口头表扬，而我们当代的社会，在倡导的是市民做到简单的"七不规范"，对类似季子行为的2010年"信义兄弟"要称之为感动整个中国。我想上完这堂课，或许会启发学生们有所领会，有所体悟，当社会上一些道德在不断滑坡时，你能清醒地认识到，其实，这时你就是进步的，同时我想告诉各位同学从我做起，美德就不会抽象，只要有爱，世界便不再冷漠。夜深之时，反思自我，我们心中是否也有些许承诺需要去践行呢？

笔者认为教师所做的就是应该引导学生发掘出这些伟大作品中的灵魂所在，这就是我在这样一篇短小的文言文教学上的实践。今人已无法与古人直接交谈，因而不能通过聆听循循善诱的言说，来接受其教诲和点拨；同时人们也不知道，在这个喧嚣浮躁的时代，是否还能产生"最伟大的心灵"，即使能产生，又有几人能幸运地与之在课堂或现实中相遇。好在"最伟大的心灵"的言说是向今人敞开的，人们可以也只能与那些心灵在其智慧的结晶——"伟大的书"中相遇。北大教授、美学家叶朗说："艺术教育一定要注意它的人文内涵，要使人感受到人生的美，激励人们去追求自身的高尚，去追求一种更有意义、更有价值的人生，提升自身的精神境界。这是美育的灵魂。"

提供哲学课堂学习包　优化学科的育人功能

徐晓洁

摘　要　在中学思想政治课哲学模块教学中,通过丰富的学习包,为学生学习哲学提供支持,优化学科育人功能。提供哲学与语文学科整合学习包,借助语文经典篇目,让学生在人文素养的熏陶中内化理论知识,提升思想品质。提供哲学与影视资源整合学习包,在优秀的影视资源的中寻找积极的思想内涵,引导学生的正确的价值取向。提供哲学与社会生活整合学习包,为学生提供逼近社会生活的背景,引导学生关注生活关心社会发展态势,发挥哲学课堂教学在提高学生公民素质中的作用。

关键词　哲学课堂教学　学习包　学习支持　优化育人功能

健全的人格和健康的体魄是成就一个完美人生的基石。学校的教育在培养孩子成为一个人格健全和身体健康的人的过程中承担着重要的责任。作为思想政治课教师,笔者始终把培养学生正确的思想和健康的心理作为自己教学工作的重点,努力将学科教学与培养学生健全的人格有机结合起来,特别是在哲学教学中,笔者在挖掘学科知识的育人价值方面做了很多的尝试。由于哲学教材提供的内容往往过于条理化、抽象化。教学中如果仅仅教教材的内容,达不到思想理论内化于心的教育作用,所以在教学实践中需要一个好的形式将理论容纳其中并通过一定的方式呈现给学生。笔者在教学实践中结合哲学学科的特点,探索在课堂教学中为学生提供"课堂学习包",将抽象的哲学知识与其他的资源进行有机整合,借助于一些具体形象的学习资源,简化哲学理论,既丰富了学习内容,增添了课堂色彩,又发挥了哲学在说理性方面的优势,实现哲学课在提升学生思想品质中的教育价值。经过实践检验收到了比较理想的效果,现结合自己的体会初步归纳如下。

(1) 提供哲学与语文学科整合学习包,借助语文经典篇目,让学生在人文素养的熏陶中内化理论知识,提升思想品质。

哲学原理教学被认为难度较大,如果仅教给学生教材的内容则抽象难懂,因此在教学中笔者遵循用教材教而不是简单地教教材的教学理念,给学生提供了丰富的学习包(如经典课文、名家名言、哲理故事、哲理诗词等),意图是借助语文学科资源,丰富课堂学习内容,化解哲学理论难度,增强课堂的魅力,这样既增加了学生学习哲学的兴趣,又在人文素养的熏陶中内化了理论知识,达到了提升学生思想品质的目的。在这一阶段的教学中,笔者做了这样的教学设计和教学实践。笔者选取的典型篇目是荀子的《劝学》。这是高中语文必修篇目,学生可以对此课文倒背如流,他们能够将文章中的名句脱口而出,但对其中的哲学思想知道的并不全面或者比较肤浅,基于此,笔者的教学目标设定为:全体同学能够从材料中提炼出核心哲学知识;能够用重要的哲学知识指导自己的学习生活,能够明白事物是发展的,因此学习也不能停止,要成长必须善于学习;外因是事物变化发展的条件,要善于借助外物学习,利用良好的外部条件促进自身的发展;内因是事物变化发展的根据,外因通过内因发挥作用,只有善假于物,才能成功;量变和质变的关系,要不间断地进行量的积累,达成质变;主观能动性是非常重要的内因,学习必须需要发挥主观能动性,持之以恒、用心专一。在教学中,通过小组讨论,学生在全学的三段课文中挖掘出了发展的观点、量变与质变的辩证关系原理、内因与外因的辩证关系原理、意识的反作用原理等哲学知识,学生相互交流、相互补充,大部分的哲学道理学生都能全面分析,归纳得也很完整,既温习了课文,又深刻理解了哲学原理的精髓,更进一步接受了先贤的劝说,理解和认同了"学不可以已";"不积跬步,无以至千里;不积小流,无以成江海。骐骥一跃,不能十步;驽马十驾,功在不舍。锲而舍之,朽木不折;锲而不舍,金石可镂",要成功必须具备持之以恒的精神;更重要的是学生的理性思维被激活,学生对哲学课的一些偏见在一定程度上得到了纠正,笔者的教学目标很好地达成,课堂教学的效果非常好。此外,很多的语文知识都可以整合在哲学课中,如诗词、寓言、散文等。

(2)提供哲学与影视资源整合学习包,在优秀的影视资源中寻找积极的思想内涵,引导学生获得正确的价值取向。

辩证唯物主义认为,物质决定意识,意识对物质具有能动的反作用,正确的意识对人的实践具有积极的指导作用。作为弘扬社会主义核心价值观的主阵地,哲学课堂的任务是向学生传播积极的精神能量,但是依靠空洞的说教、照本宣科的讲理论达不到哲学精神深入学生灵魂的目的,那么要将哲学中的人生道理和积极的精神价值传播给学生就需要一定的媒介,这就需要精心的设计。为了让学生克服学习哲学的畏难情绪和感受哲学学科的魅力,笔者精心选择影视资料,将文本与其进行有机整合,实现了学科的智趣相融。影视艺术与生活密切相关,很多影视作品都蕴含着丰富的哲理,可以直观地走进学生的内心,给人以心灵的震撼。在教学中笔者找到了一个重要的载体和媒介,那就是将影视资源与哲学文本进行整合,发挥影视资源在教学中的支架作用,比较直接生动地对学生思想和灵魂进行了引领和洗礼。这种整合的教学效果是单纯的文本教学难以企及的。如在《前言》的教学中,笔者使用视频资料《宇宙之美——璀璨星空》引入新课,这则资料视角宽阔、色彩美丽,向学生展示了宇宙的无限辽阔,然后自然过渡到哲学的研究对象是整个世界,它与具体科学的研究对象不同,这是一门充满智慧的学科,哲学蕴涵着无穷的魅力。再如学习《用发展的观点看问题》一课的将视频《鹰之重生》引入课堂,视频给人以强烈的震撼,能够引起学生对人生的理性思考,调控情绪的视频,激活学生持续学习的动力。此外,笔者还选取了《感动中国人物展》《超越极限梁凯恩》《谈天说地》《力克胡哲演讲》《哲理故事》等视频资源,这些充满着正能量的影视资源,能够给学生以正确的导向,激发他们积极的思想认识乐观的人生态度,既使枯燥的教学内容有了鲜活的色彩,又使抽象的道理有了形象生动的载体,哲学课堂也焕然一新,因而学习效率得到了提升,这些充满正能量的资源被带进课堂对培养学生的主动性、自觉性等起到了潜移默化的作用。

(3) 提供哲学与社会生活整合学习包,为学生提供逼近社会生活的背景,引导学生关注生活、关心社会发展态势,发挥哲学课堂教学在提高学生公民素质方面的作用。

哲学是理论性比较强的学科,教材内容比较枯燥,在教学中我们应该为学生提供一定的社会生活材料,帮助学生深化和理解哲学理论,只有与真实的现实生活密切地结合的课堂,才是有魅力的课堂。但是受种种条件的限制,学生参加社会实践的机会很少,这就需要老师为他们创设间接的条件,提供能够了解社会生活的载体,体育赛事、时事新闻等就是很好的素材。体育赛事学生特别感兴趣,精彩的比赛也可以进入哲学课堂。例如,借助 2014 年巴西世界杯的精彩比赛,以德国队的胜利和巴西队的失利做话题,从原因分析入手,用哲学原理解剖德国队取胜的因素和巴西队失败的因素,因为大家对这样的情景非常感兴趣,学习的积极性被极大地调动了起来,学生积极讨论,争先恐后地发言,很顺利地掌握了整体与部分、原因与结果、内因与外因、量变与质变等重要的哲学道理,使得哲学课堂生动有趣,又充满智慧,引导学生关注生活会理性对待社会问题,一定程度上解决了哲学课堂学生学的困难、老师教的无趣的问题,提高了课堂教学效率。时事新闻等也是很好的素材。哲学课教学难点之一就是学生的知与信之间的矛盾,所以教学中素材的选取更加讲求真实性、时效性、权威性,笔者在教学中将不同的知识模块进行整合,在讲授矛盾的特殊性时,将国家的宏观调控内容整合进来,展示房产市场的现状,引导学生通过阅读教材了解近期国家采取的举措,通过新闻视频验证学生的理解,帮助学生在真实情境中理解宏观调控手段有哪些,以及是如何发挥作用的,在教学中将哲学经济学结合起来,学生在真实的情境中理解了经济学知识同时还认识了矛盾的特殊性原理,掌握了想问题做事情应该具体问题具体分析的哲学方法。所以在教学中为学生提供逼近社会生活的背景,引导学生关注生活关心社会,发挥哲学课教学在提高学生公民素质中的作用。

总之,哲学课的教学如果仅仅是教教材,而不去整合教学内容,一定会失去哲学课应该具备的育人功能。通过提供哲学课堂学习包,可改变空洞的仅限于说教的教学方式,为理论的深化和思想的升华找到一个恰当的切入点和落脚点,不仅使课堂学习内容变得丰富,而且对激发学生非智力因素以及促进学生乐于学习和主动学习有积极作用,更重要的是可使学生关注生活,走进实际,提升社会责任感,这是政治课教学的终极目标。教无定法、学海无涯,在实践中我们还会有新的发现和新的尝试,这也是教师应继续努力的方向。

参 考 文 献

[1] 沪版高中语文教材二年级第二学期(试用本)[M]. 上海:华东师范大学出版社,2007.

影视资源在中学德育工作中的使用与成效

洪佳敏

摘　要　如今的中学生是伴随影视成长起来的一代，他们的生活与影视密切相关，他们的思想更是受到影视作品所传递的价值观的影响。本课题研究立足于中学德育现状与时代背景，探讨影视资源对中学生成长的积极作用，以及提出如何发挥影视资源优势开展中学德育的策略。

关键词　影视资源　中学德育　使用　成效

目前，影视文化对中学生的影响日益壮大，可以说，观看影视作品已然成为他们生活中不可或缺的一部分。所以，将影视资源引入中学德育工作实践十分必要，分析其对中学生成长与发展的积极作用，有利于开拓中学德育新视野，提高中学生对德育课程的学习积极性，促进中学生身心健康成长。

一、中学生的特点及中学德育的问题

1. 中学生的特点

中学生处于心理发展趋于成熟但未完全成熟的特殊阶段，成长中的困惑、挑战和矛盾时刻都在困扰他们，身心发展呈现不稳定的特点，具体表现为：冲动、叛逆、意志力薄弱、不听长辈劝告等。尤其是一些学困生，因为缺乏外界认同，自尊心得不到满足，往往容易产生严重的行为偏差，如顶撞老师、欺凌同学、违反校纪校规等。

2. 中学德育的问题

1）中学德育往往过于理想化

网络时代的孩子有别于以往，从小耳听八路、眼观四方，加上有一定的生活经验，对于世界他们有自己的判断，而与之形成鲜明对比的是，许多中学德育工作者则倾向于把学生当作无知的教育对象，试图隔绝学生与外面的世界，只提供象牙塔里正面的、理想化的思想教育，显然无法适应时代的发展和学生的需要。

2) 中学德育往往过于服从化

中学德育课程内容多是道德条目、行为准则,过分强调内容的灌输而忽视了学生的情感认同。其实,学生根本没有从思想上意识到遵守这些道德准则的重要性,更不会外化为行动。不明就里的服从甚至还会扼杀学生的个性,不利于其未来的发展。

二、影视资源对中学德育的积极作用

1. 影视资源能够丰富中学德育的内容

影视资源为中学生提供了现实和未来生活的图像,提供了自由选择、模仿与比较的机会,促使学生主动地思考人生、思考世界,拓宽了学生的视野。影视资源中不乏一些青春励志题材,其中同龄人散发的活力和激情令中学生憧憬未来,塑造积极向上的人生观。一些社会热点、公众事件、两难问题,影视节目往往在讨论与辨析中形成某种统一,传递出的观点直接影响中学生的价值取向。与"象牙塔"式理想化的德育不同,影视教育为中学生打开了一扇欣赏世界的窗户。

2. 影视资源能够改变中学德育模式

想要真正提高中学德育的实效,就必须改变以往枯燥乏味、灌输服从的德育模式。中学生的思想意识已然开始觉醒,看待事物有自己的一番见解,所以很多时候他们并不喜欢接受别人的教育,对老师想要改变他们价值观念的行为会本能地产生抗拒心理。教育意图越是显见,教育效果可能越不理想。影视作品恰恰具备教育隐秘性、形式娱乐性的特点,能够通过光影镜像营造一个虚构的空间,让学生置身其中,潜移默化地受到情感、价值、意志等方面的熏陶,不仅能作为中学生学习的一种调剂,舒缓身心和压力,更重要的是它也能在不知不觉间影响甚至指导学生的思想和行为。可见,采用影视资源进行思想教育,不仅可以规避传统德育模式的弊端,还能做到寓教于乐,消除学生接受教育时的抗拒心理。

三、将影视资源引入班主任工作的实践

将影视资源寓于班主任工作是中学德育利用影视资源的策略之一。班主任是学校德育工作的中坚力量,班级德育工作是培养学生良好思想品德和指导学生健康成长的重要途经。在电子媒体高度发达的今天,班主任的德育工作也要创新方式,体现时代性。以下是班主任在工作中使用影视资源的实践与思考。

1. 利用影视资源开展行为规范教育

新生入学后,班主任的首要任务是规范新生的行为,依据校纪校规开展有关文明礼貌、仪容仪表、学习习惯、考试诚信、劳动等方面的德育工作,有利于新生

更快更好地适应和成长。然而，班主任苦口婆心的教导未必能得到新生的理解，指令式的口吻、教条性的内容反而会让学生心生胆怯，甚至触发反感情绪。其实，班主任可以自己拍摄或选用一些官方影视资源对新生进行规范教育。例如，班主任可以将镜头对准本校学生，拍摄他们一天真实的校园生活，聚焦行规方面的问题与闪光点，后期制作成一部校园规范宣传片，内容可以细分为仪容仪表规范、进校礼仪规范、食堂用餐规范、课间休息规范、垃圾分类规范、劳动规范等。此外，班主任在进行考前诚信教育时，可以选用国家考试院官方特供的《国家教育考试考生诚信教育宣传片》，宣传片以可爱的青蛙作为诚信教育的主人公，在不失严谨的同时又增添了童趣，符合中学生的心理。班主任使用影视资源对学生进行规范教育，可以增加教育的趣味性，避免枯燥的说教，减少学生的抵触情绪，拉近师生间的距离，有利于提升德育的成效。

2. 利用影视资源进开展集体主义教育

每一次学校的集体活动都是班主任对学生进行集体主义教育，提高班级凝聚力的契机。因此，军训、国防、学农前班主任不免要进行一番动员，希望学生在活动期间能够有大局意识、集体荣誉感、一切行动听从指挥。然而，班主任平铺直叙的动员往往会被情绪激动的学生所忽略，他们更关注的是活动本身而非其背后的意义，达不到德育的效果。其实，班主任可以选用一些部队集体生活题材的综艺节目作为军训、国防、学农动员的素材，如《真正男子汉》《一团之名》等。首先，这些综艺节目有图有真相，还有学生喜欢的艺人，能够满足学生对部队集体生活的期许；其次，这些综艺节目邀请艺人参加，能够呈现新兵在部队集体主义的熏陶下如何逐步转变、成长、化解种种问题，包括违禁品、集队、寝室内务、伤员、团队竞赛等。实践表明，学生观看节目后，感同身受了"一荣俱荣，一损俱损"的集体主义教育，军训学农期间确实班级团结，状况少。

3. 利用影视资源开展校园安全教育

中学生的自我意识开始觉醒，但他们又比较敏感，情绪波动较大，容易受到外界舆论的影响，是校园暴力和欺凌事件的高发学段。因此，当班级存在小群体、学生间矛盾频发、被孤立等现象时，为了防止事态的恶化和升级，避免悲剧的发生，班主任肯定是责无旁贷，安全教育亦是刻不容缓，务必要让学生思想上有所顿悟，严加管教只治标不治本。影片《当悲伤逆流成河》，讲述一位名叫易遥的女生受到同学欺凌，想要放弃生命的悲伤故事。影片中，易遥跳海前，用生命最后的力量向校园欺凌发出的控诉，可谓句句扎心，令人泪涌。影视作品通过光影镜像让学生置身于易遥的世界，感其所感，经其所经，丰富的人物形象和饱满的故事内容，让人仿佛在不同角色身上看到了现实生活中的自己和他人，不经意间有一番痛彻和顿悟。此外,校园霸凌背后其实也是一种"羊群效应",青少年往往以合群为荣以不合群为耻,有些因为要合群而做错事,有些则因为不合群而被孤立。因此,要从源头避免校园霸凌,班主任应在人际交往方面给予学生必要的引导,可以选择一些相关主题的辩论或谈话类电视节目作为教育素材。例如,网络辩论节目《奇葩说》曾有一期的辩题是"请问,不合群要改吗?",在激烈的正反辩论中形成"不合群但可以很合作""太合群容易迷失自我"等观点,潜移默化地引导学生如何正确与人交往。

参 考 文 献

［1］肖莲.中学德育的影视资源及其利用研究[D].武汉:华中师范大学,2014.
［2］刘炜.影视素材在中职德育教育中的使用策略[J].教育现代化杂志,2019:172-174.

第十章 理解文明之美

厚植劳动价值，接续劳动使命
——基于家班共育的劳动教育路径探析

崔玉茹

摘　要　劳动教育是发挥劳动的育人功能，对学生进行热爱劳动、热爱劳动人民的教育活动。中小学要推动建立以学校为主导、家庭为基础、社区为依托的协同实施机制，形成共育合力。本文拟通过基于家校协同的劳动教育路径探析，倡导多元主体形成共育合力、开发家庭资源厚植价值建构、开展生涯共划接续劳动使命，建立形成以学校为主导、家庭为基础的协同实施机制，引导家长逐渐成为学生劳动教育的引领者、指导者、合作者、参与者，家班共同培育学生成为德智体美劳全面发展的社会主义建设者和接班人。

关键词　劳动教育　家班共育　实施路径

劳动是创造物质财富和精神财富的过程，是人类特有的基本社会实践活动。劳动教育是发挥劳动的育人功能，对学生进行热爱劳动、热爱劳动人民的教育活动。当前实施劳动教育的重点是在系统的文化知识学习之外，有目的、有计划地组织学生参加日常生活劳动、生产劳动和服务性劳动，让学生动手实践、出力流汗，接受锻炼、磨炼意志，培养学生正确的劳动价值观和良好的劳动品质。

教育部制定的《大中小学劳动教育指导纲要（试行）》就劳动教育的组织实施提出要求：要建立劳动教育协同实施机制。中小学要推动建立以学校为主导、家庭为基础、社区为依托的协同实施机制，形成共育合力。学校要通过家长会、家长学校、社区宣讲、网络媒体等途径，引导家长树立正确的劳动观；明确家长的劳动教育责任,让家长主动指导和督促孩子完成家庭、社区劳动任务。本文拟基于家班共育的劳动教育路径做探讨。

一、倡导多元主体,形成共育合力

学校是劳动教育的实施主体,应根据国家相关规定,结合当地和本校实际情况,对劳动教育进行整体设计、系统规划,形成劳动教育总体实施方案。方案要明确劳动教育目标与内容、课时安排、主要劳动实践活动安排、劳动教育过程组织与指导及考核评价办法等。

基于家校共育机制的建立,首先,学校的劳动教育设计方案应当让家长知晓并学习,包括劳动教育的性质、本校劳动教育的总体目标、教育途径、关键环节和评价方式,这有助于家长从宏观上了解学校教育要旨,增强对劳动教育的理解和认同,提高对家校共育的支持和配合。其次,应充分听取家长的意见和建议,共同成为劳动教育的倡导者、参与者、指导者、评价者,以期实现与学校教育的共商共建、协同共进。学校可以就本校劳动教育的总体目标和实施要点、劳动实践活动中家庭劳动的目标、具体的项目与项目再开发、家庭指导的内容与方法、学生的家庭劳动周期与时间、家庭劳动的评价方式等,通过家委会、征询单等方式充分听取家长的意见和建议,进而完善本校的劳动教育实施方案。最后,为了更好地形成家班共育的合力,班主任可以通过家长会、网络媒体等途径,引导家长树立正确的劳动观,明确家长的劳动教育责任,让家长主动指导和督促孩子完成家庭、社区劳动任务。

二、开发家庭资源,厚植价值建构

劳动教育是新时代党对教育的新要求,它具有鲜明的思想性,必须将马克思主义劳动观贯彻始终,强调劳动是一切财富、价值的源泉,劳动者是国家的主人,一切劳动和劳动者都应该得到鼓励和尊重;倡导通过诚实劳动创造美好生活、实现人生梦想,反对一切不劳而获、崇尚暴富、贪图享乐的错误思想。

劳动的意义和价值教育不是空洞的,应当是具体、鲜活而生动的。学生的正确劳动价值观的形成来源于生产和生活实践,离不开家庭资源的开发利用,以及家庭的教育和指导。学校可以通过系列家庭活动设计,引导学生与家长在共同体验的过程中探索劳动价值,感悟劳动是财富的源泉,也是幸福的源泉,引导学生做出正确的价值判断和价值选择。笔者就劳动教育的家班共育探索了以"劳动最美丽"为主题的系列活动(见表1)。

表1

系列活动项目	活动要求	育人目标
为长辈制作一顿早餐	记录早餐制作过程、长辈的感言	提高生活自理能力,践行孝亲敬老传统美德,形成劳动创造家庭美满生活的观念
完成居家卫生打扫	记录居家保洁的要点、家长的评价	提高劳动能力和健康管理能力
我家的劳动模范	推选家庭中的"劳模"并描述相关事迹	感悟劳动的艰辛和劳动的精神追求,激发劳动热情
共游杨浦滨江	拍摄滨江美景,与长辈共话滨江沿线的变化,感受杨浦转型、时代变迁及原因	体会劳动人民的艰辛与智慧,传承红色基因和中华优秀传统文化,感悟劳动最伟大,劳动最美丽

上述系列活动尚有不完善和有待再挖掘的内容形式,借此说明劳动教育要主动挖掘家庭资源,当前我们要大力弘扬工匠精神、劳模精神、劳动精神,在学生家庭中不乏敬业的劳动者、精益求精的工匠、追求卓越的劳模,从学生身边的榜样出发,从学生家庭变迁中的劳动价值的挖掘,从家长视角如何看待劳动价值的代际传递,是赋予劳动价值观教育更为广阔的视野,更为鲜活的参照,更为深厚的基础。工人阶级和广大人民群众的诚实劳动、辛勤劳动、创造性劳动创造了中国速度、中国力量、中国智慧和中国自信,这些劳动也凝结在每一个家庭的成长中,劳动教育需要不断开发家庭资源,以厚植学生的劳动价值观的建构。

三、开展生涯共划,接续劳动使命

习近平总书记多次强调:"劳动是人类的本质活动""社会主义是干出来的,新时代也是干出来的""实干才能梦想成真",拓宽了劳动视野,开辟了马克思主义劳动思想新范畴。同时也表明劳动教育是人一辈子的教育,不是一时一事的教育。人类历史即为劳动发展史,同理,一个家庭的成长即家庭在劳动中的共同成长。所以,劳动教育必须借助家校共育,立足生涯规划,以劳动教育引导学生扣好第一粒扣子,科学规划生涯,走好人生道路。

开展家班共育主题活动,让奋斗成为两代人共同的话题。开展"做时代的奋斗者"主题班会课,引导学生立足时代需要,积极规划人生。学生收集父辈的学习、工作经历,展现当时时代背景下的学业就业面临的机遇与挑战、个人成才成长故事。通过班会课进行交流,让学生感受到不同时期社会对学习者、劳动者的要求。通过家长视频或文字,传达对孩子的期望。在视频、文字的时空对话中,故事与文字让父母与孩子的心相通,唯有努力奔跑才能实现人生梦想。

共绘生涯彩虹图,在规划自己人生中助力家庭成长。学校在高二年级开设生涯规划课,学生通过生涯课完成对生涯彩虹图的认知、绘制与解读交流。在家班共育中,探索指导家长绘制自己的生涯彩虹图,并与子女进行分享。在交流过程中,家长充分倾听子女的愿望与计划,基于每个家庭的实际情况,探讨各自发展的现实性与可能性,培养学生在劳动中建立起应有的家庭责任和社会责任。

虽然在求学和择业的道路上两代人有着不同的时代背景和时代要求,然而这恰恰印证了目标与奋斗始终是主旋律,印证了习近平总书记所说的"人世间的美好梦想,只有通过诚实劳动才能实现;发展中的各种难题,只有通过诚实劳动才能破解;生命里的一切辉煌,只有通过诚实劳动才能铸就。"

著名教育家苏霍姆林斯基曾说:"没有家庭教育的学校教育和没有学校教育的家庭教育,都不可能完成培养人这样一个极其细微的任务。落实教育部《关于加强家庭教育工作的指导意见》,充分发挥学校在家庭教育中的重要作用,引导家长注重家庭、注重家教、注重家风,营造积极向上的良好社会氛围,让家长逐渐成为学生劳动教育的引领者、指导者、合作者、参与者,在劳动教育中培育学生成为有明确人生方向、有生活品质、德智体美劳全面发展的社会主义建设者和接班人。

参 考 文 献

[1] 中华人民共和国教育部. 大中小学劳动教育指导纲要(试行)[S]. 2020 - 7 - 7. http://www. gov. cn/zhengce/zhengceku/2020-07/15/content_5526949. htm.

[2] 王辉,刘茂祥. 班主任以劳树德的行动策略[J]. 班主任,2020,(9):5 - 8.

[3] 卓晴君,徐长发. 以劳树德 以劳增智 以劳育美[N]. 光明日报,2018 - 10 - 09. http://m. people. cn/n4/2018/1009/c25-11705638. html.

高中班集体劳动教育的落实策略探究

华 蕾

摘 要 针对高中劳动教育的弱化现象,笔者对高中劳动教育的内涵进行了重新归纳,并从以敬业价值观学习,加强学生劳动技能掌握;以志愿者活动增强学生的劳动获得感;以工匠精神学习活动,促进劳动价值观的树立三个方面为抓手落实高中班集体劳动教育。

关键词 高中劳动教育 敬业 工匠精神 生涯规划

2017年8月颁布的《中小学德育工作指南》在德育内容中特别强调了生态文明教育,而劳动教育就是生态文明教育的重要组成部分。2018年9月10日,习近平总书记在全国教育大会上提出,要在学生中弘扬劳动精神,教育引导学生崇尚劳动、尊重劳动,懂得劳动最光荣、最崇高、最伟大、最美丽的道理,再一次强调了劳动教育的重要性。

近年来,上海的高中生源中,大部分孩子还是成长在"4+2+1"家庭模式下,被家长围绕宝贝长大的学生其生活技能非常缺乏。从部分高中生在军训、国防、学农等社会实践活动中的表现来看,笔者发现,这些学生离开家长根本无法自己生活。归根到底,他们就是缺乏劳动技能,可见即使学生从小学到初中九年来一直接受劳动教育,其效果也并未落到实处。而在高中阶段,劳动教育更是一直被忽视的薄弱环节。高中劳动教育,大部分还停留在打扫卫生层次。其实在高中阶段,劳动教育应该有更深层次的意义。因此,作为一名一线班主任,笔者想就高中班集体劳动教育的落实寻找一些有效策略。

一、高中劳动教育的内涵

《辞海》对"劳动教育"一词的解释:劳动教育是德育内容之一,对学生进行热爱劳动和劳动人民,珍惜劳动成果,树立正确的劳动观点和劳动态度,通过日常生活培养劳动习惯和技能的教育活动。

高中阶段是一个比较特殊的教育阶段,在这一阶段学生正在形成更为清晰的价值观,也在为下一阶段的成长进行初步规划。所以,高中劳动教育必须要符合高中生的年龄特征和发展需要。笔者认为高中劳动教育应该是对学生内心劳动情感、劳动价值正确性的引导,对学生外化劳动能力的培养,为培养更好的公民服务的德育教育重要内容之一。高中劳动教育不仅仅要帮助学生学会生活,掌握更好的生活技能,树立正确的劳动价值观;还要注重培养学生的职业愿景,有助于其长远的职业发展。

二、高中班集体活动中劳动教育的落实策略

1. 以敬业价值观学习加强学生劳动技能掌握

相信所有的班级都会安排学生对教室或学校公用区域进行扫除工作。如果是班主任安排岗位,对学生提出要求,那便是单纯的体力劳动了。这样既没起到对学生的教育作用,还会让部分学生对劳动产生厌恶感。笔者尝试把扫除工作和学习社会主义核心价值观个人层面中"敬业"精神活动相结合。笔者事先根据扫除工作量和班级人数设定了岗位明细,让学生根据自己的情况认领岗位,并让学生利用课余时间到自己的岗位地点进行实地勘察。班会课时,笔者首先播放了"扫除动作规范和效果展示"视频,还给学生普及了典型地方的扫除检查标准。之后,笔者给每位学生下发了一式两份空白的岗位责任书,要求学生根据自己的工作列出明确可行的岗位要求,并声明检查人员每次扫除会按照岗位责任书的条款来为每位同学计算每次加上的"敬业"学分。把部分主动权放到学生手里,降低他们对劳动的抵触情绪。岗位责任书的制定则是让学生根据事前知晓的劳动标准自己设定劳动技能的掌握标准。铺垫完成后,最为关键的则是后续的评价→反馈→改进的行为。扫除检查人员对照岗位责任书对学生的扫除情况进行检查评价,并把相应结果反馈给当事人。单单如此还不够,检查人员还要请当事人能够根据责任书要求加以改进。一段时间后,根据"敬业分"对"优秀敬业人"进行表彰,并请他录制视频展示他的"敬业小窍门"。在分享和反馈的过程中,学生既体会了敬业精神,又能主动自发地改进自己的劳动技能。

2. 以志愿者活动提高学生的劳动获得感

上海高考改革后,对每位学生的志愿服务有了时间上的要求,每个学生都要完成 60 学时的志愿者活动。志愿服务作为一项自愿无偿为社会服务的崇高事业,已经成为社会主义精神文明和公民道德建设的重要内容。笔者正好抓住这样的契机,利用志愿者服务来提高学生的劳动获得感。笔者要求学生记录下在志愿者服务过程中自己最让自己感动的一件事或一个瞬间,最好是能够配上照

片。志愿服务活动结束后，笔者让学生自己录音讲诉自己的志愿者故事，并和照片结合制作成了微视频。笔者邀请了班级学生家长参加了志愿服务总结班会，把这些微视频播放给家长看。学生告诉笔者，他的父亲回去后和他说："孩子，你长大了，爸爸为你感到骄傲！"学生还说："老师，我蛮喜欢这样的活动的，原来付出劳动也是这样快乐的。"笔者希望学生不是为了完成任务而去做志愿者，而是能够从这样的活动中吸取养分，为他们的成长获取动力。

3. 以工匠精神学习活动促进劳动价值观的树立

不得不承认，在中国，劳动价值观教育是被弱化和边缘化的，甚至受到了社会风气和家长观念的消极影响。帮助学生树立正确积极的劳动价值观是落实劳动教育最重要的精神内核。故此笔者在班级中开展了学习"工匠精神"的活动。带领学生体会了其中的六种品质，即爱岗敬业、无私奉献的孺子牛品质；善于学习、勤于攻关的金刚钻品质；专心专注、精益求精的鲁班品质；百折不挠、坚忍不拔的苦行僧品质；传承技术、传播技能的园丁品质；打造品牌、追求卓越的弄潮儿品质。让他们体验到"工匠精神"其核心是：不是把劳动当作赚钱的工具，而把劳动当成是一种享受、一种生活的乐趣，一种实现人生价值的契机。我们在劳动的同时，更重要的是一种对工作的执着、享受生活、完善自我的过程。活动中还就"劳动是否和学习对立？""作为一名在校的高中学生，我们应该如何践行工匠精神？"在学生中展开讨论。引导学生不要把学习和劳动看成是对立的，其实学习也是一种劳动。希望学生在以后学习劳动中将弘扬工匠精神，引领学习新航道，将"工匠精神"作为一种信念，付诸实际行动。

参 考 文 献

［1］辞海［Z］.上海：上海辞书出版社，1999.

［2］何蕊.劳动教育的核心是培养劳动价值观——访北京师范大学公民与道德教育研究中心主任檀传宝教授［J］.中国德育，2017(9)：24-29.

［3］陈锋.劳动实践教育的内涵及实施策略［J］.江苏教育，2018(31)：15-16.

［4］李生，黄东桂，李悉娴.大学生劳动价值观教育的内涵及理论依据［J］.广西教育学院学报，2016(6)：104-107.

［5］傅添，姜啸.劳动教育需要新的时代内涵［J］.中国德育，2017(10)：16-19.

高中生生命教育"五技法"

缪　倩

摘　要　基于当下的社会背景,高中生"生命教育"有其举足轻重的作用和意义,"生命教育"的教学理念也屡被提出。结合高中生的实际情况,通过生命教育"五技法",提升高中生生命质量,实现生命价值,促进健康成长。

关键词　高中生　生命教育

近年来,随着社会、学校、家、自身等方面的压力日益增大,并且在应试教育环境下,学校过多重视知识传授,忽视了生命教育的重要地位,导致青少年对"生"和"死"缺乏最基本的了解和思考,一些因各种心理问题而导致的伤害事故时有发生。面对惨痛的事实,如何引导青少年正确认识生命、珍惜生命、尊重生命、热爱生命,促进青少年身心健康发展,已成为学校教育中一个刻不容缓的问题。在此背景下,生命教育已不再是单纯的知识,而是一种更深刻的人文知识、道德知识。

在我国,关于"生命教育"的教育理念首先在台湾地区被提出。早在 20 世纪90 年代末,台湾地区就开始进行生命教育的探索,在生命教育的理论构建和实践探索方面都做出了有益的尝试。2005 年,在上海市德育工作会议上,市科教委和市教委联合颁布了《上海市中小学生生命教育指导纲要》,旨在帮助学生认识生命、珍惜生命、尊重生命、热爱生命,促进中小学生身心健康发展。教育部于2017 年发布的《中小学德育工作指南》也提到,要开展认识自我、尊重生命、情绪调适等方面的教育,引导学生增强调控心理、应对挫折的能力,培养学生健全的人格、积极的心态和良好的个性心理品质。

叶澜教授曾说:"教育是直面人的生命,通过人的生命,为了人的生命质量的提高而进行的社会活动,是以人为本的社会中最体现生命关怀的一项事业。"作为教育不可或缺的一部分,学校教育更应重视人的存在、人的生命。基于此,应当利用充分利用各种有效的教育教学手段,遵循青少年学生的天性,将生命教育更好地融入中小学教育中,关注他们的生活,进而使其健康成长。

一、德育研讨,理论先行

在学校德育领导小组的组织下,进行全校教师参与的德育研讨学习活动,从育人工作的问题出发,促进教师德育理念的更新,这有利于引导学生认识生命、珍惜生命,形成正确的生命观、人生观和价值观,树立远大的人生目标和理想。

在日常教育中,作为学生最亲近的班主任,能够直接影响班风和校风,更能够对一个班的学生产生积极的影响,正确指引学生的成长过程。因此,在生命教育的背景下,班主任更应该积极寻求有效措施保护学生的生命安全,引导学生形成正确的生命价值观,使他们的身心健康成长。但生命教育不仅仅是班主任的工作,所有教师都应该把生命教育理念渗透在学校的一切教育活动中,从根本上提升教育境界。要通过生命教育让学生懂得人生的价值和意义,树立远大的人生目标和理想。

研讨会上,各位教师通过有目标地进行理论学习、案例分享、经验交流、问题探讨等活动,充实了生命教育相关理论的知识,能够联系时代性和学校实际,寻找教育策略,提高教师在引领学生健康成长过程中解决问题的能力,进而在教学实践中有效实施生命化教育的智慧与能力。

二、生涯规划,人生导向

生涯规划的核心在于认识生命、设计未来,架起现在之我与未来之我的桥梁,立足当下,活出美好,从而让生命出彩。

改革 3.0 时代要求以人为本、定制化、个性化,核心就是学生的生涯教育,帮助每个学生选择自己喜欢的、擅长的、符合梦想的生涯发展道路。通过生涯教育,促成学生自我认知与自我发展体验、自我探索和实际行动,可以培养学生的能力、素养和品质,让学生通过认识生命,进而驱动生命,实现发展生命的目的,了解最想要的是什么、明确自己的目标、了解最适合自己的职业发展方向、过有价值感且满意的人生。人与动物的本质区别是人有思想、有感情、有精神需求,追求存在的意义和价值。通过生涯规划,能够很好地引导学生热爱生命、积极生活、成就价值。

三、影视教育,走进心灵

杜威曾说:"所需的信仰不能硬灌进去,所需的态度不能粘贴上去"。教育如此，生命教育亦如此。因而生命教育不能远离学生的生命世界、脱离实践，或者采用空洞说教的德育方法来传递，取而代之的应当是回归真实的现实生活，满足学生个体生命现实的需要。而在这一系列活动中，影视教育无疑是一个很好的教育手段。

影视教育内容可以有很多，如珍惜、尊重生命；感知生命的顽强；生命的意义在于爱、创造和奉献；各种生命息息相关，都需要尊重、关爱等。笔者曾在班会课上播放《生命缘》《急诊室故事》等视频。此类视频皆是以纪实拍摄的手法，将镜头延伸到医院急诊室、抢救室、手术室等处，记录了医院急诊科里发生的真人真事，没有编剧、没有导演、没有做秀，有奇迹也有失望。不刻意地表达些什么，只是站在一个最客观的角度告诉大家，医生和患者在生死刹那鲜为人知的真实状态，并由此展开对人性的探究和思索展示平凡人在医院急诊室遇到生死存亡时所展现的各种强大的精神力与意志力。由于该类纪实片拍摄的地点是医院，这个特殊的场合更加反映出了人与人之间特殊的感情与人性。其中，多的是母救子，从分娩到器官移植，每一个细节、每一份坚强，都能让人真真切切地感受到母爱的伟大，而这远比我们平时唠唠叨叨地说教要来的震撼人心。此外，片中患者的疾病普遍比较重，但他们对生命的渴求，让我们重新审视自己的生命，健康平安是他们梦寐以求的，也是多么来之不易的。所以这些片子无疑是一部好的感恩教育片以及生命教育片。通过观看视频，并与学生共同畅谈观后体会等活动，收到很好的教育效果，很多学生颇有感触，对生命中的重大命题形成基本认识，对人生、家庭、责任有了更深的思考，促使他们形成科学的人生观、价值观，树立正确的人生态度。由此可见，影视资料的运用往往能够避免生硬的说教，很好地使学生投入其中，激发深层次地思考。

四、学科教学，渗透教育

知识捍卫生命，学习成就理想。关注学生的生命体验，焕发课堂教学的生命活力，成就幸福的学习生活。

目前使用的教学材料含有大量的生命教育资源，如《生命科学》涉及"珍爱生命、远离毒品"主题调研等内容，提供了探寻到生命教育的新途径、新方法，赋予生命教育新的内涵。

在学科中渗透生命教育，一方面能够充分挖掘教材资源，结合教学内容进行适时、适当的生命教育，另一方面能够在教学中树立生本学习观，把学习看作学生生命成长的过程，在教学研究中积极探索自主学习的课堂教学模式，激发学生的学习积极性和主动性。通过课堂教学推进生命教育，通过生命教育促进教学工作,努力实现生命教育与课堂教学的完美结合。

五、家校互动,形成合力

爱是生命的推动力,是生命创造的源泉。通过爱的教育,让学生学会感恩、学会奉献和学会回报是生命教育的重要价值追求。对此,在生命教育系列活动中可以充分借助家长力量,发挥广大家长参与学校教育的积极性和重要作用。

学校组建有家委会,并定期开展活动,加强家校沟通。在家长开放日、艺术节、学生成人仪式等活动中,邀请家长参加,使家长和子女互相倾诉心声。学校邀请家长撰写家庭教育征文,形成文集,互相探讨家庭教育经验。通过一系列活动,一些学生平常不理解父母的爱,甚至与父母产生隔阂,在循循善诱的教育引导下,学生发生了根本的扭转。生命教育不仅唤醒了学生沉睡在心底的亲情,也唤醒了学生对同学、对老师、对他人的爱。顾明远先生说:"教育的本质是生命教育。"生命教育,让教育回家,让师生感受到生命的存在与力量;生命教育,使学校成为一个精神家园,在这个精神家园里,师生共度生命历程,共同提升生命质量,共同实现着生命的价值。

第十一章 践行健康之美

高三班主任对学生心理调适的探索

陈 蕾

摘 要 本文主要探讨了高三班主任对学生心理调适的探索。文章指出高三学生存在焦虑心理、自卑心理、抗拒心理等问题,班主任可以通过班级创建、校会班会、家校合作等多种途径和方式帮助学生调节心理状态,引导学生积极向上、健康乐观地面对高三阶段。同时,本文强调了高三学生心理调适的重要性以及班主任应保持的心态。

关键词 关键词 高三学生 心理调适 支持系统

高中阶段是学生生理和心理发育的旺盛期,而进入高三,拼的不仅是智力,还有很多非智力因素,其中健康、积极的心理状态非常重要。学生就像加速转动的轮盘,从早到晚都处于高度紧张的状态——学习紧张,生活紧张,心理紧张。紧张的生活与旺盛的发育容易产生较大的冲突,伴随而来的往往是一系列心理问题。同时,在笔者担任班主任的以女生占有绝对优势的文科班中,这样的心理问题尤其明显。另外,作为高三的教师,也感受着来自各方的压力。教师,尤其是班主任的心理状态会对学生产生巨大的影响。因此,笔者努力通过各种途径和方式,帮助学生调节心理状态,引导学生和笔者自己都尽可能地积极向上、健康乐观地面对高三。

一、细心观察,发现高三学生存在的心理问题

笔者在班级工作实践中,通过观察发现高三学生存在的心理问题主要表现在以下几个方面。

（1）焦虑心理。高三学生一般都有考试焦虑。由于高三的综合复习和高一、高二的单元学习有一定的差异，部分学生很难适应，导致成绩有较大波动。很多学生总会担心自己考不好而吃不香、睡不着，出现高考前的焦虑心理。

（2）自卑心理。有些高三学生学习成绩始终不够理想，失去了学习的信心，他们或自我封闭、抑郁孤僻，或自我放纵、沉溺于玩乐、网络中。有些学生虽付出了一定的努力，但效果不显著，于是对自己的能力产生了怀疑，不愿继续努力。

（3）抗拒心理。一些高三学生以为高中生活即将结束，高三以学习为主，以高考为唯一目的，以为自己很成熟，把集体活动、学校的规章制度都看成形式主义，在行为上与老师对抗，厌烦家长的教育，许多学生因在学习生活中与父母、老师、同学沟通困难而感到烦恼。

二、多管齐下，探索高三学生心理调适的方法

面对高三学生存在的心理问题，探索学生心理调适方法，加大学生心理调适力度，是高三班主任专业化发展的根本需要，也是建设社会主义和谐校园的基础工程。有效的心理调适和辅导可以改善学生的学习、生活和人际交往质量，促进其健康心理、健全人格和心智发展，最终成功地走过高三。同时，高素质、专业化班主任的重要管理特质之一就是要有人文情怀，对学生要有最基本的关爱态度，要提供恰当的服务。新型师生关系应该是平等、协商、和风细雨式的，要呈现和谐之美。师生之间、同学之间要在主动学习和独立学习的基础上，加强合作，在讨论、探究、互动中学习，实现共识、共享、共进、共赢，显现班级管理的生态之美。笔者在高三教学与管理的过程中，尝试多管齐下，探索高三学生心理调适的有效方法。

1．通过班级创建，营造和谐的班风学风

高三上学期，学生即将面临的不仅是高考，还包括迫在眉睫的四门学业水平考试。面对这种情况，对自己的学业清晰定位变得十分重要。因此，高三上学期班级创建了"目标管理"示范班。在每次重大考试后，笔者都要求每位同学根据各次考试成绩，不断调整目标，并设定学业水平考试的目标成绩，引导班级同学合理定位。同时，笔者还在班会课上，与学生分享自己的高中学习经历，让学生点播励志歌曲《蜗牛》《海阔天空》《最初的梦想》《隐形的翅膀》等，与学生一起观看央视的中国首档青春分享节目《青年中国说》的励志视频——超级课程表的创始人余佳文和脸萌创始人郭列的精彩演说。这档节目拒绝说教，让拥有极致青春态度和故事的青年人成为主角，分享他们极具个性的青春梦想和主张。学生对此比较感兴趣。通过这些内容，一方面激励同学们明确目标，合理定位，积极

向上。另一方面,也通过各种事例和就业情况了解,帮助学生树立正确的成功观念。让学生懂得职业不分贵贱,成功的道路有很多条。成功对于每个人都有不同的含义,关键是要找到一条适合自己的路并为其努力奋斗。只要发挥出自己的最佳水平,考出自己最理想的成绩就是最大的成功。笔者还分层次地引导学生构建目标,让他们根据自己的兴趣和特点,选择适合自己的成才之路。

高三下学期,学生的压力日趋增加。班级创建了"团结友善,结伴同行"互助学习示范班。希望通过互相鼓励和帮助,形成友善的课堂、友善的学习氛围和良性竞争,促进学生的学习成绩进一步提高。在确定创建目标后,笔者曾经考虑过其他老师推荐的"交流墙"的做法,但在征求了班干部的意见后,这个做法被否定了。她们觉得班级中的大部分学生都不太善于表达,这种在大庭广众之下表达自己想法的做法可能不太适合。因此,笔者为学生们购买了正能量明信片,每张明信片上都写有一句励志的正能量话语。笔者让学生自己选择一张喜欢的明信片,作为对自己的激励。同时,分别于月考和二模后与同桌或好朋友互相寄语。很多学生都非常认真地书写着对同学也是在对自己的寄语。通过这种方式,在增强了奋斗的士气的同时,也增加了同学间的友谊。

2. 通过校会、班会,引导积极的心理状态

校班会课是班主任进行思想教育的主要阵地,也是引导学生积极的心理状态的良好契机。因此,除了上述根据创建内容安排的班会课内容外,笔者还根据学生各阶段心理状态的变化,有针对性地开展班会课。例如,高三下学期初始,伴随着一些学生选择了自主招生后的释放,也伴随着一些同学在春考中幸运地被提前录取的喜悦,班级同学的心理产生了波动。笔者在班会课上播放了影片《风雨哈佛路》,通过这个女孩与命运抗争的故事,引导学生要为自己的梦想而坚持。又如,二模考试的到来,使班级一些学生产生了较为严重的焦虑心情,同时文科班女生所占比例高,女生一般感情细腻、敏感多疑,有时也伴有一些不太友善的想法和竞争。根据这些情况,笔者在班会课上对高三学习的"高原反应"进行分析,引导学生正确面对和处理,并通过交流分享进一步改进学习方法,提高学习效率。让他们懂得,高考不是一门学科的考试,一个学生如果掌握了科学有效的学习方法,不仅学习效率会成倍提高,也会对自己产生自信,由此心理波动会小得多。同时,通过一些哲理小故事和笔者的亲身经历等内容,引导学生形成良性竞争,形成一股正能量。此外,在高考前,笔者还在班会课上播放励志歌曲《Carry on till tomorrow》,并进行考前心理辅导,通过心理小测试让学生了解自己的心理焦虑情况,并介绍减压、放松身心的方法,使同学们保持一颗平常心来对待高考。

3. 通过家校合作，构建有效的支持系统

高三师生的心理除了学校因素外，家庭因素也起着至关重要的影响。因此，笔者通过各种形式寻求家长的支持与鼓励，努力通过家校合作，形成教育合力，构建有效的支持系统。例如，通过电话、短信、微信等方式与家长保持联系，了解学生的思想动态。在高三上学期，班级有一部分同学进行艺术类考前集训。虽然他们不在学校上课，但笔者经常与家长保持联系，对艺术类的同学时常关心。一方面提醒他们不能放松文化课，另一方面希望家长对孩子在艰辛的艺术类学习同时还要兼顾文化课的毅力要多加肯定与鼓励，多做积极的心理暗示。在春考录取后，班级一些同学由于志愿填报失误而丧失了录取的机会，心中非常沮丧和失落，笔者也及时与家长联系，希望能形成合力，缓解孩子的压力，共同帮助孩子重拾信心。此外，在班级负责的主题为"仰望星空，脚踏实地"的升旗仪式上，笔者还邀请学生家长来为所有高三学子加油鼓劲，并送来家长的美好祝愿和支持。在最后一次家长会上，笔者还与家长们分享了心理特级教师杨敏毅的《给家长应对高考的 9 个建议》，与家长们一起学习如何科学地陪伴，使孩子以一颗平常心去对待高考，走过最后的冲刺阶段。

高三是拼搏的一年，是幸福的一年，是充实的一年，也是寂寞的一年。对与学生接触得最亲密的班主任来说，调适高三学生的心理是一个复杂的工作。针对不同情况，教师要区别对待，要拥有一颗平常心，保持平和的心态、昂扬的斗志、乐观的态度，调节好心理，帮助高三学生顺利度过最后的冲刺阶段。

心理咨询在提高学生学校适应性中的实践探究

李歆贻

摘　要　本文主要探讨心理咨询在提高学生适应性中的作用，以高二学生小李情绪失控事件为例，对运动心理咨询的理论进行分析，并介绍了心理咨询技术在现实场景中的应用。

关键词　关键词　心理咨询　适应性　实践

一、事件

某天上语文课的时候，小李看到其他同学默写作弊，但老师并未看见也未能及时制止，感觉自己认认真真默写而其他人却不诚信，感到十分不公平，因而情绪爆发，觉得自己和这样的人在一个班上读书被拉低了水准，非常不服气。小李在下课后与作弊的同学发生了冲突，将作弊同学的眼镜摔到了地上，并说出了讽刺的言语，表达自己对其他同学的不满意与瞧不起。班主任及时赶到制止，但小李将班主任一把推到门外，情绪始终难以平复下来。

二、背景

小李今年 18 岁，留了两级，目前就读高二。母亲在小李很小的时候就因病去世，目前与父亲同住，但亲子关系恶劣，有时还会出现比较严重的肢体冲突。小李和父亲在家几乎无交流，看不起父亲，觉得他没文化、鲁莽，在家里感觉很不开心。小李觉得母亲去世后父亲对生活的失控感通过对小李过度严格的要求去填补。小李对自己有着比较高的要求，希望自己不要像父亲那样没文化。小李平时喜欢看哲学和文学类书籍，思考较深但容易钻牛角尖，因为年龄与经历的原因，小李觉得融入不了现在的班级，觉得班级里的同学都很幼稚，但为了不要孤独一人，不得不与同学聊一些无趣的话题，对此小李感觉很没意思但又无可奈何。在交友方面，小李有三四个熟悉的朋友，一个从幼儿园认识的朋友，父母离婚,患有精神疾病,在学校打架,但相似的成长经历让他们有共同的话题,可以一起探讨哲学。其他两个朋友也是父母离婚。唯一一个正常朋友是个温柔、包容的男生,小李在他身边感到很安全舒服,对于其他人小李经常会有反驳和攻击对方的欲望,只有在他身边愿意接受他所说的一切话。

三、讨论与分析

1. 个人方面

根据 Erikson(1963)的社群心理发展理论,小李正处于第四阶段——"勤奋进取 vs 自贬自卑"的矛盾和危机。在这个阶段,青少年若未能在学业上取得好的表现,便会感到自己比不上别人,因而产生自卑感。该个案中,小李因未能从正面的途径得到自我的肯定,便会利用一些具有偏差的方法达到目的。此外,由于长期欠缺父母关爱,很容易形成低自尊、低自我形象的性格。小李在校时未能找寻到可以理解自己的朋友,因而通过贬低他人、讽刺他人等行为来宣泄自己的情绪。

2. 家庭方面

根据 Maslow(1968)的理论,每个个体均有基本和成长的各类需要,而它们是有层次关系的,低层次的需要获得满足后,高层次的需要才会产生。孩子在家庭中需要父母的关爱,才能产生自尊。但对小李来说,他并没有得到这份关爱,这就容易使他内心充满失落,阻碍心理健康地发展,情绪的问题由此产生。

3. 学校方面

一方面小李对自己有较高的要求,另一方面自身的能力又无法让他达到这样的要求,因此内心产生强烈的冲突和挫败感,这种学业上的挫折令其产生自卑感。此外,在校时小李与班级同学关系不佳,比较孤独,这些感受都以攻击他人的形式表现了出来。

四、应对策略

1. 采用心理动力模式

在小李情绪平复之后,对小李进行个人辅导,选一个安静的环境与小李进行单独谈话。在辅导的过程当中,积极倾听小李对事件的描述,并鼓励他尽量把事件的始末细诉。在积极倾听的同时,要不时用身体语言,如点头和眼神,表示明白事件本身及小李的感受,目的是帮助小李重拾自信心和增强他的自控能力,让他理智地重新思考整件事件的经过。在小李反思的过程中,不宜对小李在这件事上的行为作出评价,而强调两人都有责任防止这件事件的发生,以维持课室的和谐，让全班能有效进行学习。基于这项责任，可以与小李一起探讨下次类似事件发生时他当时可以怎样做，才不破坏课室的和谐。

2. 采用自我管理策略

除了对小李进行辅导之外，同时教授小李一些自我管理的策略，以增强他的自我调控能力。心理老师建议小李接受一些"压力接种训练"。这个方法的论据是基于人的一生中难免遇到不少压力，与其把压力完全消除，倒不如学会怎样处理它，把它转化成为学习的动力。开始时，心理老师要小李回忆在班级中感到情绪起伏较为剧烈，马上就要情绪失控时的场景，教会他如何在压力情境下放松自己。方法很简单，首先叫小李幻想手中拿着一个小球，左手的拳头慢慢收紧，看看能否把小球压裂，然后再慢慢放开拳头。这些收紧和放松拳头的动作，左手做了五次后，轮到右手做五次。这些训练次数可以因应情况增减，直至身心达致松弛为止。

第十二章 导师育人之美

全员导师 合力共育

候迎迎

摘 要 在学校全员导师制的引领下,导师对学生的关心和教育,离不开学校和家庭的共同协作。班主任的职责,不仅要关心好学生,也需要发挥好学校和家庭之间沟通桥梁的作用。同时也积极联合起任课老师的力量,在各学科上给与学生具体的帮助和鼓励。家校之间形成合力,共育学生,帮助学生健康、安全、有益地成长。

关键词 关键词 全员导师 合力共育

从《国家中长期教育改革和发展规划纲要 2010—2020》颁布以来,导师制就在学校开展起来,经过《关于深化教育教学改革全面提高义务教育质量的意见》《新时代推进普通高中育人方式改革的指导意见》和《关于加强上海学校心理健康教育的意见》等国家相关文件的大力推动,全员导师制已成为学校加强学生教育,激发学生潜力,促进学生成长的重要教育方式。尤其是在疫情期间,全员导师制的工作更是得到了进一步的发展和完善,导师们合力共育,助力学生成长,取得了良好的育人效果。

一、教育案例

本班的小 C 同学是抗疫一线医护人员子女。孩子妈妈在医院工作。孩子是艺考生,播音专业,平时与妈妈和外婆一起居住。但是小 C 同学在开始线上教学之前,就对播音专业失去兴趣,有所动摇,想要读可以出国的院校,专注于学习的心思没有很稳定。线上开学不久,孩子的多门学科作业出现缺交,情况较多,语数外政地历都有缺交情况。笔者跟家长微信交流了这个情况,希望能够帮助孩子解决学习上的困难。孩子的妈妈说她被封在单位两周了,可能近期都出不来,全院职工留在单位为学校服务,不停地做核酸,没法关心孩子的学习和生活。笔者向家长表示了敬意,同时也关心了孩子居家防疫、饮食等问题,表示会和老师们一起多关心孩子。针对小C同学的情况,我们开展了线上导师交流会,把学生的具体情况拿出来讨论,共同商量能够帮助学生的办法,确定对小C同学的教育以健康安全防疫为底线,以鼓励为主,发掘闪光点为关怀方向,在学科、作业上以善意提醒、及时表扬、补齐短板为促进方式。同时,导师王老师和于老师不仅对小C同学的情况进行了分析,还对班级的春考录取学生、高职高专学生、艺术生和秋考生都进行了细致的情况交流,做到对每位同学的近况心中有数。

在学校全员导师制的引领下,与小C同学结对的导师更是对她关怀备至。王老师经常在线上跟孩子交流。询问了生活上有什么需求,吃饭怎么解决,蔬菜水果怎么办?进一步了解到学生考虑本科考上播音专业还是读筹备考试的内容,感觉人生没有挑战性,想要出国或读"2+2"本科,多个老师曾经叮嘱她要慎重,经过家庭聚会,多位亲戚思量劝告,决定再坚持几个月。在心态上鼓励学生坚定学习的信念。看到小C同学朋友圈发"小区居民开始起义,用话筒喊没饭吃"的字样,私信询问什么情况,并教育她不要参与、不信谣、不传谣等。同时,我们也积极联合起任课老师的力量,在学科上给以小C同学尽可能的帮助。英语老师表扬她线上测试作文写得不错,数学老师提醒她专注基础,端正学习态度,语文课上老师表扬她用思维导图的形式进行知识点复习的良好方法等。

后来,小C同学的作业缺交情况有了较大的改善,虽然有时候作业还是没有及时提交,老师们仍会耐心、善意提醒补上作业。任课老师之间一直保持经常性地交流,对班级每一位学生的学习近况做到心中有数。在班会课上与学生们交流时,导师也特别向在一线抗疫的学生家长表示敬意,向一线抗疫的人员子女表示关心。虽然,小C同学会粗心大意,有时候会忘记考试时间、忘记升旗仪式、作业仍有缺交或马马虎虎,但导师们对学生仍是善意、关怀、提醒为主。孩子正在不断地进步,逐步提升。网课期间,除了上课,小C同学还不忘兴趣爱好,经常练习舞蹈,还发发视频朋友圈内分享,整体积极向上。在前几天她生日时,导师们也为她送上了生日微信祝福。在跟小C同学妈妈交流时,我们得知孩子妈妈近期已经申请回家了,外婆年事已高,女儿即将高考,都需要人照顾,相信有妈妈的陪伴和照料,孩子的成长会更加平稳。

二、反思与改进

疫情期间,对学生的关心和教育,离不开学校和家庭的共同协作。导师的职责,不仅是要关心学生,也需要发挥好学校和家庭良好的沟通桥梁的作用。这中间,凝聚了每一位导师大量的心力,我们的目标是一致的,那就是用爱心和专业帮助家长共育学生,让学生在特殊时期,健康、安全、有益地成长。全员导师制的开展有利于全体导师与学生构建"良师益友"师生关系、与家长开展有效"家校沟通"的能力,重构新时代的师生关系和家校关系。同时,这对每一位导师都提出了更高的要求,要更加细致、有针对性地开展对学生的导育工作,要求导师的育德实践能力亟需提升。而且,还需要加强导师与导师之间的交流、配合,班级导师团的高效协作才能更加推动育人的有效性,让育人的方式方法更具有智慧和艺术。全员导师制,落实在教育中,就是每一次师生情感互动交流的过程,在育人过程中,不仅让每个学生都能被关注,同时,导师们在共同育人的过程中也能收获成就和喜悦。

沟通、共情在全员导师制中的运用

姜　志

　　摘　要　在推进全员导师制的背景下,教师需要与学生进行谈心谈话,开展家校沟通,导师可以利用"用心沟通,以情动情,修身垂范,以行导行"的育人原则,对学生进行思想引导、学业辅导、生活指导、心理疏导,关注学生生命健康,陪伴学生成长,构建新时代的师生关系和家校关系,促进每一位学生健康快乐地成长。

　　关键词　家校协同　沟通　共情　导师制

一、导师制实施策略

1. 充分了解结对学生,做好沟通准备

　　全员导师制要求教师担任导师角色时,将重点落在构建良好的师生关系、增进对学生的了解、为学生提供个性化精准指导、开展家校沟通工作等方面。可见,对学生的了解是提升沟通有效性的前提。每一次与学生沟通前,导师都要对学生进行全面和深入的了解。首先需要对学生进行一个全方位的了解,获取信息的渠道可以是多元化的,如从班主任、任课教师、家长、初中教师、同学甚至门卫师傅等,这样可以充分地对学生进行了解。这里要特别提醒的是,一般从学生处了解到的结对学生的信息可能更加真实,对了解结对学生有很大的帮助。此外,可以通过家访等形式,对孩子的学习环境、家庭氛围、环境布置做进一步的了解。在对结对学生有了充分的了解后,可以对这些信息进行梳理和辨别,分析结对学生的优点和问题,试着找出出现这些问题的原因。

2. 建立关系,优化沟通氛围

　　不管和结对学生,还是和结对学生的家长,更多的是沟通,沟通需要有意愿。那么就需要和学生建立和谐的关系,需要遵循以下师生平等原则。沟通时,教师不能把学生视为被教育的对象,而是平等的朋友,尽量多倾听他们的想法、意愿

等。在学生犯错时,感受他的为难,一起想解决办法,而不是抱怨和说教。在和学生沟通时不要仅仅停留在表面,要接纳与共情,引导学生认同理念和价值观。例如,在疫情期间,笔者发现小A无法正常完成作业,经过充分了解,小A同学的妈妈是抗疫人员,家里无人照顾小A,所以学习上有所放松。在了解此情况后,笔者想赞扬小A同学家长的伟大,也体会到小A一定非常想念妈妈,希望得到家长的陪伴。让小A感觉到自己的委屈,老师也能感受到。然后笔者慢慢引导他作为高三学子,在关键时刻,还是要保持清醒的头脑,为自己的梦想和未来去奋斗,不负韶华。后来小A有很大的进步,作业能够按时完成,上课也非常积极。

二、导师制实施案例分析

小轩是班级的艺术生,为人正直,有责任感,文化成绩一般,相对来说比较胖。在刚进行线上教学时,笔者在和他聊天时了解到她妈妈45岁左右,是街道一名一线工作者,抗疫期间基本住在办公地,很少回来。他爸爸快60岁了,负责照顾他的生活。家里没有给小轩同学安排任何补课任务。因为小轩同学有责任感,所以在召开第一次线上班会课时,笔者就安排小轩作为组长,负责督促组员按时上课,统计组员的出勤情况以及作业上交情况等。作为小组长,小轩同学每天都能提前进入会议室,将组员出勤情况及时汇报给老师。为了增强小轩同学自信心,让更多的同学看到,在第二周的班会课,笔者让小轩同学分享自己居家学习的点点滴滴,得到了同学们的共鸣。

1. 关心居家体育锻炼

因为小轩同学体重偏重,所以笔者比较关心他在家的锻炼情况,刚开始小轩同学确实如实告诉笔者,居家网课每天锻炼比较少,但是小轩家里运动器材比较多。了解到这些信息后,笔者觉得他应该是没有人陪他一起锻炼,所以先给他分享了笔者在家用腹肌轮锻炼的照片。没想到得到了小轩的回应,小轩也给笔者发了很多锻炼的照片。

2. 监控学习计划,课余为其辅导答疑

在3月初笔者发现小轩同学的周末作业有缺交情况,立马和他进行了简单交流,询问原因,得知小轩周末没有计划安排,又没有补课,因为自己拖拉导致作业无法按时完成。所以笔者要求小轩每天给笔者发一个计划表,第二天反馈给笔者。有了笔者的督促,小轩从第二周开始,作业再也没有缺交了。但是小轩同学因为艺术集训,数学成绩不是很理想,所以笔者询问他那部分知识比较薄弱,利用周末时间为其答疑辅导。经过一段时间的辅导,笔者发现小轩同学比较聪明，虽然数学期中考试得分不是很高，但是之前辅导过的立体几何部分，他拿了满分，有很大进步，但是可能知识欠缺比较多，相信他再努力一段时间，一定会有更大的进步。

3. 分享志愿精神，传播正能量

因为小轩妈妈一直在抗疫前线，有次"同心抗疫，做最美逆学者"的班会课，在说道居家学习，要感恩父母，珍惜和父母在一起相处的机会，小轩同学在公屏发出一段话"我觉得，这段时间我和妈妈在一起的时间更少了"。但是看到这话，笔者明白小轩心理对妈妈有思念。笔者立马分享了笔者做志愿者时的一些照片，并告诉大家班级里还有很多同学的父母也在抗疫前线，让我们为他们的付出默默致敬。笔者想当时小轩等应该会为他们的父母感到骄傲。上周班会课恰好遇到小罗、小赵以及过几天过生日的小轩，大家都送上自己的祝福，作为班主任自然少不了，在同学们的要求下，笔者献上了一首生日快乐歌。

三、导师制的实施反思

全员育人导师制是落实教师教书育人双重职责的有效举措。它的实施让教师全员参与、全方位育人更好地成了现实。导师——这是一个非常荣耀的称谓。我们不敢有愧于这称呼。所以，在思想上我们要引导他们，在心理上要疏导他们，在生活上要指导他们，在学习要辅导他们。导师制让我们的教育行为更加丰满，让师生感情更加生动，让心与心的交流更加真诚。总之，我在以后的日子里还会不断地总结经验教训，一如既往，踏踏实实做好导师制的工作，做好学生的引路人。